KB181643

한국 사회 불평등 연구

한국 사회 불평등 연구

1판 1쇄 | 2013년 4월 22일
1판 2쇄 | 2013년 7월 22일

지은이 | 신광영

펴낸이 | 박상훈
주간 | 정민용
편집장 | 안중철
책임편집 | 최미정
편집 | 윤상훈, 이진실, 장윤미(영업 담당)
업무지원 | 김재선

펴낸 곳 | 후마니타스(주)
등록 | 2002년 2월 19일 제300-2003-108호
주소 | 서울 마포구 합정동 413-7번지 1층 (121-883)
전화 | 편집_02.739.9929 제작·영업_02.722.9960 팩스_02.733.9910
홈페이지 | www.humanitasbook.co.kr

인쇄 | 천일_031.955.8083 제본 | 일진_031.908.1407

값 15,000원

ⓒ 신광영, 2013
ISBN 978-89-6437-179-4 94300
       978-89-90106-64-3 (세트)

이 도서의 국립중앙도서관 출판시도서목록(CIP)은 e-CIP 홈페이지(http://www.nl.go.kr/ecip)에서
이용하실 수 있습니다(CIP제어번호: CIP2013003499).

한국 사회 불평등 연구

신광영 지음

후마니타스

| 차례 |

서문 9

제1부_불평등과 사회 양극화

1장 불평등과 불평등 연구

1. 들어가는 말 17
2. 불평등에 관한 접근 22
3. 융합적인 연구의 필요성 29
4. 이 책의 구성 31

2장 현대 한국 사회의 불평등 구조 변화: 한국의 민주화, 세계화와 불평등

1. 문제 제기 37
2. 정치적 민주화와 경제적 불평등 40
3. 신자유주의적 세계화와 경제적 불평등 45
4. 사회 변화, 새로운 위험과 불평등 55
5. 맺음말 59

3장 한국 사회의 양극화와 노동계급의 현재

1. 머리말 63
2. 한국 사회의 양극화 66
3. 노동운동의 현재 79
4. 맺음말 88

제2부_불평등과 격차

4장 산업 간 임금 불평등과 임금 불평등 분해

1. 문제 제기 95
2. 기존 연구 97

3. 자료 및 연구 방법 99

4. 분석 결과 105

5. 맺음말 122

5장 세대, 계급과 불평등

1. 문제 제기 133

2. 경제 위기, 노동시장의 변화와 세대 136

3. 자료 및 분석 140

4. 맺음말 156

6장 성별 임금격차 구조: 차이와 차별

1. 문제 제기 159

2. 성별 임금격차에 관한 기존 연구 162

3. 자료 및 분석 방법 166

4. 분석 결과 171

5. 맺음말 183

7장 기혼 여성의 경제활동 참가가 가구소득 불평등에 미치는 영향

1. 문제 제기 187

2. 일, 가족, 불평등: 기혼 여성의 경제활동이 가족소득 불평등에 미치는 영향 191

3. 경제 위기 이후 유배우자 기혼 가구의 경제활동 변화 198

4. 가구소득 불평등의 소득 원천별 분해 205

5. 맺음말 210

8장 소득 불평등 연구의 함의

1. 인식론적 토대 215

2. 한국의 소득 불평등 구조 220

3. 정책적 함의 225

참고문헌 236

찾아보기 259

| 표 차례 |

1-1 | 2000년대 후반 주요 OECD 국가들의 조세 및 정부 이전소득 전후의 지니계수 28
2-1 | 피고용자 월평균 소득 추이 42
2-2 | 2005년 성별-계급별 비정규직 규모 50
2-3 | OECD 국가들의 복지 재정 지출(1985~2003년) 54
3-1 | 한국의 가계소득 불평등의 추이(1988~2000년) 67
3-2 | 주요 국가의 소득 불평등(전체 가구소득) 68
3-3 | 국내 저축성 예금의 규모별 현황 74
3-4 | 노동계급 내의 직종 간 임금격차 78
3-5 | OECD 국가의 노조 조직률(1970~2000년) 80
3-6 | 종사상 지위별 노동조합 가입률 84
4-1 | 2005년도 〈경제활동인구조사〉 중 피고용자 기초 통계표 101
4-2 | 피고용자의 임금 불평등 지수(2005년과 2007년) 106
4-3 | 산업별 불평등 일반화된 엔트로피 지수 분해 결과(2005년과 2007년) 107
4-4 | 월평균 소득 회귀분석 결과 산업(2005년) 109
4-5 | 월평균 소득 회귀분석 결과(2007년) 112
4-6 | 전체 불평등에서 각 변수들의 기여도 분석 115
4-7 | 산업별 월평균 소득 회귀분석 결과(2005년) 116
4-8 | 월평균 소득 회귀분석 결과 산업(2007년) 117
4-9 | 피고용자 임금 회귀분석 결과(2005년과 2007년) 121
4-10 | 남성의 월소득 회귀분석 결과(2005년) 122
4-11 | 여성의 월소득 회귀분석 결과(2005년) 123
5-1 | 제1차 〈한국노동소득패널조사〉에서 나타난 연령 세대와 소득 분위 분포 146
5-2 | 제10차 〈한국노동소득패널조사〉에서 나타난 연령 세대와 소득 분위 분포 147
5-3 | 전체 소득 불평등, 세대 간 불평등, 세대 내 불평등 정도의 변화(1998년과 2007년) 148
5-4 | 1998년 연령 코호트별 계급 분포 151
5-5 | 2007년 연령 세대별 계급 분포 152
6-1 | 성별 10분위 임금 분포 173
6-2 | 임금 회귀분석 결과 174
6-3 | 남성과 여성 표본 회귀분석 결과 177
6-4 | 개인 변수들을 중심으로 한 로그 임금 오하카-블린더 분해 결과 178
6-5 | 공급 차원 변수들과 수요 차원 변수들을 동시에 고려한 로그 임금격차 오하카-블린더 분해
       분석 결과 179
6-6 | 오하카-블린더 임금격차 분해 부트스트랩 추정치 180
6-7 | 오하카-블린더 임금격차 세부 분해 182
7-1 | 부부소득 불평등의 소득 원천 분해 208
7-2 | 부부소득 불평등 변화율의 소득 원천별 분해 209

| **그림 차례** |

1-1 | 소득 불평등의 분석 틀 24
2-1 | 국민 총가처분소득 중 피고용자 보수의 비율 43
2-2 | 정규직과 비정규직 소득 분포 추이(1998~2005년) 51
3-1 | 강남구와 도봉구의 아파트 금액대별 비율 71
3-2 | 경제활동 지위별 종사자 수 변화 추세(1985~2004년) 76
3-3 | 노동소득분배율의 추이(1980~2010년) 86
4-1 | 산업별 월평균 임금 102
5-1 | 연령 코호트별 월평균 소득과 표준편차 145
5-2 | 1998년과 2007년 연령 코호트와 계급별 월평균 소득 궤적 154
6-1 | 로그 월평균 임금의 커널 밀도 분포 172
7-1 | 남편소득과 부인소득의 분포 및 상관관계 변화가 가계소득 불평등에 미치는 영향 195
7-2 | 기혼 부부(남편 연령 < 66세) 경제활동 구조 변화 199
7-3 | 남편소득 분위별 기혼 여성들의 경제활동 참여율 변화 200
7-4 | 남편소득 분위별 경제활동을 하는 기혼 여성 중 비정규직 근로자 비율의 변화 202
7-5 | 남편소득 분위별 부인들의 소득 중위값 변화 204
7-6 | 소득 분산계수(CV)로 측정된 기혼 남성과 여성의 소득 불평등 변화 207
8-1 | 불평등과 빈곤 추이(1990~2010년) 221
8-2 | 자산 불평등의 분석 틀 234

아마도 21세기 초 우리는 인류 역사상 가장 혼란스러운 삶을 살고 있는 것 같다. 역사를 돌이켜 보면, 인류가 태어나 구석기 시대에서 시작해 디지털 시대에 이른 오늘날 우리는 평균적인 의미에서 역사상 경제적으로 가장 풍요로운 시대에 살고 있다. 하지만 지구상의 많은 사람들이 어느 때보다 더 불확실하고 불안정한 시대에 살고 있다고 생각한다. 또한 한편에서는 먹는 문제가 해결되어 비만을 걱정하고 억지로 다이어트를 하는 시대가 되었지만, 또 다른 한편에서는 빈곤층이 확대되어 굶는 아이들과 굶는 노인들이 늘어나고 있다. 이동전화와 인터넷의 발달로 전 세계 어느 지역과도 실시간 소통이 가능한 시대가 되었지만, 살고 있는 아파트의 앞집과 윗집 이웃과는 철저하게 소통이 단절된 채로 살아가고 있기도 하다. 해외여행이 자유롭게 이루어지고, 배낭여행객이 공항에 넘쳐 나는 세계화 시대에 살고 있지만, 폐지와 상자를 줍는 노인들이 리어카를 끌며 동네 골목조차 벗어나지 못하는 상실의 시대에 살고 있다.

한편, 우리가 경험하는 세상은 혼란스럽기만 하다. 외환 위기, 금융 위기, 집값 폭등, 명품 소비, 웰빙, 조기 유학, 대학생 해외 어학연수, 청년 실업, 자영업자 몰락, 노동시장 유연화, 명예퇴직, 사회 양극화, 신자유주의적 세계화, 디지털 시대, 초국적 기업 등 수많은 단어가 보여 주는 것처럼, 한국 사회의 이미지는 정말로 다양하고 혼란스럽기조차 하다.

더 혼란스러운 점은 우리가 위와 같은 일들을 낱낱이 알 수 있는 정보화 시대에 살고 있다는 사실이다. 주변에 보이는 것만 알 수 있었던 시대에서 이제는 멀리 떨어져 보이지도 않는 세상에 대한 정보를 실시간으로 알 수 있는 시대가 되었다. 인터넷과 매체를 통해서 실시간으로 정보가 유통되면서, 이제 모든 것이 손안에 들어오게 되었다. 인터넷과 스마트폰 속으로 한국과 외국의 정보가 들어오게 되면서, 혼란스러운 세상의 모습들을 애써 피하기도 어렵게 되었다. 이제 더 중요한 일은 정보량 자체가 아니라 넘치는 정보를 꿰뚫어 혼란스러운 세상을 일목요연하게 이해하는 길이다. 그것은 정보의 양에 의해서 이루어지는 것이 아니라 정보를 체계적으로 정리하고 분석할 수 있는 능력에 의해서만 이루어질 수 있다. 그것은 바로 학술적인 작업을 통해서만 가능하다. 그러므로 지금 이 혼란스러운 시대 학술적인 작업이 어느 때보다 더 중요하다.

이런 혼란스러운 현상의 근저에는 불평등 심화라는 커다란 변화가 놓여 있다. 이것은 한국에서만 두드러지는 현상은 아니다. 불평등 심화는 21세기 여러 자본주의사회들에서 공동적으로 나타나는 현상이다. 그런 점에서 오늘날의 불평등 심화는 20세기 자본주의 진화의 산물이다. 자본주의의 진화 과정에서 20세기 후반은 특별한 의미를 지닌다. 1990년 전후로 소련과 동구권이 붕괴되면서, 자본주의 체제로 세계가 통합되었다. '역사의 종언'이라는 후쿠야마의 주장에서 볼 수 있는 것처럼, 한때 자본주의는 인류가 만들어 낸 최고의 사회체제로 인식되어, 자본주의를 대체할 경제체제는 역사상 더 이상 없을 것이라는 자본주의 승리의 찬가가 울려 퍼졌다. 그러나 세계 자본주의는 1990년대 중후반부터 곳곳에서 불안정과 위기를 반복하고 있다. 동남아시아, 한국, 아일랜드, 러시아, 멕시코, 포르투갈, 그리스, 스페인, 이탈리아, 미국, 일본 등 전염병처럼 여러 나라가 경제 위기를 겪었고 지금도 그 위기는 계속되고 있다. 이런 과정에서 나타나는 공통적인 점은 바로 불평등의 심화와 빈곤의 확대였다. 1980년대 영국과 미국에서 케인스주의 경제정책의 효력이 다해 생겨난 경제 위기를 극복하기 위해서 케인스주의와는 정반대의 시장 근본주의를 내세우는 신자유주의 처방이 유행하면서, 대전환이 일어났다. 다시 19세기 말이나 20세기 초와 같이 불평등이 심화되고, 빈곤층이 급증하는 현상이 나타난 것이다. 신자유주의는 30년 만에 파산에 이르렀지만, 그것이 남긴 사회 양극화와 빈곤은 과거 19세기 자본주의 특징만이 아니라 21세기 자본주의 시대의 특징으로도 남게 되었다.

이전 시대와는 비교도 할 수 없을 정도로 수많은 금융기관과 각국 정부에서 각종 경제 정보를 생산하고 있고 또 실시간으로 그런 정보를 활용할 수 있는 첨단 정보화 시대에 경제 상황은 가장 불확실하고 혼란스러운 아이러니가 계속되고 있다. 이런 사실은 오늘날의 문제가 경제 정보의 부족에서 생기는 문제가 아니라 경제구조와 경제정책에서 연유하는 문제라는 점을 보여 준다. 이런 상황에서도 한편으로 부를 축적하는 사람들이 있고, 다른 한편으로 빈곤의 늪에 빠져서 헤어나지 못하는 사람들이 있다. 각자가 보기에는 개인의 문제처럼 보이지만, 전 세계적으로 소득과 재산의 양극화가 일어나고 빈곤층이 늘어나는 현상은 이런 문제들이 개인적인 문제가 아니라는 것을 보여 준다.[1] 개인들은 이런 구조적인 변화 속에서 적응하

1_비정규직 비율은 2009년 정부 통계로 피고용자의 35%인 550만 명에 이르고 있고, 노동계 통계로 52%인 830만 명에 이르고 있다. 자살률은 하루 평균 43명으로 경제협력개발기구(OECD) 국가들 가운데 최고로 높고(OECD 2011c, 35), 2009년 노인 빈곤율은 45.1%로 65세 이상 노인의 절반이 빈곤층이며(OECD 2011b,149), 2009년 노인 자살률은 OECD 평균의 세 배 정도에 달하고 있다(OECD 2011c, 35). 그리고 가구소득 불평등을 측정하는 지니계수는 .358로 흑인들이 집중되어 있는 도심 슬럼이 발달한 미국과 비슷한 수준에 달

고 생존하기 위해서 고통을 감내하며 주어진 조건에서 최선의 선택을 하려고 할 뿐이다. 그리고 그런 변화에 적응하지 못하는 경우, 가족해체뿐만 아니라 극단적으로 자살을 선택하는 경우도 계속 늘고 있다.

한국은 이런 세계적인 변화의 중심에 서 있다. 세계화가 가속화되면서, 한국은 두 번의 경제 위기를 경험했다. 1997년 말부터 2008년 근 10년 사이에 두 차례 경제 위기를 경험한 세계 유일한 나라가 한국이다. 그 결과, 경제 위기는 경제에 그친 것이 아니라 전면적인 사회 위기로 확대되었다. 경제 위기를 극복하기 위한 경제개혁으로 거시 경제 지표는 회복되었지만, 경제협력개발기구OECD 국가들 중에서 비정규직 비율 1위, 자살률 1위, 노인 빈곤율 1위, 노인 자살률 1위, 불평등 3위, 상대 빈곤율 2위 등 한국의 삶의 질은 극단적인 수준으로 악화되었다. 경제적 위기가 사회적 위기로 전환되면서, 한국 사회는 디스토피아의 모습을 보이고 있다. 그리고 이런 사회적 위기는 불평등 심화와 빈곤층 확대의 결과였다.

이 책은 혼란스러운 세계화 시대 한국의 불평등을 다룬다. 한국의 불평등을 경제적 불평등인 임금 불평등과 소득 불평등을 중심으로 해부한다. 우리가 일상에서 경험하는 불평등 현상은 매우 뚜렷하지만, 우리가 경험하는 불평등을 만들어 내는 원인과 과정은 매우 복잡하다. 여기에서는 주로 개인소득과 가구소득의 불평등 구조를 밝히고, 불평등 구조가 시간적으로

했고(통계청 2004, 3-17), 빈곤율도 16.5%로 미국과 비슷한 수준을 보여 주고 있다(통계청 2012c, 59). 이는 서구 유럽의 세 배 정도 높은 빈곤율이다. 2007/2008년 한국인의 다른 사람에 대한 신뢰는 46점으로 타인에 대한 신뢰가 높은 북유럽 국가들(덴마크 89점, 노르웨이 88점, 핀란드 86점, 스웨덴 84점, OECD 평균 59점)과는 대조적으로 터키, 멕시코, 그리스와 같이 저신뢰 사회 혹은 불신 사회의 단면을 보여 주고 있다(OECD 2011d, 91). 좀 더 구체적인 설명은, 신광영, 『불안사회 대한민국 복지가 해답인가』, 살림, 2012를 참조할 것.

어떻게 변화를 했는지를 분석한다.[2]

　무엇보다도 불평등의 구조를 제대로 밝히는 것이 불평등 심화를 막을 수 있는 적절한 수단을 마련하는 데 우선적으로 필요하다. 그런 점에서 이 책에서 다루어진 불평등 분석은 학술적인 차원에서 불평등 현상에 대한 이해를 높이기 위한 것이기도 하지만, 불평등을 약화시키기 위한 구체적인 정책을 모색하는 이들에게도 정책적 함의를 줄 수 있다고 생각한다.

　이 책에 실린 글들은 2005년부터 이미 여러 학술지에 발표된 글들이다.[3] 이들 가운데 일부를 골라 단행본의 구성에 맞게 제목도 바꾸고 내용도 약간 수정하고 또 보완한 글들을 모았다. 학술지의 성격과 내용이 매우 다른 여러 학술지에 실린 글들이기 때문에 분석 방법이나 서술 방식도 많이 다르다. 그러나 분석 방법이나 서술 방식이 기술적인 문제라면, 중요한 것은 연구 결과와 논문에서 제시된 최종적인 결론일 것이다. 그러므로 원문의

2_ 실제로 개인과 가구의 소득은 임금과 같은 노동소득, 이윤과 같은 자본소득, 자영업자의 사업소득, 연금과 같은 비근로소득, 복지급여와 같은 이전소득과 용동과 같은 사적 이전소득을 모두 포함한다. 여기에서는 주로 경제활동을 통해서 얻는 소득인 노동소득, 자본소득과 사업소득만을 대상으로 한다.

3_ 이 책에 실린 각 장의 원논문 제목과 출처는 다음과 같다.
- 2장_신광영. 2008. "현대 한국 불평등 구조의 변화: 민주화, 세계화와 새로운 사회적 위험." 『현대사회와 문화』 27호.
- 3장_신광영. 2005. "한국 사회의 양극화와 노동계급의 현재." 『역사비평』 71호.
- 4장_신광영. 2007. "산업별 임금 불평등도와 분해 분석." 윤윤규 외. 『노동시장 양극화의 현황과 대응 방안: 산업구조 변화의 효과 분석을 중심으로』. 한국보건사회연구원.
- 5장_신광영. 2009. "세대, 계급과 불평등." 『경제와 사회』 81호.
- 6장_신광영. 2011. "한국의 성별 임금격차." 『한국사회학』 45-4호.
- 7장_김영미·신광영. 2008. "기혼 여성 노동시장의 양극화와 가구소득 불평등." 『경제와 사회』 77호.

내용을 유지하기 위해, 논문들의 수정과 보완은 최소한으로 이루어졌다. 한국 사회가 워낙 빨리 변해서 몇 년 전의 글들은 약간 시의성이 떨어지는 경우도 있다. 전체적인 맥락에서 내용의 전개에 도움이 되는 일부 통계적인 수치를 제외하고는 크게 수정하지는 않았다. 논문은 그 시대를 분석한 것이기 때문에 그 자체로 그 시대를 드러내고 또한 그 시대를 이해하는 데 도움을 줄 수 있을 것이기 때문이다. 그리하여 꼭 필요한 경우가 아니면, 수정을 하지 않았다.

이 책에 글을 싣도록 허락해 준 한국사회학회, 역사문제연구소, 연세대학교 사회문화연구소, 비판사회학회, 한국보건사회연구원에 감사를 드린다. 그리고 중앙대학교 사회학과 동료 교수들과 대학원생들에게 감사를 드린다. 학과의 개방적인 분위기는 언제나 연구에 신선한 자극을 불어넣어 주었다. 수년 동안 매월 묵묵히 세미나 모임을 열고 있는 경제철학연구회 여러분과 비판사회학회 불평등연구회 회원 여러분께도 감사를 드린다. 두 모임에서 초고를 발표했고, 여러 가지 논평이 책의 완성도를 높이는 데 큰 도움이 되었다. 그리고 제7장을 같이 쓴 충북대학교 김영미 교수께 특별히 감사드린다. 김영미 교수와의 공동 작업을 통해서 불평등 연구에서 가족의 중요성에 대한 이해를 깊이 할 수 있게 되었다. 또한 지난 몇 년 동안 일본 계층과 불평등 연구 모임에 참여하고 있는 일본 도쿄대학교 이시다 히로시石田浩 교수, 아리타 신有田 伸 교수와 도호쿠대학교 사토 요시미치佐藤嘉倫 교수에게도 감사를 드린다. 일본 연구자들과의 교류를 통해서 동아시아 국가 간 비교 관점에서 불평등 문제를 바라볼 수 있게 되었다. 막바지에 초고를 읽고 유익한 제안을 해준 한겨레사회정책연구소 이창곤 소장께도 감사를 드린다. 그리고 차일피일 원고가 늦어짐에도 불구하고, 오랜 동안 기다려 준 후마니타스 출판사 여러분께 특별한 감사를 드린다.

2013년 4월

신광영

제1부

불평등과
사회 양극화

1장

불평등과 불평등 연구

1. 들어가는 말

이 책은 현대 한국 사회의 소득 불평등을 분석한다. 여기에서 현대는 구체적으로 1990년부터 2010년까지의 시기를 가리킨다. 이 시기는 동구권이 붕괴한 이후의 시기로 한국 사회가 지구적인 차원에서 이루어지고 있는 세계화의 흐름에 본격적으로 노출된 시기이기도 하다. 이 시기 한국에서는 김영삼 정부의 세계화 정책과 경제협력개발기구OECD 가입 그리고 곧바로 뒤이어 겪은 외환 위기와 국제통화기금IMF의 경제 개입을 경험했고, 외환 위기 극복을 위한 김대중 정부의 전면적인 신자유주의적 경제개혁이 이루어졌다. 민주 정권에 의해서 신자유주의적 경제개혁이 추진되면서, 정치적 민주화는 어느 정도 이루어졌지만, 경제적으로는 사회 양극화로 불리는 불평등 심화 현상이 나타났다.[1] 불평등 문제가 주요 정치적 의제로 떠오르게 된 것은 역설적으로 민주 정권에 의해서 이루어진 신자유주의 경제개혁의 성과 때문이었다.

이 책에서 필자가 관심을 갖는 불평등은 일차적으로 경제 불평등이다. 불평등에는 소득이나 재산과 같은 경제적인 차원의 불평등뿐만 아니라 지능, 외모, 체력과 같은 생물학적인 차원의 불평등이나 학력, 지위와 같은 사회적 차원의 불평등도 있다. 여기에서는 경제적 불평등을 다루며, 경제 불평등에서도 특히 소득과 임금 불평등 문제를 다룬다.

이 책에서 다루는 경제적 불평등은 일시적인 것이 아니라 지속적인 속성을 지니고 있는 구조적 불평등이다. 구조적인 불평등은 상당 기간 동안 특정한 패턴을 보이며 지속되는 개인들의 행위 결과로 나타나는 집합적인 결과로서의 불평등을 의미한다. 개인들은 자신들의 의지와 관계없이 태어난 사회제도 속에서 자신과 가족이 가지고 있는 인적·물적 자원을 이용해 생계 수단을 확보하고자 한다. 경제활동이라고 불리는 생계 수단을 확보하기 위한 활동은 개인이나 가족이 보유하고 있는 생산과 관련된 자원이나 능력에 따라 달라진다. 즉, 우선적으로 한 개인이 속한 계급에 따라 달라진다. 재산 혹은 생산수단을 가지고 있는 경우와 그렇지 못한 경우에 개인들이 선택할 수 있는 경제활동의 선택지는 크게 달라진다. 재산을 소유하고 있는 경우는 재산을 사업 자금으로 이용해 다른 사람을 고용해 사업을 하거나 타인을 고용하지도 않고 또한 고용되지도 않고 자신의 노동이나 가족의 노동을 이용해 경제활동을 할 수도 있다. 그렇지 않으면, 재산을 재테크 종잣돈으로 활용할 수도 있고, 주택이나 토지와 같은 부동산을 구매해 지대인 임대료를 받을 수도 있다. 그렇지 못한 경우에는 자신의 노동력이나 기술 혹은 지적인 능력을 타인에게 제공하고 반대급부로 임금을

1_이런 현상은 한국뿐만 아니라 남아프리카 공화국과 대만에서도 유사하게 나타났다. 이들 나라들에서는 정치적으로 민주 세력이 집권했지만, 경제적으로는 시장주의적 개혁이 이루어지면서 빈부 격차가 커지고 자본의 지배력이 강화되는 현상이 나타났다(Mattes 2002).

받아서 생활하는 피고용자가 될 수밖에 없다. 피고용자로 일하는 경우 상대적으로 희소한 지식이나 능력을 지니고 있는가 아니면 단순히 육체노동을 제공하고 임금을 얻는가에 따라서 임금수준도 크게 달라질 수 있다.

구체적으로 불평등은 어떤 불평등을 의미하는가? 불평등 일반에 관한 논의는 분배적 정의와 같은 철학적 논의에서부터 소득 불평등과 같은 경험적인 계량 분석에 이르기까지 매우 포괄적인 내용을 포함하고 있다 (Therborn 2006; Giddens & Diamond 2006; Sen 1992; 2009; Rawls 1971). 불평등은 문자 그대로 같지 않다는 뜻이며, 세상의 모든 것은 서로 같지 않다는 점에서 불평등은 보편적인 현상이라고 볼 수 있다. 그러나 오늘날 대부분의 사회에서 문제로 삼는 불평등이 있고, 그것은 정치적 권리, 경제적 수준, 문화적 혜택 등과 관련을 맺는다. 여기에서는 경제적 수준의 불평등으로서 주요 자원의 불평등resource inequality을 다룬다. 자원의 불평등은 개인이나 가족이 이미 가지고 있는 축적된 처분 가능한 자원의 불평등이나 특정한 기술이나 업무 능력과 같이 잠재적으로 자원을 획득할 수 있지만, 현재화되지 않았고, 처분 가능하지도 않은 자원으로 구분된다. 처분 가능한 자원은 주택이나 금융자산을 포함한 재산asset을 포함한다. 대체로 처분하지 않은 자원이나 처분 가능하지 않은 자원은 교육이나 훈련을 통해서 얻은 소위 '인적 자본'human capital이라 불리는 사람에 체화된 자원이다.

현대사회에서 각기 다른 자원이 완전하게 분리되어 있는 것은 아니고, 서로 밀접하게 연계되어 있다. 재산이 많은 사람들이 자녀의 교육에 더 많은 자원을 투자해 자녀의 인적 자본을 증대시킬 수 있고, 교육과 훈련을 통해서 인적 자본을 더 많이 축적시킨 자녀는 상대적으로 임금이 높은 직종이나 직업에 종사할 수 있다. 또한 재산이 적은 경우라도, 고등교육을 이수하고 높은 임금을 받는 직업에 종사하는 사람들은 재산 형성에 유리한 위치를 차지한다. 이들은 임금의 일부를 저축하거나 혹은 신용을 활용해, 가격이 상승할 수 있는 주택을 구매하거나 혹은 주식 등에 투자해 더 많은 이득을 올릴 수도 있다. 현대자본주의 시장경제 체제에서는 이들 자원들 사이의 연계가 천근대 사회보다 훨씬 더 느슨하다는 점에서 개방적인 사회라고 볼 수 있다. 즉, 노력을 통해서 얻은 교육이나 능력이 가시적인 경제적 자원으로 전환될 수 있는 가능성이 이전 사회에 비해서 높다고 볼 수 있다.

그러나 소득과 재산 사이에 전환 가능성이 존재한다고 해서, 모든 사람들에게 소득을 얻을 수 있는 가능성이 동일하게 주어지는 것은 아니다. 소득을 얻는 데 필요한 초기적 조건과 최종적 소득 사이의 연관성이 크면 클수록, 초기 조건이 열악한 사람들의 경우, 소득을 통해 재산을 축적할 가능성은 낮아진다. 초기적 조건인 교육이나 소득을 올릴 수 있는 기회에 대한 접근이 폐쇄적으로 이루어진다면, 사회의 개방성은 낮아지기 때문이다. 반면에 이들 기회에 대한 접근이 누구에게나 용이하게 이루어진다면, 사회의 개방성은 매우 높은 수준이라고 볼 수 있다. 흔히 '개천에서 용 났다'라고 하는 말은 초기적인 조건인 출신 배경이 낮은 사람이 개인적으로 성공을 이루었을 경우를 일컫는 말이다. 그리고 '아메리칸 드림'이라고 불렸던 미국 이민자들의 성공담도 과거 미국 사회에서 기회가 열려 있었고, 그 기회를 이용해 상승 이동한 이민자들의 이야기를 토대로 한 것이었다. 큰 성공이 아니더라도 서민에서 중산층으로 상승 이동할 가능성이 많은 사회에서 소득 불평등은 상대적으로 큰 문제가 되지 않았다.

그러나 점차 불평등이 고착화되기 시작했고, 이제는 서민들이 교육을 통해서 중산층이 될 수 있다는 것을 믿지 않는 상황이 되고 있다. 더 나아가 중간계급(중산층)도 소득과 삶의 불안정을 겪기 시작하면서 중간계급의 위기 혹은 중산층의 위기 담론도 등장하기에 이르렀다(한국사회학회 2008). 2000년대 중반 이후 20 대 80 사회 혹은 1 대 99 사회라는 양극화된 사회를 지칭하는 용어들이 대두되면서, 사회 양극화가 심화되었다. 노동자들 가운데서 근로 빈곤이 커지고 있을 뿐만 아니라 중산층도 중산층 지위를 유지하기 힘들게 되면서, 사회 양극화와 중산층 위기가 보수적인 대중매체에서도 다룰 지경에 이르렀다(대표적으로 "연중 기획: 중산층을 되살리자," 『중앙일보』 2006/03/24).

　이런 변화는 한국에만 한정된 것은 아니다. 20세기 후반부터 두드러진 전 지구적 차원의 공통적인 변화는 불평등이 심화되는 추세다. 1970년대부터 대부분의 사회들에서 불평등이 증가하는 추세를 보여 주고 있고, 많은 사회들에서 이런 문제를 둘러싼 정치적 갈등도 커지고 있다(Mann & Riley 2007; Therborn 2006; Milanovic 2005; Alderson & Nielson 2002). 불평등 가운데 국가 간 불평등 심화와 관련해 논쟁이 존재하지만, 국가 내 불평등에 관해서는 학문 분야와 관계없이 20세기 중후반부터 증가 추세를 보이고 있다는 것에 대해서 대체적으로 동의를 하고 있다. 주된 요인은 소수 부자들의 부가 크게 늘어난 반면, 가난한 사람들의 경제 상태는 크게 나아지지 않아서 나타난 결과다. OECD에서 상위 10%의 평균 소득은, 하위 10%의 평균 소득의 비율은 9 대 1이며, 한국은 10 대 1이다(OECD 2011a, 22). 빈곤국인 중국과 인도의 경제성장으로 이들 나라에서 소득의 상향 이동을 경험한 사람들이 크게 증가하면서, 전 세계의 개개인들 사이의 소득 불평등은 줄어들었다. 그러나 국가 내 불평등은 중국과 인도뿐만 아니라 대부분의 나라에서 크게 확대되었다.[2]

2_멕시코, 터키와 같이 불평등이 줄어든 경우도 있고, 프랑스, 헝가리, 벨기에처럼 불평등 정도가 변하지 않은 경우(지니계수 2% 미만의 변화)도 있지만, 대부분의 나라에서 불평등이 심화되었다(OECD 2011a, 24).

2. 불평등에 관한 접근

불평등 논의에서 먼저 다루어져야 할 것은 무엇의 불평등인가다. 경제학자 아마르티아 센이 주장한 것처럼, 인간은 다양하고, 불평등의 요소도 다차원적이기 때문에, 불평등에 관한 논의에서 무엇의 불평등인가 하는 문제가 항상 제기된다(Sen 1992). 모든 개인들 사이에서 편차(키, 체격, 운동 능력, 아이큐, 교육 성취, 지식, 욕구, 취미, 건강, 사회적 지위, 인정, 자긍심, 임금, 소득, 신용, 권력, 주택, 토지, 재산 등)가 존재하고 있기 때문에, 개인들 사이의 불평등은 매우 다양한 형태로 존재한다. 그중에서 주로 논의되는 것은 정치적·사회경제적으로 중요한 '불평등'이다. 그러나 또한 사회경제적으로 중요한 요소가 무엇인가를 둘러싸고도 다양한 의견이 있을 수 있다. 그러므로 불평등 연구도 소득이나 재산과 같은 경제적 차원의 불평등(Atkinson & Bourguignon 2000)을 중심으로 하는 경제학적인 연구에서부터 개인들의 취향이나 기호의 불평등(Bourdieu 1984) 혹은 사회적 인정(Fraser & Honneth 2003)의 불평등에 초점을 맞춘 사회학적 연구나 혹은 철학적 연구뿐만 아니라 건강 불평등에 관심을 둔 보건학적 연구(Wilkinson 2001; 2005)에 이르기까지 매우 다양하다.

근대 이전 사회와는 달리, 현대사회에서 나타나는 다차원적인 불평등의 특징은 한 차원의 불평등이 다른 차원의 불평등과 직접 연계되어 있는 정도가 절대적이지 않다는 점이다. 근대 이전의 사회에서는 정치권력, 부와 소득 그리고 사회적 신분이 계급과 통합되어 있었지만, 현대사회에서 이들은 서로 분리되어 있는 경우가 많다. 학력이 높다고 해서 반드시 소득이 높고 부유한 것은 아니며 또한 권력이 많다고 해서 임금 소득이 반드시 많은 것도 아니다. 현대사회에서는 태어날 때부터 자동적으로 주어지는 귀속적 지위보다 노력이나 능력에 의해서 성취된 지위가 더 큰 비중을 차지한다.

그렇다고 해서, 여러 차원의 불평등이 완전하게 독립적으로 존재하는 것도 아니다. 여러 가지 사회제도를 통해서 한 차원의 불평등이 다른 차원의 불평등으로 이어질 수 있는 가능성은 크다. 한국의 경우, 유치원에서 대학 교육에 이르기까지 사교육이 상당히 큰 영향력을 행사하는 경우,[3] 부모의 빈곤이 자녀의 교육 기회를 제한해, 빈곤한 가정의 아이들이 교육을 제대로 받지를 못하게 되거나 교육 기회를 이용한 상승 이동의 가능성이 없다고 생각해 학업에 노력을 기울이지 않게 된다. 그 결과 빈곤층 자녀가 고등교육을 받아서 임금이 높은 전문직 직업을 갖게 될 가능성은 매우 적게 된다. 그리하여 빈곤층 자녀들이 빈곤에서 탈출할 가능성도 낮아진다. 유럽과 같이 고등교육까지 공교육 제도가 발달한 사회에서는 학교 교육을 매개로 부모와 자녀의 계급이 세습될 가능성은 상대적으로 낮지만, 한국과 같이 사교육이 중심이 되는 교육 환경에서 자녀가 부모의 계급을 세습할 가능성은 매우 높다. 또한 임금 소득이 낮고 재산이 없는 경우, 금융기관에서 평가하는 개인의 신용도가 낮기 때문에 은행에서 대출을 받기 힘들기 때문에, 생애 과정에서 겪게 되는 여러 가지 어려움을 극복하기가 더 힘들다. 다시 말해서, 가족의 경제 상태가 제도적으로 교육, 직업, 결혼, 금융 신용도 등 다른 차원의 상태와 연계되기 때문에, 사회 불평등은 여러 차원의 불평등이 서로 맞물리는 구조화 경향을 보인다(Attewell & Newman 2010; Bowles & Gintis 1976; 2002).

전통적으로 사회학에서 불평등 문제는 계급이나 계층과 관련해 다루

3_대학에서의 사교육은 스펙 쌓기로 불린다. 외환 위기로 취업난이 발생하면서, 스펙 경쟁이 심해지면서, 대학생 사교육비도 꾸준히 증가했다. 대학생 1인당 사교육비는 2001년 267만 원에서 2007년 339만 원으로 증가했고, 2007년 대학생들의 60% 정도가 사교육에 참여하고 있는 것으로 나타났다(이정미 2008, 98-151).

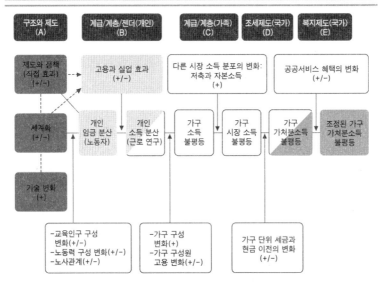

그림 1-1 | 소득 불평등의 분석 틀

| 구조와 제도 (A) | 계급/계층/젠더(개인) (B) | 계급/계층(가족) (C) | 조세제도(국가) (D) | 복지제도(국가) (E) |

제도와 정책 (직접 효과) (+/−)

고용과 실업 효과 (+/−)

다른 시장 소득 분포의 변화: 저축과 자본소득 (+)

공공서비스 혜택의 변화 (+/−)

세계화 (+/−)

개인 임금 분산 (노동자)

개인 소득 분산 (근로 연구)

가구 소득 불평등

가구 시장 소득 불평등

가구 가처분소득 불평등

조정된 가구 가처분소득 불평등

기술 변화 (+)

-교육인구 구성 변화(+/−)
-노동력 구성 변화(+/−)
-노사관계(+/−)

-가구 구성 변화(+/−)
-가구 구성원 고용 변화(+/−)

가구 단위 세금과 현금 이전의 변화 (+/−)

주: 1. 위 분석 틀은 OECD에서 제시한 분석 틀을 필자가 다시 수정한 것이다.
　　2. 왼편 짙은 회색은 구조와 제도적 요인이고, 그 다음 옅은 회색은 노동시장 영역을 의미하며, 오른편 회색은 최종적인 산출물로서의 가구 가처분소득을 의미한다.
자료: OECD(2012, 27).

어졌다(Grusky 2008; Korpi 2000b; Wright 1982). 계급론적 접근은 불평등을 사회적 관계를 중심으로 접근하는 반면에, 계층론적 접근은 양적인 차이를 강조한다는 점에서 차이가 있기는 하지만, 모두 주로 국민국가 틀 내에서 이루어지는 경제활동과 관련된 일과 직업 활동을 중심으로 불평등을 이해하고자 했다는 점에서는 그리고 개인을 단위로 한다는 공통점을 지니고 있다(신광영 2008). 사회학 내에서 이루어진 불평등에 관한 논의는 〈그림 1-1〉의 계급과 계층 구조 내에서 개인의 위치나 이동(B)에 초점이 맞추어진 것이다. 생산의 사회적 관계에 따른 소득 불평등 혹은 직업 차이에 따른 결과물로서의 불평등(E)을 직접 다루기보다는 생산의 사회적 관계(계급 관계) 그 자체나 직업 그 자체(직업 지위) 등이 분석 대상이 되었다. 그러므로 20세기 동안 사회학 내에서 이루어지는 불평등에 관한 연구는 주로 경제활동에 참여하는 개인들의 계급이나 사회경제적 지위의 세대 간 변화를 중심으로 이루어졌다.

사회학적 불평등 연구는 불평등 자체를 직접 다룬 것이 아니라 그 이전 단계인 계급 이동이나 사회이동이 주된 연구 대상이었다. 그러므로 불평등이 심화되고 있는 현실에서, 불평등의 원인에 대한 진단을 제대로 제시할 수 없었다. 사회적 관계의 결과물이나 직업 활동의 결과물 자체의 불평등에 대한 연구는 매우 적었다(DiPrete 2007; Kenworthy 2007; Myles 2003; Morris & Western 1999).

또한 기존의 계급-계층 연구는 국민국가를 사회의 기본 틀로 전제했기 때문에, 국민국가를 넘는 지구적 변화를 불평등 논의로 끌어들이지 못했다. 오늘날 한 사회 내에서 이루어지는 일자리 변화와 소득 변화는 세계화와 맞물려 있다. 세계화로 인해 고임금 일자리가 새롭게 생겨나는가 하면, 이제는 별로 임금이 높지 않아서 내국인 노동자들 대신에 외국인 노동자들로 대체되는 저임금 일자리들도 있다. 또한 공장 해외이전과 더불어 해외로 신규 투자가 이루어지면서, 자국 내 일자리가 늘지 않고 오히려 감소되면서, 자국 내에서는 임금 비용을 낮추기 위해 낮은 임금의 비정규직 고용이 늘어났다. 1980년대 본격화된 탈산업화는 선진국에서 제3세계로 생산 설비를 이전하면서 나타난 변화였다. 제조업 종사자 비중의 지속적인 하락은 세계화와 밀접한 관계를 지니고 있다(Brady & Denniston 2006; Harrison & Bluestone 1988; Bluestone 1984). 저개발국에서 세계화는 제조업 종사자의 증가를 가져오지만, 선진국에서의 세계화는 제조업 축소로 나타났다.[4] 일본과 영국의 해외직접투자가 일본과 영국 내에서의 제조업 공동화 현상을 불러일으켰다(노동대신관방정책조사부 2006; Stopford & Truner 1985). 또한 선진국 상품시장의 개방과 무역의 증대로 개발도상국의 저임금과 저기술 노동자들이 비교 우위를 갖게 되면서, 제조업이 임금 비용이 비싼 선진국에서 개발도상국으로 대거 이동하는 탈산업화가 나타났다(Alderson 1999). 그런데 계급과 계층은 세계화에 영향을 받아서 바뀌고 있는 산업과 직업 구조 속에서 재편된다. 개인의 경제적 지위나 고용상의 지위는 거시적인 변화와 맞물려 이루어지고 있는 직업 활동에 바탕을 두고 있다. 생산의 사회적 관계나 사회경제적 지위는 경제의 국제적 관계에 큰 영향을 받고 있으며, 그것이 나타나는 한 사회 내의 직업 분포에 바탕을 두고 있다.

또한 기존의 사회학 연구이나 노동 경제학에서는 개인을 중심으로 불평등 문제가 다루어져서, 가족제도를 매개로 한 불평등 문제가 간과되었다. 분석 단위가 경제활동에 참여하고 있는 개인이었기 때문에, 노동시장에서 개인 임금이나 소득을 중심으로 불평등 문제가 다루어졌다. 그러나 개인적 차원의 불평등과 가족 차원의 불평등은 서로 다른 차원의 사회 불평등이라는 점에서 개인적 차원의 불평등만으로 사회적 불평등은 논하는 것은 매우 제한적이다. 남성 가장의 소득이 가족소득과 큰 차이가 없는 경우에는 남성 개인을 분석 단위로 하는 경우와 가족을 분석 단위로 하는 경우가 큰 차이를 보이지 않을 것이다. 그러나 여성들의 경제활동 참여가 높아지면서 맞벌이 부부가 늘고 있기 때문에 남성 가장의 소득만을 분석 대상으로 하는 것은 사회 불평등에 대한 이해에 왜곡을 가져온다.

여성의 경제활동 참여가 지속적으로 증가하면서, 적어도 사회적 차원에서 남성과 여성 간의 평균적인 차별이 많이 줄어들었고, 임금격차도 어느 정도 줄어들었다고 볼 수 있다. 그러나 가구소득 차원에서 외벌이 가구

4_브래디와 데니스톤은 제조업 종사자 비중과 세계화는 역U자 형태를 보이고 있다고 주장한다. 이것은 한 나라의 역사적 변화뿐만 아니라 여러 나라의 통시적인 차원에서도 관찰되는 현상이라고 주장한다(Brady & Denniston 2006).

와 맞벌이 가구의 소득 격차는 더 커지게 될 수도 있다.[5] 물론 저소득 계층의 기혼 여성들이 경제활동에 참여하는 비율이 높아진다면, 가구소득 불평등을 완화시키는 경향을 보일 것이다. 그러나 고학력 여성들이 고소득 전문직으로 진출하는 것이 증가하게 되면, 오히려 가구소득 불평등은 더 심해진다. 많은 사회들에서 학력과 소득에 따른 동질혼이 고학력 집단에서 더 일반적인 현상이기 때문에(Blossfeld 2009; Park & Smits 2005; Schwartz & Mare 2005), 개인을 단위로 하는 경우, 남성과 여성 간의 불평등은 약화되지만, 가구를 단위로 하는 경우 소득 불평등은 오히려 심화되는 결과가 나타날 수도 있다.

또한 최종적인 조정된 가구 가처분소득의 불평등 정도는 조세제도와 국가 복지에 의해서 큰 영향을 받는다. 북유럽의 경우에서 잘 드러나듯이, 노동시장 소득의 불평등에서 매우 큰 불평등을 보이는 유럽 대륙 국가들이나 북유럽 국가들이 최종적으로 조정된 가구 가처분소득에서 가장 낮은 불평등을 보이는 이유는 누진세를 통한 재분배 효과가 극대화되고 또한 복지제도를 통해서 불평등이 크게 낮아지기 때문이다(Kenworthy 2008; Korpi & Parme 1998). 불평등이 적은 스칸디나비아 국가들의 경우에도 조세와 복지 이전의 소득 불평등은 낮지 않은 편이나, 누진세와 복지를 통해서 조세 후 불평등은 크게 낮게 나타났다. 예를 들어 〈표 1-1〉에서 볼 수 있듯이, 스웨덴의 조세 전 소득 불평등은 한국보다 훨씬 심하지만, 조세 후 소득 불평등은 한국보다 훨씬 낮다. 조세가 재분배 기능을 하고 있기 때문

5_2012년 6월 배우자가 있는 가구는 11,716,000가구였으며, 그중 취업 가구는 82.3%인 9,640,000가구였고, 맞벌이 가구는 43.5%인 5,097,000가구였으며, 외벌이 가구는 42.0% 인 4,915,000가구였다. 맞벌이 가구는 농림어업과 도·소매 및 숙박·음식업에서 높았다(통계청 2012b, 45-46).

표 1-1 | 2000년대 후반 주요 OECD 국가들의 조세 및 정부 이전소득 전후의 지니계수

국가	스웨덴	덴마크	프랑스	독일	일본	미국	영국	호주	한국
전	.426	.416	.483	.504	.462	.486	.506	.468	.344
후	.259	.248	.293	.295	.329	.378	.342	.336	.314

주: '한국'의 경우는 도시 2인 가구만을 대상으로 한 지니계수다.

자료: OECD.Stat(http://stats.oecd.org/Index.aspx?QueryId=26068).

이다.[6]

　단적으로 말해서, 소득을 중심으로 불평등을 논의하는 경우에도, 〈그림 1-1〉(이 책의 24쪽)에서 볼 수 있듯이, 최종적인 가처분 가구소득 불평등(E)은 매우 복합적인 인과관계를 매개로 해서만 제대로 이해될 수 있다. 우리가 경험하는 소득과 소비 차원의 불평등은 〈그림 1-1〉에서 좌측의 세계화, 산업구조 변화와 기술 변화와 같은 구조적인 차원, 노동시장 정책, 조세정책과 복지 정책과 같은 정치와 행정이 개입하는 정치적이고 정책적인 차원과 인구구성의 변화 그리고 가족 구조의 변화와 같은 사회적 차원의 변화가 동시적으로 이루어지면서 나타난 최종적인 결과물이다.

6_ 일본의 경우 2008년 가구소득 지니계수는 0.454이었지만, 사회보장을 통해서 가구소득 지니계수는 0.343으로 줄어들었다. 그리고 세금을 통해서 가구소득 지니계수는 다시 0.327로 더 줄어들었다. 지니계수로 측정한 지니계수가 복지제도를 통해서 26.2% 줄어들었고, 조세를 통해서 4.7% 더 줄어들었다. 일본은 조세를 통한 재분배 효과가 낮은 나라라는 점을 고려한다면, 조세보다는 복지를 통한 불평등 약화가 어느 정도 이루어지고 있다고 볼 수 있다 (The Japan Institute for Labor Policy and Training 2012, 173).

3. 융합적인 연구의 필요성

불평등 연구와 관련해 기존의 계급론이나 계층론이 지니는 문제는 국가의 역할을 제대로 다루지 못하고 있다는 점(D와 E의 차원)과 불평등 분석 자체가 국민국가 틀 내에서만 이루어지고 있다는 점이다(A에서 세계화 요인). 전통적인 사회학 틀에서 이루어진 불평등 연구가 세계화와 관련된 초국적 자본가계급의 형성이나 초국가적 계급 이동으로 인한 기존 논의의 한계를 드러냈다(Sklair 2001; Robinson & Harris 2000; Pijl 1998). 또한 불평등이 계급 관계뿐만 아니라, 결혼 유형, 가족 구성, 조세제도와 복지제도 등 다양한 사회적 요인과 국가 정책적 요인에 의해서 영향을 받고 있다는 점도 적극적으로 고려되지 못했다. 전통적인 사회학에서 이루어진 불평등 연구는 이와 같은 점들에 대한 인식이 상대적으로 부족했다. 물론 이런 한계는 사회학 내의 계급론이나 계층론에 한정된 것만은 아니다. 이런 문제점은 기존 사회과학의 여러 분야가 공통적으로 지니는 문제점이기도 하다. 다시 말해서, 통합적이고 융복합적인 연구가 새로운 흐름을 이루기 이전까지 개별 분과 학문 전통에서 이루어진 불평등 연구는 특정한 차원만을 강조했던 것이다.

또한 불평등 연구에서 정치의 중요성에 대한 인식도 한 사회만을 횡단적으로 연구하는 경우에는 매우 미약했다. 노동시장 정책과 노사관계 제도와 세계화의 내용과 속도는 직접적으로 정치에 의해서 큰 영향을 받는다. 한국의 경우 외환 위기를 계기로 노동시장 유연화와 금융시장 개방과 같은 거시적인 변화가 이루어졌고, 기업의 고용정책이 크게 바뀌면서 기존 취업자나 대학 졸업자들이 큰 영향을 받았다. 개인들은 그런 경제 환경 변화에 적응하거나 아니면 저항했다. 정책을 통한 환경 변화는 정치(국가 내 정치 혹은 국가 간 정치)를 매개로 해서 이루어졌다. 1979년 영국의 보수당 집권과 1980년 미국 공화당 집권을 계기로 이루어진 신자유주의적 개혁은 정치적 차원에서 시작되었고, 그 이후 여러 다른 나라들에서도 정치적 과정을 통해서 이루어졌다. 그러나 실질적으로 계급론이나 계층론에서 이런 점에 대한 적극적인 고려가 매우 부족했다. 최근 비교 정치경제학적 연구가 활발하게 이루어지면서, 이런 문제 인식이 크게 확산되고 있다 (Kenworthy & Pontusson 2005; Hall & Sockice 2001).

불평등 심화 현상이 정치의 산물일 뿐만 아니라, 불평등 심화가 정치에도 부정적인 영향을 미치는 원인이기도 하다. 불평등 심화가 직접적으로 민주주의를 위협하는 요소가 되기 때문이다. 불평등 심화는 직접적으로 국민 사이의 위화감을 증폭시키고 시민적 연대 의식을 약화시킨다. 부자들이 더 조직적으로 자신들의 이해를 정부 정책에 반영시키고자 하고, 정부도 매체에 영향력을 행사하는 부자들의 목소리에 더 귀를 기울이게 된다. 빈곤층과 하층은 정치적으로 소외되어 민주주의는 형식만 남게 된다(Jacobs & Skocpol 2005). 또한 불평등이 심화되면서, 부자와 가난한 사람들이 공간적으로 분리되어 사는 거주지 분리 현상이 나타난다. 주택뿐만 아니라 거주 지역이 분리되면서, 사회 통합의 역할을 담당했던 학교교육의 역할도 약화되고 있다. 다양한 학생들이 서로 교류하고 자신들과 다른 생활 조건에 놓여 있는 다른 학생들을 이해할 수 있도록 하는 공교육 제도가 이런 통합의 역할을 하는 것이 어렵게 되었다. 교육을 통해서 전체라는 공동체 의식을 갖게 되는 것이 더욱 힘들게 된 것이다. 또한 부유한 사람들이 경찰보다 사설 보안업체에 더 의존하게 되거나 독립적인 사설 스포츠 클럽을 이용하는 경우, 부유한 사람들은 공공의 치안이나 건강을 위해서 지불하는 세금에 대해서도 부정적인 생각을 갖게 될 것이다(Sandel 2010, 266-267). 마이클 샌델이 주장하는 것처럼, 공공성의 훼손은 시민들 사이의 연대 의식을 약화시키고, 민주주의 제도를 크게 위축시킨다. 이것은 같은 국가 혹은 같은 사회라는 인식에 기반을 둔 시민적 덕목을 약화시킨다.

다양한 불평등의 핵심 고리는 경제적 불평등이다. 경제적 불평등이 모든 불평등과 동일한 것은 아니지만, 다른 불평등에 영향을 미친다는 점에서 핵심적인 불평등의 요인이다. 경제적 불평등 가운데서도 근로소득 불평등은 부의 획득 방법과 부에 대한 정당성 등과 관련해 사회정치적 함의도 매우 크다. 소득이 얼마나 노력과 능력에 따라서 결정되는가? 근로소득과 불로소득 중에서 부를 축적하는 데 어떤 것이 더 중요한가? 소득을 통해서 상승 이동이 가능한가? 노력을 통해서 소득 상승 이동이 가능한가? 그러므로 현대사회에서는 가능한 한 불로소득이나 투기를 통한 소득에 대해서 과세를 하여, 건전한 소득 획득을 강조하고, 가능한 한 소득의 불평등을 약화시키기 위해 다양한 정책들이 개발되었다. 그것은 케인스주의 정책과 같이 유효수요 확대를 통한 일자리와 소득 연계에 초점을 두는 정책이나 다양한 사회복지 정책과 같이 직접 재화와 서비스의 재분배를 통해서 빈곤과 불평등 문제를 해결하고자 하는 정책들을 포함하고 있다. 이런 정책적 개입이 현대 국가의 보편적인 특징이다.

4. 이 책의 구성

이 책은 앞의 〈그림 1-1〉의 B, C를 중심으로 소득 불평등을 다룬다. 제1부에서는 주로 최근 한국의 불평등 심화 현상에 대한 역사적 분석을 시도한다. 먼저 제2장은 거시적인 차원에서 정치 민주화, 세계화와 불평등 간의 관계를 다룬다. 정치 민주화는 저임금 노동자들의 노동운동을 활성화시켜 저임금 노동자들이 노동조합을 통한 임금 인상을 이끌어 낼 수 있는 조건을 만드는 데 기여해 사회 전체적으로 분배 구조를 개선하는 데 기여했다. 특히 1987년 이후 대규모 제조업 분야에서 노동조합의 폭발적인 성장이 이루어졌다. 1987년 이전까지 노동운동이 독재 정권과 기업에 의해서 탄압되었기 때문에, 저임금 구조는 경제 성장기에도 크게 개선되지 못했다. 1987년 6월 항쟁을 계기로 민주화의 물꼬가 터지면서, 노동조합이 조직되고, 임금 인상에 대한 노동자들의 요구가 분출했다. 이런 노동운동의 성장은 전체적으로 저임금 노동자들의 임금 상승에 기여해 불평등 약화에 기여했다. 그러나 세계화로 인해 노동시장 유연화와 더불어 신자유주의 개혁을 통해 노조가 약화되고 비정규직이 급증함에 따라 노동계급 내의 불평등이 증가했을 뿐만 아니라, 전체 국민총생산에서 노동자의 몫이 차지하는 노동분배율도 크게 줄어들었다. 이런 변화는 고령화로 대변되는 인구구조의 변화와 이혼율 증가로 나타나는 가족 구조의 변화에 따른 주변적 인구층의 증가와 맞물려, 새로운 사회적 위험의 등장과 그것에 따른 불평등과 빈곤의 가속화가 나타났다.

제3장은 신자유주의적 세계화로 노동계급 내 양극화가 심화되었음에도 불구하고, 이에 대한 가장 강력한 저항 세력인 조직 노동운동의 취약성으로 인해, 양극화의 저지는 고사하고 오히려 노동계급 내의 양극화가 더욱 심화되었음을 밝힌다. 노동계급 내의 양극화가 심화되었음을 밝힌다. 한국은 노동조합이 강한 것이 아니라 너무 약해 사회 양극화에 적절하게 대응하지 못했고, 그 결과 노동계급 양극화가 심화되었다는 점을 논의한다. 구체적으로 낮은 조직률과 좁은 단체교섭 적용 범위로 인해 노동계급의 양극화 추세가 지속되고 있음을 다룬다.

제2부에서는 전체적인 불평등 추이 대신에, 각론 수준에서 집단별 불평등이 생성되는 기제에 관심을 갖고, 현상적으로 나타나는 불평등이 산업구조·세대·계급·젠더, 가족과 어떻게 연계되어 있는지를 분석한다. 먼저 제4장에서는 지식 경제화와 서비스 사회로의 변화가 낳고 있는 노동 체제의 변화와 임금 불평등 간의 관계를 분석한다. 한편으로 노동 집약적인 제조업 대신에 기술과 지식 집약적인 산업이 등장하고 있지만, 다른 한편 서비스업의 지속적인 확대와 더불어 서비스산업의 양극화로 인해 피고용

자 임금 불평등이 증가하는 추세를 분석한다.

제5장은 세대 간 불평등이 문제가 되고 있지만, 불평등 차원에서는 세대 간 불평등보다 세대 내 계급 불평등이 더 큰 문제라는 점을 분석한다. 세대 간 불평등을 강조하는 것은 외환 위기 이후 나타난 젊은 세대의 취업난과 비정규직 고용의 증대 문제와 관련된 것이었다. 그러나 50대와 60대도 구조조정에 따른 조기 정년이나 명예퇴직 등으로 인해 비정규직 고용이 늘고, 소득이 낮은 자영업으로의 비자발적 진출이 늘어나면서, 세대 내 불평등이 크게 증가해, 세대 내 불평등이 더 지배적이라는 점을 실증적으로 보여 준다.

제6장은 한국의 남성과 여성 임금격차가 OECD 국가들 중에서 가장 크게 나타나고 있는데, 그 요인을 차이에 따른 임금격차와 차별에 따른 임금격차로 나눠 분석한다. 다시 말해서, 정당한 차이 혹은 인정할 만한 차이와 차별에 따른 차이가 어느 정도나 되는지를 남성과 여성 간 임금 불평등의 분해 분석을 통해서 분석한다. 젠더 임금격차의 절반 정도가 차별의 결과라는 점과 차별의 기제는 연령에 대한 보상의 차이에서 유래한다는 점에서 한국적 가부장제가 연령차별주의ageism와 성차별주의sexism에 기초하고 있음을 논의한다. 즉, 남성의 경우 나이가 많아지면서 임금이 높아지지만, 여성의 경우는 나이에 따른 임금 증가가 남성만큼 이루어지지 않기 때문에 남성과 여성의 평균임금 격차가 줄어들지 않고 있음을 다룬다. 50대의 조기퇴직과 조기정년은 곧바로 이들이 60대 노년기에 접어들게 되기 때문에, 노인 빈곤으로 이어질 수 있다는 점에서 더욱 심각한 문제라고 볼 수 있다.[7]

7_2012년 통계청 가계금융 복지 조사 결과에 따르면, 은퇴 연령 가구의 가처분소득의 빈곤율

제7장에서는 여성의 고학력화와 경제활동 참가 추세가 가구소득 불평등에 미치는 영향을 분석한다. 한국에서 여성의 경제활동 참가가 어떻게 가구소득 불평등에 미치는지를 분석한다. 〈그림 1-1〉에서 개인 수준에서의 소득과 가구 수준에서의 소득 사이의 관계를, 즉 B에서 C로의 전환을 분석한다. 구체적으로 여성 경제활동 참여를 통해서 이루어진 추가적인 소득이 가구소득 불평등에 미치는 영향을 분석해 밝히고자 한다. 자료 분석을 통해 남성 내 불평등은 감소하고 있는 반면, 여성 내 불평등은 증가하고 있으며, 전체적으로 여성 경제활동 참가 증가는 아직까지는 가구소득 불평등을 약화시키고 있음을 밝힌다. 그러나 학력이나 계급이 같은 집단 내 혼인이 계속해서 강화되고 있기 때문에, 고학력 고소득 맞벌이 부부의 증가로 가구소득 불평등이 커지는 결과를 낳게 될 것이라는 점도 논의한다.

마지막으로 제8장에서는 결론으로 이 책에서 제시된 불평등 구조 분석의 내용을 정리하고, 이것이 지니는 불평등 연구와 관련된 이론적 함의와 불평등을 약화시키기 위한 정책적 함의를 논의한다. 이 책을 관통하는 한국의 불평등에 대한 경험적 연구를 통해서 밝혀진 내용을 여섯 가지 차원, 즉 정치적 요소, 노동운동, 산업구조 변화, 세대와 젠더, 가족 형성 차원에서 밝혀진 내용을 정리한다. 그리고 이 연구가 사회 불평등 연구와 관련해 지니는 의미를 논의한다. 비판적 실재론critical realism적[8] 관점에서 여섯

은 50.1%로 65이상 가구의 절반이 빈곤층으로 밝혀졌다. 70세 이상은 54.5%로 평균보다 더 높아서 고령화가 빈곤과 밀접한 관련을 보이고 있음을 알 수 있다(통계청 2012c, 63).

8_비판적 실재론은 과학적 연구로서 실증주의와 경험주의가 지니는 문제점을 극복하기 위해 로이 바스카가 제시한 새로운 과학적 연구 패러다임이다. 비판적 실재론에 관해서는 Roy Bhaskar, *A Realist Philosophy of Science*(1975), *A Theory of Realist Science*(2008), *Critical Realism: A Brief Introduction*(London: Routledge, 2012)을 볼 것. 바스카의 비판적 실재론 소개서로는 Andrew Collier, *Critical Realism: An Introduction to Roy*

가지 차원의 논의를 통합해, 우리가 경험하는 불평등 현상에 대한 인과적 설명을 위해서 소득 불평등의 발생 기제generative mechanism를 밝히는 것이 필요하다는 점과 국제 비교 연구의 필요성을 논의한다.

그리고 이 책에서 제시된 연구 결과가 지니는 정책적 함의를 논의한다. 불평등을 약화시키기 위해 어떤 정책적 논의가 필요한지를 다룬다. 이것은 학술적인 연구가 좀 더 공공적인 의미를 지니기 위해서 공공 사회학public sociology의 관점에서 이 책이 담고 있는 내용의 정책적·실천적 의미를 다룬다. 미국의 사회학자 마이클 뷰라보이는 미국사회학회 회장 취임 연설에서 공공 사회학을 주창해 많은 반향을 불러일으켰다(Burawoy 2004). 그는 공공 사회학을 주창하면서 사회학이 전문성에만 관심을 기울이고, 전문적인 학술지를 통해서만 연구 결과를 공유하는 폐쇄적이고 전문적인 사회학에서 벗어나 전문성과 공적인 관심을 동시에 추구해 사회 진보에 기여하고자 하는 새로운 사회학으로서 공공 사회학을 내세웠다. 공공 사회학은 전문적인 연구가 연구에 그치지 않고 좀 더 현실적인 차원에서 공적인 사회문제를 해결하기 수단이 되어야 한다는 점을 추구한다. 이런 관점에서 비추어 볼 때, 이 책이 불평등을 줄이기 위한 정책적 논의에 기여할 수 있는 바를 다룬다.

마지막으로 향후 연구 과제를 다룬다. 이 책에서 다룬 소득 불평등은 사회적 불평등의 일부에 지나지 않으며, 좀 더 근본적인 부의 불평등이나 부수적인 건강 불평등이 추가적으로 연구되어야 한다. 소득 불평등의 경

Bhaskar's Philosophy(London: Verso, 1994[『비판적 실재론』, 이기홍 옮김, 후마니타스, 2010])과 Margaret Archer & Roy Bhaskar & Andrew Collier & Tony Lawson & Alan Norrie, *Critical Realism: Essential Writings*(London: Routledge, 1998[『비판적 자연주의와 사회과학』, 이기홍 옮김, 한울, 2008])을 볼 것.

우도 노동시장과 가족(〈그림 1-1〉에서 B와 C)에 한정된 연구라는 점에서 세계화와 같은 구조적 변화와 복지 정책이나 조세제도와 같은 정책적 요인이 불평등에 미치는 영향에 대한 분석 등이 추가적으로 이루어져야 한다는 점을 다룬다.

2장

현대 한국 사회의 불평등 구조 변화

한국의 민주화, 세계화와 불평등

1. 문제 제기

오늘날 불평등 문제는 학문적인 차원에서뿐만 아니라 정치적 차원에서 중요한 문제로 부각되었다. 제2차 세계대전 이후 경제성장과 불평등 약화가 동시에 이루어지면서, 경제성장 초기 단계에는 불평등이 증가하지만, 경제성장이 상당한 정도로 이루어지면 불평등은 약화될 것이라는 사이먼 쿠즈네츠의 가설이 보편적으로 받아들여졌다(Williamson 1991, 10-13; Williamson & Lindert 1980; Kuznetz 1955). 쿠즈네츠는 초기 경제성장 단계에서 공업 부문으로 자본의 집중이 일어나고, 그에 따른 부의 집중도 발생해 소득 불평등이 증가하지만, 경제가 어느 정도 발전하면, 경제성장에 따른 낙수효과trickle down effect가 발생해 소득 불평등이 완화된다고 주장했다. 그 결과, 경제성장과 소득 불평등 사이의 관계는 역U자 관계를 보인다고 주장한 쿠즈네츠의 역U자형 가설은 1970년대 초반까지 서구의 역사적 경험을 통해서 검증된 주장으로 받아들여졌다. 1970년대 초반까지 경제성장이 이루어지면서 동시에 불평등이 지속적으로 감소했기 때문에 쿠즈네츠 가설은 경제성장과 불평등 사이의 관계를 설명하는 보편적인 원리로 받아들여졌던 것이다. 그리하여 자본주의가 발달함에 따라 소득 양극화와 빈곤화가 나타날 것이라고 본 마르크스의 주장은 편파적인 이념적 주장으로 받아들여졌다(Williamson 1991, 5-6).

그러나 20세기 후반에 들어서 지구화가 가속화되면서 쿠즈네츠의 역U자 가설에 대한 비판이 새롭게 제기되기 시작했다. 1970년대 중반 이후 서구 여러 나라들에서 소득 불평등이 심화되기 시작했고, 특히 가장 발전된 자본주의사회로 여겨지는 미국과 영국에서 U자 모형의 불평등 심화 추세가 뚜렷하게 나타나기 시작했기 때문이다(신광영·이성균·조돈문 2007; Atkinson 2005; Alderson & Nielson 1997; 2002). 이처럼 20세기 후반 경제성장이 이루어진 선진 산업사회들에서 불평등이 지속적으로 증가하면서, 경제성장과 불평등에 관한 고전적인 쿠즈네츠의 가설도 도전을 받기 시작했다. 1990년대 들어서 거의 모든 서구 사회들에서 경제성장이 회복되고, 실업률도 낮아져 거시적인 경제지표들이 좋아졌지만, 소득 불평등은 계속해서 악화되면서 소득 불평등 문제가 서구 사회에서 새로운 정치적 쟁점으로 부상했다(Esping-Anderson 2007, 11-12).

또한 한 사회 내의 불평등의 심화뿐만 아니라 전 지구적 차원의 불평등도 심화되었다(Babones 2002; World Bank 2001; UNDP 1999). 지구적 차원의 불평등 심화의 주된 원인으로 세계화globalization가 지목되었다(Milanovic 2005; Wade 2004b; Beer & Boswell 2002; Stiglitz 2002). 세계화와 지구적 불평등 간의 관계는 없다는 일부 학자들(Firebaugh 2003; Dollar & Kraay 2002)의 주장에도 불구하고, 많은 경험적인 연구들은 경제 개방과 불평등 간의 유의미한 관계가 있다는 것을 밝히고 있다(Galbraith 2007; Dowrick & Golley 2002; Delong & Dowrick 2003; Bornshier 2002; World Bank 2002; Sachs & Warner 1995). 지구화가 전 세계 모든 국가들에게 혜택을 가져다주기보다

는, 혜택을 누리는 국가와 피해를 겪는 국가가 등장해, 갈등적인 이해관계를 낳았다. 세계화가 지구적 불평등에 미치는 영향에 대해서는 이견이 있지만, 많은 학자들이 경제 개방과 지구적 불평 간에 관계가 있다는 사실을 공통적으로 인정하고 있다.[1]

경제성장과 불평등 간의 관계에서 중요한 매개 요소는 제도와 정책이다. 쿠즈네츠의 가설에서 간과된 점은 정치제도로서의 민주주의 문제다. 경제성장 자체가 불평등을 약화시킨 것이 아니라 민주화가 이루어지면서 분배와 관련된 다양한 정책에서 변화가 이루어졌고, 그 결과 불평등이 지속적으로 약화되었다. 선거제도는 유권자들의 요구를 적극적으로 받아들여야 하는 정치제도이고, 민주주의 사회의 기본 요건으로 인정되는 결사와 집회의 자유에 기초한 노동운동의 발전도 임금 상승효과를 가져와 전반적으로 소득분배를 개선하는 데 기여했다. 또한 조세제도와 복지제도와 같은 정부 정책을 통해서 생산과정에서 발생하는 불평등이 대폭 완화되었다(Pieterse 2002; Huber & Stephens 2001; Boix 1998; Steinmo 1993).

한국을 포함한 동아시아 지역의 불평등은 매우 독특한 양상을 보여 주고 있다. 동아시아 지역은 세계 여섯 개 지역 가운데 상대적으로 평등한 지역에서 불평등이 심한 지역으로 빠르게 변하고 있는 지역에 속한다(Mann & Riley 2007). 냉전 체제하에서 한국에서는 권위주의적인 정권이 노동운동을 탄압했고, 인금 인상에 대한 정부의 규제를 통해서 사적 부문의 임금 결정에 영향을 미쳤다. 이는 임금 인상을 막았을 뿐만 아니라 임금 불평등을 일정 수준에서 제한하는 효과를 가졌다. 상대적으로 평등한 저임금을 오랫동안 유지하면서, 불평등 수준은 남미나 아프리카를 포함한 제3세계

1_지구적 불평등의 추세와 관련된 논쟁에 관해서는 Nel(2005)을 볼 것.

국가들에 비해서 상대적으로 낮았다. 이것은 한국 이외에도 일본과 대만과 같은 동아시아 국가들에서도 공통적으로 나타난 특징이었고, 불평등이 낮은 것이 경제성장에 도움이 된다는 주장의 증거가 되기도 했다. 불평등이 경제성장에 도움이 된다는 고전적인 주장과는 달리(Kalecki 1971; Kaldor 1960), 동아시아는 상대적으로 낮은 불평등으로 인해 경제성장을 이룰 수 있었다는 것이다(Rodrik 1994; Amsden 1989; Hamilton 1983). 최근의 많은 횡단 분석 결과들도 낮은 불평등이 경제성장에 도움이 된다는 것을 밝히고 있다(Forbes 2000; Deininger & Squire 1998; Barro & Sala-i-Martin 1995; Alesina & Rodrik 1994; Persson & Tabellini 1994). 불평등이 심한 경우, 분배에 대한 정치적 요구가 커지고, 사회정치적 불안으로 인해 투자가 위축되어 경제성장이 제대로 이루어지지 못한다는 것이다.

1987년 이후 한국의 불평등은 두 가지의 서로 다른 동학에 의해서 영향을 받았다. 하나는 정치적 차원에서 민주화 이행이 소득 불평등 약화에 긍정적인 기여를 했다. 다른 하나는 외환 위기로 촉발된 신자유주의적 경제개혁이 불평등을 심화시켰다. 1997년 이후 외환 위기를 계기로 이루어진 신자유주의적 경제개혁 효과가 민주화 효과를 압도하면서 전반적으로 불평등이 급격하게 심화되는 결과를 가져왔다. 그 결과, 민주화가 지속적으로 이루어졌지만, 경제적으로는 소득 불평등이 더 심해지고, 빈곤층이 확대되는 결과를 가져왔다.

2. 정치적 민주화와 경제적 불평등

상대적으로 낮은 한국의 불평등은 권위주의 국가의 임금, 물가, 시장 통제의 산물이었다. 토지개혁을 통해서 구조적인 불평등을 약화시킨 것이 불평등 약화에 큰 도움을 주었지만, 그것이 곧바로 경제성장으로 이어지지는 않았다. 여러 학자들이 이미 지적한 바와 같이, 한국의 경제성장은 국가가 주도하는 수출 주도형 산업화의 산물이었다(Wade 1990; Amsden 1989). 경제계획을 통해서 국내 노동시장, 상품 시장과 금융시장에 대한 통제를 오랫동안 유지했고, 내수 시장이 아니라 미국 시장으로의 수출을 통한 경제성장을 추구했다. 통제는 임금과 노동운동에 대한 통제, 물가 규제, 은행 국유화와 외국자본 직접투자 금지 등의 형태로 나타났다. 또한 기업에 대한 지원과 통제를 통해서 기업 경영에 직접 영향을 미쳤다. 수출 주도형 산업화를 통해서 내수에 덜 영향을 받는 방식으로 경제성장을 추구했기 때문에, 노동자들의 낮은 임금은 큰 문제가 되지 않았다. 오히려 저임금은 미국 시장에서의 가격경쟁력을 확보하는 데 큰 도움이 되었다. 동아시아 국가들의 생산성은 남미의 절반 정도에 불과했지만, 저임금에 기초한 한국의 생산과 미국의 가격경쟁 시장[2]과 결합이 이루어짐에 따라, 동아시아 상품들이 미국 시장에서 경쟁력을 확보할 수 있었다(신광영 1999, 26-29). 냉전 체제하에서 미국 정부의 군사적인 이해와 동아시아 반공 국가들의 이해가 일치하면서 동아시아 국가들에 대한 미국 시장의 개방이 이루어졌고, 이를 바탕으로 한국, 대만, 일본에서 수출을 바탕으로 하는 경제성장이 이루어졌다.

개발독재 시기의 임금 불평등은 지속적으로 감소했고, 민주화 직후 임

2_소비 시장은 크게 두 가지 형태로 구분될 수 있다. 하나는 상품의 품질이 경쟁의 중요한 요소가 되는 시장으로 자동차, 고급 오디오, 가전제품, 명품 등의 소비재 시장이다. 다른 하나는 품질과 관계없이 가격이 낮은 상품이 경쟁력을 갖는 소비재 생필품이나 가전제품 시장이다. 미국의 경우, 두 시장에서 상품의 질이 다를 뿐만 아니라 소비자가 서로 다른 특징을 보여 주었다. 주로 흑인들이 주류를 이루는 빈곤층은 가격경쟁 시장에서 소비를 하고, 백인이 다수를 이루고 있는 중간계급은 주로 품질 경쟁 시장에서 소비를 한다.

표 2-1 | 피고용자 월평균 소득 추이

단위: 만 원

연도	제조업	광업	전기/가스	건설	도소매/ 음식/숙박	운수창고/ 통신	금융/보험/ 사업서비스	사회/ 개인서비스
1970	100	129.88	259.81	169.88	138.50	129.53	265.12	170.30
1975	100	142.40	272.03	160.48	137.32	118.58	250.08	174.29
1980	100	138.58	192.90	175.68	143.85	138.73	191.95	187.67
1985	100	120.56	213.15	131.57	137.97	160.31	192.54	179.64
1990	100	102.41	161.41	126.18	110.90	98.87	144.28	139.97
1995	100	107.89	134.04	121.77	98.33	101.46	120.55	125.56
2000	100	106.74	153.92	108.09	95.65	111.79	121.73	105.35
2005	100	108.14	173.02	93.55	94.58	99.56	110.53	103.07
2008	100	104.99	169.70	95.41	89.27	99.60	114.51	96.44

자료: 노동부(1993), 통계청(2006; 2011).

금 불평등은 더욱 감소했다. 1980년대 중반까지 임금 불평등 하락 현상은 국가가 평등주의적인 정책을 취했기 때문에 나타난 결과가 아니라, 저임금을 유지하기 위한 정부의 임금 규제로 나타난 결과였다. 〈표 2-1〉은 1970년부터 2008년까지 산업별 임금 불평등 추이를 보여 준다. 제조업을 기준으로 본 산업별 임금격차는 전반적으로 줄어든 것으로 나타났다. 특히, 1970년대보다 1980년대 들어서 대체로 제조업과 다른 산업 간 임금격차가 줄어들었다. 운수창고·통신과 사회·개인 서비스를 제외하고 다른 산업 부문 종사자의 월평균 소득과 제조업 종사자의 월평균 소득 격차는 줄어들었다. 가장 큰 차이를 보였던 금융 서비스업과 제조업 종사자의 월평균 임금 소득 격차도 현저하게 줄어들었다. 특히 이런 변화는 1985년과 1995년 사이에 가장 크게 나타났다. 이 시기 변화의 핵심적인 원인은 노동운동의 활성화였다. 임금이 가장 낮았던 제조업 부문에서 노동운동이 가장 활발하게 전개되었고, 제조업 부문의 임금 상승이 다른 산업 부문과의 임금격차 축소를 가져왔던 것이다.

이런 추세는 전체 국민 가처분소득에서 피고용자의 임금이 차지하는 비율에서도 동일하게 나타나고 있다. 〈그림 2-1〉은 1981년부터 2003년까지 전체 국민 가처분소득에서 피고용자의 임금이 차지하는 비율을 보여

그림 2-1 | 국민 총가처분소득 중 피고용자 보수의 비율

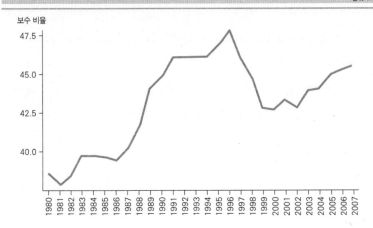

자료: 통계청(2008, 228)에서 재구성.

준다. 1981~86년까지 전체 국민 가처분소득에서 40~41% 내외를 차지했던 피고용자 임금 비율이 1987~1991년까지 지속적으로 상승해 1991년에는 47.1%에 달했다. 그리고 그것은 외환 위기 직전인 1996년에 정점에 달해 47.8%에 이르렀다. 1986년부터 1996년까지 7.2%p의 상승이 이루어져 피고용자들의 몫이 크게 증가했던 것이다. 그러나 1997년 이후 노동분배율은 급격하게 축소되어 2000년 43%로 줄어들었으나, 다시 증가 추세를 보여 주고 있다. 반면, 기업의 영업 이익은 1980년대 중반까지 35~38%를 유지했으나, 1987년 이후 지속적으로 축소되어 1990년대 31%대로 하락했고, 1996년 27.7%로 더 하락했다. 그렇지만 1999년부터 다시 증가하기 시작해 2002년 31%에 달했다(통계청 2004, 278).

위와 같은 추세는 임금이 생산성이나 노동시간 이외에도 정치적 변화에 큰 영향을 받고 있다는 것을 보여 준다. 과거 부정되었던 노동삼권이 어느 정도 인정되고, 이를 바탕으로 노동자들의 임금 인상을 위한 단체교섭

과 파업이 합법화되면서 노동자들의 임금이 크게 증가했다. 노동운동의 활성화는 제조업 부문 저임금 노동자들의 임금 상승을 가져왔고, 그것은 전체적으로 임금 불평등을 약화시키는 결과를 낳았다. 노동운동의 활성화가 재분배 구조에 영향을 미쳤던 것이다. 민주화의 효과는 정치적 차원에만 그쳤던 것이 아니라 경제적 차원에서도 두드러졌다는 것을 알 수 있다.

가구소득 차원에서도 동일한 변화가 나타났다. 소득 10분위별 소득의 추이를 살펴보면, 1980년대 후반부터 1990년대 중반까지 저소득층의 몫이 지속적으로 증가한 반면, 고소득층의 몫은 감소했다. 1988년 하위 소득 계층 40%의 소득이 전체 소득에서 차지하는 비중이 19.68%였으나, 1996년에는 21.86%로 거의 2%p 증가했다. 같은 기간 상위 소득 계층 20%의 소득이 전체 소득에서 차지하는 비중은 42.22%에서 38.01%로 4.21%p 줄어들었다. 특히 최상의 소득 계층인 상위 10% 소득 계층의 소득이 전체 소득에서 차지하는 비중은 27.62%에서 23.17%로 4.45%p나 줄었다. 지니계수의 변화에서도 동일한 양상이 나타났다. 1988년 지니계수는 0.336으로 대단히 높은 수준의 불평등을 보여 주었으나, 지속적으로 감소해 1996년에는 0.295로 0.3 이하로 떨어져서 상대적으로 분배가 양호한 국가군에 속하게 되었다. 그러나 외환 위기 이후인 2000년 지니계수는 0.350으로 1988년 이전의 수준으로 불평등이 심화되었다(통계청 2004, 229).

1987년 이후의 민주화 이행은 시민들의 정치적 권리 신장을 가져왔을 뿐만 아니라 다양한 사회적 약자들이 자신들의 이해를 합법적으로 표출할 수 있는 권리의 증진을 가져왔다. 권위주의 체제에서 크게 제약을 받았던 노동자들의 권리가 어느 정도 확대되면서, 노동자들은 저임금과 부당한 대우에 대한 집단적 도전을 시도했고, 이는 임금 인상과 전 사회적인 수준에서의 분배 구조의 개선을 가져왔다. 1980년대와 1990년대 중반까지 임금 불평등과 가구소득 불평등에서 지속적인 약화가 일어났던 요인은 바로 정치적 요인인 민주화였다.

그러나 노조운동이 분배에 기여하는 바는 점차 약화되고 있다. 저임금 노동자보다 고임금 노동자들이 노조의 임금 효과를 누리는 경향이 커지면서, 노조운동은 피고용자 내의 임금 불평등을 증대시키는 경향을 보이고 있다. 로렌스 칸의 분위 회귀분석 결과가 보여 주는 것처럼, 취약 계층에게 노조의 임금 효과가 큰 경우, 노조가 불평등을 약화시키는 경향을 보이지만, 상위 소득 계층에서 노조의 임금 효과가 크게 나타나는 경우, 노조는 불평등을 강화시키는 경향을 보이기 때문이다(Kahn 1997). 한국의 경우, 점차 노조의 임금 효과가 상위 소득 계층에 집중되면서, 노조의 불평등 완화 효과가 축소되고 있다고 볼 수 있다.

3. 신자유주의적 세계화와 경제적 불평등

세계화가 불평등을 심화시킨다는 주장은 오늘날 많은 경제학자들도 받아들이는 사실이 되었다(UN 2005; Sutcliffe 2004; Stiglitz 2002; Wade 2001; 2004b; Milanovic 1999; 2005).[3] 과거 세계화를 옹호하는 연구자들은 단기적으로 세계화가 불평등을 약화시킬 것이지만, 장기적으로 세계화가 불평등을 완화시킬 것이라고 주장하거나 혹은 문제는 불평등이 아니라 빈곤이라는 주장을 펴기도 했다. 예를 들어, 2007년 국제통화기금IMF이 출간한 『세계경제 현황』*World Economic Outlook*에서는 세계화가 불평등 심화의 원인이기

3_이런 주장에 반대하는 경우는 대표적으로 Firebaugh & Goesling(2004)를 들 수 있다. 이에 대한 반론은 Wade(2004b)를 볼 것.

는 하지만, 불평등 심화의 좀 더 중요한 원인은 기술혁신이라는 점을 강조하고 있다. 즉, 기술혁신이 빠르게 이루어지면서, 지식과 기술을 가지고 있는 사람들과 그렇지 않은 사람들 사이에 격차가 커지고 있다는 것이다. 이른바 기술 편향적 테크놀로지의 변화skill-biased technological change가 불평등 심화의 주범이라는 것이다. 세계화는 기술혁신보다 덜 중요한 불평등 심화 원인이라는 것이다. 세계화가 불평등의 주된 원인이 아닌 이유는 외국인 직접투자FDI와 금융시장 세계화는 불평등을 악화시키는 요인이지만, 무역 세계화가 불평등을 약화시키는 상쇄 효과를 갖고 있기 때문이라는 것이다(IMF 2007, 54-56).

경제학자들의 세계화 인식은 대단히 협소한 인식에 근거하고 있다. 세계화가 분배 구조에 미치는 영향은 여러 가지 인과적 과정을 통해서 이루어진다. 여기에서는 세계화가 분배 구조에 미치는 영향을 경제적인 요인과 비경제적인 요인으로 구분해 논의하고자 한다. 경제적인 요인들의 경우, 많은 계량적 연구들에서 사용되는 세계화의 지표들인 무역자유화, 금융시장 개방, 외국인 직접투자와 같은 요소들은 국내외 기업들의 경영전략에 영향을 미친다. 한국의 경우 제조업의 해외 이동과 외국 노동력의 유입은 피고용자들의 고용과 일자리에 직접 영향을 미친다. 시장 개방으로 인한 시장 경쟁의 강화로 기업들은 생산과 인력의 유연화를 도모해 인력을 대체하는 새로운 기술을 개발하거나 외주나 비정규직 고용 등과 수량적 유연화 정책을 도입했다. 이와 같은 기업 차원의 경영전략 변화는 경제학자들이 사용하는 세계화의 직접적인 지표는 아니지만, 세계화에 따른 기업 차원의 대응이라는 점에서 세계화와 밀접하게 연관되어 있는 경제적인 변화라고 볼 수 있다.

비경제적인 요인들은 정부의 복지 지출 축소(Sklair 2001; Garrett & Mitchell 2001; Pierson 2001; Bonoli et al. 2000; Swank 1998; Quinn 1997)나 혹은 정부의 노동시장 유연화 정책에 따른 노사 간 권력관계의 변화를 들

수 있으며, 이런 요인들은 즉각적으로 임금과 소득분배 구조에서 영향을 미친다. 현재 진행되고 있는 신자유주의적 세계화는 조세나 복지를 통한 분배 개입에 대해서 반대하는 논리에 근거하고 있다. 이는 가능한 한 국가 역할을 축소하고, 대신 시장의 자유를 극대화하려는 시장 근본주의적 속성을 보이고 있다. 그러므로 정치적으로 또한 정책적으로 현재의 세계화는 과거의 세계화와는 매우 다른 속성을 보여 주고 있는 것이다. 과거의 세계화가 국가를 중심으로 하는 국가 팽창주의적 세계화였다면, 오늘의 세계화는 시장을 중심으로 하는 팽창주의와 국가의 역할을 최소화하려는 국가 축소 지향적 세계화다.

그러나 비경제적인 요인들은 독자적인 국내 정치나 정책적 전통, 노동운동 등에 영향을 받기 때문에, 지구적 경제 환경의 영향을 매개하거나 여과하는 기능을 하고 있다. 국제경제의 변화들은 제약적인 조건이 되지만, 분배에 영향을 미치는 복지나 조세 정책과 같은 국내 정치적 산물에 직접 영향을 미치지는 못한다. 세계화가 오랫동안 지속되었음에도 불구하고 서구의 복지제도가 수렴하지 않고 서로 다른 형태로 진화하는 것은 이런 비토 세력, 집권 정당, 정당정치 형태, 복지 정책 역사 등의 이유 때문이다(강명세 2007, 78-85; Brady et al. 2005; Huber & Stephens 2001; Manow & Seils 2000).

이와 같은 점에서 신자유주의적 세계화와 조정된 세계화를 구분할 필요가 있다. 역사적으로 세계화는 자본주의 발전과 더불어 시작되었다. 그러나 오늘날 신자유주의적 세계화는 조직적으로는 국제통화기금IMF과 세계은행World Bank, 세계무역기구WTO와 같은 초국적 조직을 중심으로 하고, 정치적으로는 미국과 영국의 보수적인 정치조직과 초국적 기업에 의해서 주도되고 있다. 일부 학자들이 주장하는 것처럼, 이들 초국적 자본가계급 조직들은 개별 국가의 경제 체제를 자신들에게 유리하게 바꾸기 위해 이데올로기적인 차원에서부터 정부에 대한 직접적인 압력에 이르기까지 다양한 압박 수단을 사용하고 있다(Sklair 2001). 그 결과 경제적으로 위기에 처한 국가들의 경우, 정책적 선택은 대단히 제한적일 수밖에 없다.

한국의 경우 신자유주의적 세계화는 외환 위기를 통해서 충격적으로 이루어졌다. 정치적 과정을 통해서 조정과 협상을 거치는 방식과는 달리, 국가 부도에 직면해 김대중 정부는 국제통화기금과 세계은행이 요구하는 경제개혁을 받아들였다. 새로이 집권한 야당은 집권 경험이 전혀 없었고, 노조운동도 오랜 전통을 갖고 있지 않아서 외환 위기와 같은 경제적 위기에 정책으로 대응할 수 있는 역량이 취약했다. 시민운동이 상대적으로 발전했지만, 경제 위기 상황에서 대안적인 비전을 갖고 있지는 못했다. 한국에서 신자유주의적 세계화는 신자유주의 세계화에 대응하거나 적어도 그것을 여과할 수 있는 국내의 정당, 정치 세력과 사회 세력이 매우 약한 상태에서 이루어졌다. 그리하여 신자유주의적 세계화는 한국의 경제와 사회의 틀을 전면적으로 변화시키는 효과를 가져왔다. 이것은 때로 '97년 체제'라고 불리는 새로운 사회체제의 형성을 의미한다.

그러나 국내적인 요인들이 아무런 영향을 미치지 못한 것은 아니다. 국제통화기금과 세계은행에 의해서 주도된 신자유주의적 세계화는 한국 정부의 제도와 정책을 통해서 구현되었기 때문에, 신자유주의적 경제개혁 과정에서 발전 국가의 유산이 여러 가지 방식으로 영향을 미쳤다. 대표적으로 한국 정부 관료들은 국제통화기금이 요구하는 사회적 안전망 확충에 반대했다(신광영 2002). 그들은 경제 위기로 예산이 줄어들고, 경제를 회복시키기 위한 재정지출이 필요한 시기에, 복지 지출을 확대한다는 것은 불가능하다고 보았다. 그 이유는 바로 경제 관료들이 오랜 기간 동안 형성된 발전 국가정책 이념에 큰 영향을 받았기 때문이다. 경제 관료들은 경제 구조조정과 부채 탕감이 급선무인 상태에서 복지 지출은 비생산적인 것이라고 생각했고, 외환위기로 인한 경제 침체에서 벗어나는 데 전혀 도움이 되지 않는다고 보았다. 그러나 세계 금융기관인 국제통화기금과 세계은행은 취약한 사회적 안전망이 신자유주의 경제개혁의 성공을 위협할 수 있다는 점을 우려해, 한국 정부에게 강력하게 사회적 안전망의 확보를 요구했다(World Bank 1999). 복지에 대한 이런 상반된 인식은 이후에 최종적으로 새로운 복지 정책 노선인 생산적 복지 담론으로 나타났다. 생산적 복지 정책은 김대중 정부 초기에는 없었던 정책으로 집권 후인 1998년부터 정책 담론으로 등장했고, 김대중 정부의 복지 정책 기조를 대표하는 복지 정책 이념이 되었다.

발전 국가가 복지에 미친 영향은 크게 두 가지 점에서 나타났다. 첫째는 정책 수립 과정에서 나타난 발전 국가의 영향으로 사회정책 수립이 경제부처에 의해서 주도되었다는 점이다. 발전 국가의 핵심을 이루었던 경제기획원이 김대중 정부에서 재정경제부와 기획예산처로 개편되었지만, 이들 부처들은 계속해서 정부의 정책 전반을 기획하고 예산을 분배하는 역할을 담당했다. 경제 관료들의 현실 인식과 가치관이 복지 정책의 내용을 결정짓는 데 결정적인 역할을 담당했다. 발전 국가 체제에서 형성된 복지 이데올로기는 복지와 경제성장은 대립적이며, 경제성장 정책이 성공적으로 이루어지면 낙수효과trick-down effect가 발생해 빈곤층도 혜택을 받게 된다는 것이었다.

둘째는 정책 집행 방식에서 나타난 발전 국가의 유산으로 권위주의적 정책 집행 방식이다. 발전 국가의 특징 가운데 하나는 권위주의적 방식으로 이루어지는 정부 주도형 정책 집행이다. 합의와 조정을 거치는 정책 수립과 집행 방식이 아니라, 공권력을 동원해 정부의 정책을 관철시키는 권위주의적 정책 집행이 그대로 유지되었다. 그러므로 한국의 경우 권위주의적 정부에 의해서 신자유주의적 정책이 관철되었다. 이런 일방적인 방식에 대해서 일부 노동계와 재계의 저항이 있었지만, 그런 저항은 그다지 성공적이지 못했다. 노동계는 조직 노동자와 미조직 노동자로 크게 나뉘어 있었고, 조직 노동자의 경우도 민주노총과 한국노총으로 분열되어 있

표 2-2 | 2005년 성별-계급별 비정규직 규모

단위: %

계급\성별		남성	여성	전체
중간계급	전문직-관리직	7.4	18.5	11.5
	기술직-반숙련직	14.3	27.7	20.4
노동계급	화이트칼라 노동자	22.7	46.7	38.8
	숙련 노동자	43.7	36.3	42.3
	미숙련 노동자	34.7	66.3	43.8

자료: Shin(2010, 19).

었다. 재계는 정부의 지원과 도움에 의해서만 생존할 수 있는 급박한 상황에 처했기 때문에, 정부 정책에 대해 적극적인 저항보다는 소극적 대응을 취할 수밖에 없었다.[4]

분배에 직접적인 영향을 미치는 요소는 정부의 노동시장 정책과 복지 정책이었다. 노동시장 정책은 국제통화기금과 세계은행이 요구하는 신자유주의 이념을 충실하게 따른 것으로 노동시장 유연화가 핵심이었다. 노동시장 유연화는 즉각적으로 기업으로 하여금 고용과 해고의 자유를 대폭 허용한 것이었기 때문에, 곧바로 실업자와 비정규직 종사자의 양산으로 이어졌다. 또한 이것은 곧바로 불평등 심화와 빈곤층의 확대로 이어져서, 소득 불평등을 단기간에 급속도로 악화시키는 결과를 낳았다. 2000년대 들어서 실업률은 어느 정도 다시 낮아졌지만, 노동시장의 구조는 근본적으로 큰 변화를 보였다. 비정규직의 급증으로 매년 1% 정도의 비정규직 증가가 이루어졌다. 비정규직은 생산직이나 판매 서비스직에 한정된 것은

4_1997년부터 2000년 사이 상위 30개 재벌의 계열 기업 수가 819개에서 544개로 줄어들었다(송원근·이상호 205, 52). 재벌 기업들의 생존을 결정지은 것은 주로 경제적인 요인이었으나, 기업 간 M&A를 정부가 주도하면서 기업의 생존에 정부의 정책적 고려도 대단히 중요하게 작용했다.

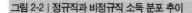

그림 2-2 | 정규직과 비정규직 소득 분포 추이

단위: 만 원

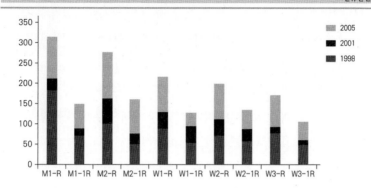

주: M1은 경영관리직과 전문직, M2는 반전문직, W1은 사무직 노동자, W2는 숙련 노동자, W3 반-미숙련 노동자를 지칭하며, R은 정규직, IR은 비정규직을 의미한다.

아니며, 전문직과 관리직에서도 비정규직의 비율이 높아졌다. 〈표 2-2〉는 2005년 계급별-성별 비정규직 비율을 보여 준다. 전체적으로 노동계급에서 비정규직의 비율이 높게 나타나서, 미숙련 노동자의 43.8%, 숙련 노동자의 42.3% 그리고 화이트칼라 노동자의 38.8%가 비정규직이었다. 그러나 중간계급에서도 비정규직의 비율이 높게 나타났다. 비정규직의 비율은 상층 중간계급인 전문직-관리직의 경우 11.5% 그리고 하층 중간계급인 기술직-반전문직의 경우 20.4%에 달했다. 이것은 비정규직이 매우 광범위하게 전체 산업과 직종에 나타났음을 보여 준다.

비정규직의 확대는 곧바로 1987~96년 사이 즉 민주화 효과에 의해서 나타났던 불평등 약화 추세와는 정반대로 불평등 심화 추세로 나타났다. 1987~96년 사이 제조업 분야의 저임금 부분의 임금이 높아지면서, 전체적으로 불평등 약화가 이루어졌으나, 1997년 이후 새롭게 저임금 부분이 확대되면서 근로 빈곤층의 확대와 전체적인 불평등 심화로 이어졌다.

2004년 정규직과 비정규직 임금 비율이 1 : 1.54였지만, 2007년에는 1 : 1.57로 확대되었고, 2010년에는 1 : 1.82로 격차가 더욱 벌어지면서 근로 빈곤층 증가와 불평등 심화가 이루어졌다(강종구·박창귀·조윤제 2011, 32). 〈그림 2-2〉에서 볼 수 있듯이, 정규직과 비정규직의 임금격차는 모든 계급에서 대단히 크게 나타났다. 특히 중간계급에서 더 격차가 커서 중간 계급 비정규직이 노동계급 정규직보다 임금이 낮아지는 현상도 나타났다.

다른 한편, 외환 위기 이후 다양한 복지 정책은 불평등을 약화시키는 효과를 낳았다. 외환 위기 이후 한국의 복지 정책은 두 가지 특징을 보여 준다. 첫째는 복지 정책의 도입이 국내의 정치 세력이나 계급에 의해서 이루어졌다기보다는 국제통화기금과 세계은행의 요구에 의해서 이루어졌다는 점이다(신광영 2002; 2012). 이들 국제 금융기관들이 한국의 복지에 대한 관심을 가진 이유는 신자유주의 경제개혁이 성공하기 위해서는 사회적 안전망이 어느 정도 형성되어야 한다고 보았기 때문이다. 개혁에 대한 사회적 저항이 커지면, 경제개혁이 힘들다고 보았기 때문이다.

1998년 국제통화기금의 30억 달러 구제금융 지원 이후, 세계은행의 지원이 뒤따랐다. 한국 정부가 세계은행이 요구하는 개혁을 즉각적으로 실행한다는 조건하에서 세계은행 역사상 가장 대규모의 구제금융이 이루어졌다. 세계은행은 구체적으로 "가능한 한 빨리 실업보험을 5명 이하의 기업체로 확대할 것"을 1998년 3월에 요구했다(World Bank 1998, 8). 또한 빈곤 퇴치를 목적으로 하는 공적 부조와 의료 복지의 개혁과 빈곤층 확대에 따른 빈곤 퇴치 예산도 늘릴 것을 한국 정부에 요구했다.

둘째, 경제 위기에 대한 대응으로 나온 김대중 정부의 복지 정책은 발전 국가 혹은 관료적 권위주의의 전통에 영향을 받았다(이신용 2007).[5] 이

5_관료적 권위주의 정책적 전통의 특징은 정권 안정화와 경제성장에 도움이 되는 사회정책, 소극적인 재정적 기여, 전략적 집단 복지 우선, 기여금 수집이 용이한 집단 우선, 근로 가능한 생활보호 대상자 제외 등이다(이신용 2007, 136).

는 구체적으로 김대중 정부의 '생산적 복지'로 나타났다. 생산적 복지는 국민의 정부 초기에 나타난 것이 아니라 정권이 출범한 지 1년 후인 1998년에 나타났다. 생산적 복지의 이념으로 사회권적 시민권과 사회적 연대를 강조했으나, 핵심은 노동을 통한 복지였다. 또한 경제성장에 도움이 되지 않는 복지가 아닌 경제성장에 도움이 되는 복지 정책의 추구를 내세운 것이다. 빈곤층 지원의 경우 노동을 하는 경우에만 복지 혜택을 받을 수 있다는 노동 연계 복지Workfare 원리를 적극적으로 수용한 것이다. 김대중 정부의 복지 정책은 1999년과 2000년에 집중적으로 확대되었다. 1977년에 도입된 의료보험제도가 1999년에 전 국민을 대상으로 하는 의료보험제도로 통합되었으며, 1995년에 도입된 고용보험제도가 1999년 전체 피고용자로 확대되었고, 1999년에 연금제도가 전 국민으로 확대되었다. 2000년에는 국민기초생활보장제도가 도입되어 빈곤층 지원 제도가 확립되었다(박병현·최송식·황보람 2007, 186-189). 1999년과 2000년 사이에 기존의 복지제도가 확대되고 또한 새로운 복지제도가 도입되면서 한국 복지제도의 근간이 마련되었던 것이다.

김대중 정부의 생산적 복지는 국제통화기금이나 세계은행의 요구와 발전 국가 의 유산인 경제부처 중심의 국가 운영의 산물이었다. 생산적 복지에서 복지는 시민권의 차원에서 인식하기보다는 위험 요소의 예방 차원에서 인식되었고, 복지가 경제성장에 부정적인 영향을 주어서는 안 된다는 복지에 대한 부정적인 인식을 바탕으로 한 것이었다. 국제 금융기관들은 적절한 사회적 안전망이 정치적 안전망이 될 수 있다고 인식했던 반면, 초기 정부 기관들은 복지보다는 경제 부문의 투자를 통한 경제 회복을 우선시했다. 생산적 복지는 경제 위기하에서 국제통화기금이나 세계은행과 같은 국제 금융기관과 한국 내부의 경제부처 중심의 정책 전통의 산물이었다.

그렇다면, 복지제도가 분배를 개선하는 데 실질적인 효과가 있었는가?

표 2-3 | OECD 국가들의 복지 재정 지출(1985~2003년)

단위: GDP 대비 %

국가	1985년	1990년	1995년	1999년	2000년	2001년	2002년	2003년	2005년
호주	13.02	14.07	19.91	20.51	21.37	21.02	21.03	20.81	17.1
오스트리아	25.03	24.84	27.67	26.60	26.27	26.33	26.75	26.97	27.2
벨기에	26.50	25.00	26.39	25.96	25.30	25.72	26.13	26.48	26.4
캐나다	17.27	18.43	19.20	17.05	16.73	17.27	17.31	17.27	16.5
체코	-	16.04	18.24	20.23	20.59	20.61	21.23	21.36	19.5
덴마크	24.18	25.93	29.37	27.11	26.03	26.64	27.15	27.81	26.9
필란드	22.79	24.52	30.90	26.05	24.48	24.68	25.22	25.91	26.1
프랑스	25.77	25.51	28.56	29.08	27.84	27.77	28.30	29.08	29.2
독일	25.16	24.07	28.13	27.97	27.91	27.96	28.62	28.76	26.7
그리스	17.89	18.60	19.30	21.38	21.30	22.29	21.33	21.30	20.5
헝가리	-	-	-	21.64	20.59	20.72	21.90	22.68	22.5
아이슬랜드	-	17.04	19.12	19.47	19.58	20.06	22.17	23.84	16.9
아일랜드	21.81	15.51	16.32	14.17	13.64	14.43	15.49	15.93	16.7
이탈리아	21.74	23.35	23.51	24.99	24.90	24.98	25.55	25.97	25.0
일본	11.27	11.41	14.15	15.88	16.62	17.54	18.27	18.40	18.6
한국	-	4.04	4.76	8.92	8.24	7.72	7.28	7.87	6.9
룩셈부르크	23.14	21.94	23.76	21.74	20.43	22.19	24.03	24.82	23.2
멕시크	1.90	3.57	4.74	5.76	5.82	5.93	6.27	6.84	7.0
네덜란드	24.57	24.78	23.45	20.73	20.09	20.24	20.67	21.38	20.9
뉴질랜드	17.97	21.78	18.95	19.34	19.11	18.40	18.43	18.01	18.5
노르웨이	18.30	23.77	24.44	25.87	23.52	24.50	26.12	26.71	21.6
폴란드	-	15.14	23.13	22.23	21.15	22.41	23.04	22.93	21.0
포루투갈	11.26	13.91	18.50	19.85	20.61	21.36	22.61	23.95	-
슬로바키아	-	-	19.16	18.98	18.33	18.06	18.12	17.51	16.6
스페인	17.78	19.98	21.48	20.36	20.36	20.16	20.24	20.31	21.2
스웨덴	29.71	30.53	32.88	30.57	29.30	29.84	31.02	31.86	29.4
스위스	17.05	17.85	23.87	25.82	25.24	26.15	26.71	27.68	20.3
터키	4.21	7.63	7.52	13.20	-	-	-	-	13.7
영국	19.80	17.48	20.92	19.70	19.86	20.88	20.92	20.95	21.3
미국	13.33	13.92	15.81	14.99	14.98	15.54	16.41	16.59	15.9

자료: OECD, OECD Social Expenditure Data 1985-2005(http://stats.oecd.org/wbos/Index.aspx?datasetcode= SOCX_ AGG, 검색일: 2009/01/20).

경제 위기 이후 정부의 복지 재정은 크게 늘어났다. 〈표 2-3〉에서 알 수 있 듯이, 한국의 경우, 1995년과 1999년 사이 GDP에서 복지 재정 지출이 차 지하는 비중은 4.76%에서 8.92%로 거의 1.87배 늘어났다. 같은 기간 대부 분의 OECD 국가들에서 큰 변화가 없었다는 점을 고려하면, 경제 위기로 인한 복지 정책의 확대로 복지 재정 지출도 대폭적으로 확대되었음을 알 수 있다. 이런 복지 재정 지출의 확대를 통해 빈곤층 확대와 불평등 심화를 어느 정도 완화하는 데 기여한 것은 사실이다.

그럼에도 불구하고 이 기간 동안 지속적으로 빈곤층이 확대되고 불평등이 심화된 것은 신자유주의 개혁으로 인해 발생하는 빈곤층 확대와 불평등 심화를 상쇄할 수 있는 충분한 복지가 실시되지는 않았다는 점을 보여 준다. 〈표 2-3〉에서 두드러진 점은, 1997년 이후 복지 재정이 크게 확충되었음에도 불구하고, 한국은 멕시코와 함께 복지 재정 지출이 OECD 국가들 가운데 최저 수준이라는 점이다. 신자유주의 정책을 적극적으로 추진해 온 미국의 경우, 정부 복지 재정 지출이 선진국들 가운데 가장 낮은 수준이기는 하지만, 2003년 16.59%에 달해 한국에 비해서 거의 두 배 정도 높았다. 이것은 한국의 복지 재정 지출 수준이 신자유주의 국가 수준에도 이르지 못한다는 것을 의미한다. 복지 지출이 확대되었음에도 불구하고, 아직도 한국의 복지 재정 지출은 멕시코나 터키 수준에 머물고 있다. 발전 국가 체제에서 복지가 거의 전무했고, 민주화와 경제 위기를 거치면서 복지제도가 어느 정도 구축되었으나, 여전히 정부의 복지 지출은 매우 낮은 수준이어서 분배 구조에 영향을 미칠 만큼 큰 효과를 보여 주고 있지 않다는 것을 알 수 있다. 민주화로 인해 개선된 분배 구조가 경제 위기로 인해 악화되면서 한국의 불평등은 서구에서 가장 불평등이 심각한 수준에 있는 미국과 비슷한 수준에 달하게 되었다(이 책의 68쪽 〈표 3-2〉 참조).

4. 사회 변화, 새로운 위험과 불평등

민주화와 세계화와 무관하게 한국 사회는 여러 가지 변화를 겪으면서 불평등 문제는 더욱 심각한 사회문제로 대두되고 있다. 여러 가지 사회 변화 가운데 불평등과 직접적으로 관련되어 있는 사회 변화는 고령화로 대변되는 인구구조의 변화와 이혼으로 대변되는 가족 관계의 변화다. 고령화에 따른 인구구조 변화는 노후가 준비되어 있지 않은 노인 인구의 증가를 가져왔다. 노년기는 생애 과정에서 누적된 불평등이 집중적으로 나타나는 시기이기 때문에, 고령화와 더불어 노년기의 불평등은 더욱 확대되고 있다(Baars & Dannefer & Phillipson & Walker eds. 2006).

외환 위기 이후 기업구조조정과 정리해고 과정에서 장년층 노동력 인구의 해고가 대량으로 이루어지면서, 소득이 없는 인구가 늘어났고, 이들이 노인 인구로 진입하면서 노인 빈곤층이 확대되고 있다. 노동 능력이 약화되고, 취업 기회가 줄어들면서, 국가의 복지나 가족의 재정적 지원이 없는 경우 노인의 생활수준은 낮아질 수밖에 없다. 중위 소득 50% 이하를 빈곤층으로 정의했을 때, 65~69세 노인층의 빈곤율은 스웨덴 2.2%, 노르웨인 6.6%, 독일 7.8%, 미국 24.7%, 한국 30.3%로 이미 한국 노인의 빈곤 문제는 심각한 수준이다(김수완·조유미 2006, 17).[6] 경제활동인구와 마찬가지로 노인층에서도 근로소득과 빈곤은 역관계를 보여 주고 있다. 2006년 노인 가구의 월소득은 비노인 가구의 절반 수준에 머물고 있고, 배우자가 없는 노인 가구의 월소득은 비노인 가구 월소득의 4분의 1 정도에 불과했다(김경아 2008, 88). 노동시장에서 이탈하는 연령이 낮은 한국의 경우, 근로소득이 있는 노인층의 비율이 매우 낮다는 점에서 노인 빈곤 문제는 조기 퇴직과도 관련을 맺고 있다.

근로소득의 경우, 여성 노인이 남성 노인에 비해 훨씬 낮기 때문에, 여성 노인이 압도적으로 높은 비중을 차지하는 노인 인구의 빈곤 문제는 단

6_노인 빈곤 문제는 더 심각해져서, 2007년 OECD 보고서에 따르면, 65세 이상의 노인 빈곤율은 45.1%에 이르렀고(OECD, 2012년 통계청이 조사한 금융자산 및 복지조사에 따르면, 65세 이상 노인의 빈곤율은 50.1%로 나타났다(통계청 2012c).

적으로 근로소득이 없는 여성 노인의 문제라고도 볼 수 있다. 2000년 65세 이상의 남성 가구주 가구의 빈곤율이 29.3%였던 반면, 여성 가구주 가구 빈곤율은 무려 56.1%에 이르러 여성 노인 가구와 남성 노인 가구에서 큰 차이를 보였다(김용하·김태완·석재은 2003, 3). 여성 빈곤의 경우, 이혼보다 사별의 경우가 빈곤에 더 큰 영향을 미쳐서, 여성 노인의 빈곤이 빠르게 증가하는 원인이 되고 있다.

노인 빈곤은 가족 형태에 따라 크게 차이를 보고 있다. 노인 빈곤이 가장 심한 경우는 노인 단독 가구로 가구 중위 소득 60% 이하를 빈곤층으로 정의했을 때, 1998년 노인 단독 가구의 80.6%가 빈곤층이었고, 2002년에는 더 크게 늘어서 91.5%에 달했다(박능후·송미영 2006).[7] 노인 단독 가구는 1990년 19만3천 가구에서 2005년 78만3천 가구로 증가해 매년 약 27%씩 늘어나고 있다(통계청 2008, 669).[8] 노인 부부의 경우도 동일하게 빈곤층 비율이 늘어서 1998년 63.6%에서 2002년 71.3%에 달했다. 노인이 없는 가구의 빈곤층 비율이 1998년 21.3%에서 2002년 19.3%로 오히려 감소했다는 점을 고려한다면, 노인의 빈곤층화는 한국 사회가 직면하고 있는 새로

7_빈곤의 정의는 연구자에 따라 다르다. 중위소득 50% 이하를 빈곤층으로 정의하는 경우, 1998년 17.48%에서 2002년 17.35%로 큰 차이를 보이지 않았다(류연규·최현수 2003, 150). 외환 위기 이전 시기에 비해서는 5~6%p 높아졌지만, 외환 위기 이후 큰 차이는 없다고 보았다. 통계청에서 발간하는『한국의 사회지표』도 2000년대 들어서 15% 내외의 높은 상대적 빈곤율을 보고하고 있다. 분석 자료가 다름에 따라서 노인 빈곤층 비율도 다르게 나타났지만, 추세는 어느 정도 동일하게 노인의 빈곤화 추세를 보여 주고 있다.

8_부모 없이 조부모와 손자나 손녀가 함께 사는 조손 가구도 빠르게 늘고 있다. 1995년 3만5천 가구에서 2005년 5만8천 가구로 증가했다(통계청 2008, 669). 2010년〈인구총조사〉는 조부모와 손자 혹은 손녀가 함께 사는 가구는 51,159가구, 조부나 조모와 함께 사는 손자 혹은 손녀 가구는 68,136가구로 보고해, 조손 가구는 총 119,295가구에 달했다.

운 위험이라고 볼 수 있다. 고령화의 속도가 서구에 비해서 훨씬 빠르다는 점을 고려하면, 노인 빈곤의 문제는 앞으로 더욱 심각한 사회문제가 될 것이다.

노인 빈곤의 심화뿐만 아니라 노인 가구 양극화 추세도 나타나고 있다. 이것은 생애 과정에서 누적된 불평등이 더 첨예하게 나타나기 때문이다. 노인 가구소득 지니계수는 1996년 .4881에서 2006년 .6012로 대단히 크게 증가했다. 이는 비노인 가구의 지니계수 .2987(1996년)과 .3806(2006년)과 비교해서 극단적으로 높은 수준의 불평등이라는 것을 알 수 있다(김경아 2008, 98). 가족에 의한 사적 이전소득의 비중이 줄어들고, 정부의 공적 이전소득이 증가하고 있지만, 노동시장에서의 불평등이 노동시장에서 벗어난 이후에 더욱 심화되는 추세를 상쇄하지 못하고 있다.

경제 위기 이후 가족 관계의 변화도 매우 크게 나타났다. 15세 이상의 여성 인구 가운데 이혼 상태인 인구 비율이 1990년 0.9%에서 2005년 3.2%로 3.55배 증가했다(한국여성개발원 2006, 55). 여성 가구주가 꾸준히 증가 추세를 보이고 있는 가운데, 여성 가구주 증가에서 큰 비중을 차지하고 있는 것이 이혼 가구의 증가다. 전체 가구 중에서 여성 가구의 비율은 1980년 14.7%, 1990년 15.7%, 1995년 16.6%, 2000년 18.5%, 2005년 21.9%로 지속적으로 증가했고, 전체 여성 가구 가운데 이혼으로 인한 여성 가구 비율도 1980년 3.9%에 불과했으나, 1990년 5.6%, 1995년 7.5%, 2000년 11.6%, 2005년 14.4%로 1995년 이후 급증했다(한국여성개발원 2006, 79). 여성 가구의 혼인 상태별 구성에서 배우자가 없는 여성 단독 가구가 1996년과 2000년 사이에 14.7% 증가했고, 특히 40~49세 여성 단독 가구의 경우 대부분 이혼이나 장기 별거를 통해서 이루어진 것으로 나타났다(박영란 외 2003, 116-167).

이혼은 여성에게 빈곤층이 될 가능성을 크게 높이는 선택이다. 이혼을 경험한 여성 가구주의 빈곤율이 두 배 이상 높아지는 것으로 나타났다(김교성·노혜진 2008, 182). 이혼으로 인한 빈곤층의 증가는 이혼으로 인한 소득 하락뿐만 아니라, 이혼 여성들이 취업을 하는 경우에도 대부분 서비스업의 비정규직 취업이 많기 때문에 빈곤층으로 진입하기 쉽다. 2012년 혼인별 빈곤율은 사별 47.3%, 이혼 36.0%, 유배우자 14.8%, 미혼 12.8%로 나타나 남녀를 불문하고 혼인 상태가 빈곤율과 매우 밀접한 관계가 있음을 알 수 있다(통계청 2012a63). 2005년 여성 피고용자의 61.8%가 임시직이나 일용직에 종사하고 있어서, 남성 44.1%에 비해서 훨씬 높은 비율을 차지하고 있다(한국여성개발원 2006, 231).

경제 위기 이후 노동시장의 전면적인 변화와 더불어, 고령화나 가족 관계 변화로 인한 빈곤층 확대가 더 가속화되고 있다. 기업구조조정으로 인한 조기퇴직이 늘고, 노동시장 유연화로 인해 임금이 낮은 비정규직 고용이 늘어나면서, 노동시장 참여를 통한 소득 획득 기회가 줄어들거나 획득 임금의 수준이 낮아지고 있다. 한국 사회에서 인구 고령화와 가족 관계의 변화는 여러 변화 속에서 상대적으로 불리한 조건에 놓여 있는 주변적인 인구층의 증가로 이어졌다. 즉, 이런 변화들이 빈곤층의 증가와 불평등 심화를 촉진시키는 복합적인 변화라고 볼 수 있다. 신자유주의적 세계화는 인구구조 변화와 가족 관계의 변화와 맞물려 이전에는 두드러지지 않았던 새로운 사회적 위험을 증폭시키고 있다.

5. 맺음말

민주화 20년과 경제 위기 10년 동안 한국 사회는 이전 사회와는 많이 달라졌다. 1987년부터 1997년까지 10년 동안 한국의 불평등은 지속적으로 약화되었다. 1987년 이전까지 한국은 사이먼 쿠즈네츠의 가설과도 어긋나는 예외적인 현상으로 불평등 약화가 경제성장과 더불어 이루어졌던 것이다. 그러나 그것은 권위주의 정권에 의해서 이루어진 노동운동의 탄압을 통한 저임금과 물가에 대한 통제와 같은 시장 통제의 산물이었다는 점에서 쿠즈네츠의 가설과는 실제로 관계가 없었다.

1987년 민주화 이후 소득 불평등 하락은 민주화의 산물이었다. 노동운동이 활성화되면서, 제조업 부문 저임금 노동자들의 임금이 상승했고, 이는 전체적으로 임금 불평등과 가구소득 불평등의 약화를 가져왔다. 1987년부터 1996년까지 전체 국민총소득에서 피고용자 임금이 차지하는 비중이 지속적으로 늘어났기 때문에 소득 격차도 크게 줄어들었다. 이는 민주주의가 노동자들의 권리를 증대시켜 결과적으로 소득분배에도 긍정적인 영향을 미쳤다는 것을 의미한다.

1997년 외환 위기를 계기로 급격한 신자유주의적 세계화가 시도되었다. 다양한 비정규직의 확대를 토대로 하는 노동시장 유연화와 동시에 신자유주의 개혁을 효과적으로 뒷받침하기 위한 사회적 안전망의 확충이 동시에 이루어졌지만, 결과적으로 불평등은 오히려 크게 악화되었다. 국제통화기금과 세계은행의 요구에 따라 복지제도가 크게 확충되었으나, 신자유주의적 경제개혁에 따른 빈곤층 확대와 근로 빈곤층의 확대로 인해 불평등이 심화되었다. 정부의 복지 재정 지출이 불평등 심화와 빈곤층 확대를 막기에는 턱없이 부족한 수준이었고, 복지를 시민권이나 연대 차원에서 접근하기보다는 정치적 불안정을 막기 위한 최소한의 수준에서 도입되었기 때문에, 불평등은 더욱 심화되었다. 이른바 '사회 양극화'라 불리는 부익부 빈익빈 현상이 단기간에 나타나면서, 불평등 문제는 정치적 쟁점으로 부각되었다.

한국의 경우, 지구적 차원의 변화뿐만 아니라 한국 사회 내적인 변화도 불평등 심화에 기여했다. 인구 고령화와 가족 구조의 변화는 한국 사회 내적인 변화로서 분배의 악화와 빈곤층을 확대시켰다. 세계화라는 외부적인 조건이 존재하지 않더라도, 인구 고령화와 가족 구조의 변화는 불평등과 빈곤 문제를 악화시킬 수 있는 사회 변화라는 점에서, 이전의 한국 사회에서는 찾아 볼 수 없는 새로운 변화였다. 이런 점에서 인구구조의 변화와 가족 체제의 변화로 인한 새로운 사회적 위험이 한국 사회에서도 등장했다.

한국 사례가 보여 주는 것은 복지 정책이 빈곤과 불평등을 약화시킬 수 있는 중요한 정책적 수단이기는 하지만, 노동시장 정책이나 가족 정책과 같은 다른 정책들과 연계되지 않으면, 불평등 약화를 막는 데 크게 기여할 수 없다는 것을 보여 준다. 또한 신자유주의적 노동시장 정책으로 인해 발생하는 불평등 문제는 제한적인 복지 정책만으로는 해결하기 힘들다는 것도 동시에 보여 준다. 한국의 경우, 외환 위기 직후 여러 가지 복지 정책들이 도입되었으나, 사회 양극화는 더욱 심화되었다. 이것은 국가의 사회정책에 앞서 불평등 심화의 원인이 되는 비정규직의 급증과 조기퇴직과 같은 노동시장 문제의 해결이 선행되지 않으면, 불평등 심화 추세를 되돌리기 어렵다는 것을 함의한다. OECD 국가들 가운데 가장 낮은 복지 지출을 보여 주고 있는 현실에서, 불평등 문제를 해결하기 위해서는 기존 정책과는 다른 좀 더 근본적인 정책 노선의 변화가 요구된다고 볼 수 있다.

3장

한국 사회의 양극화와
노동계급의 현재

1. 머리말

외환 위기를 계기로 한국 사회는 구조적인 변화를 겪고 있다. 1987년 권위주의 정권의 위기를 계기로 한국의 정치체제가 민주주의로의 이행을 시작했다면, 1996년 말 시작된 외환 위기를 계기로 한국의 경제체제는 민주주의를 위협하는 신자유주의적 세계화를 촉진시켰다. 경제 위기를 배경으로 이루어진 신자유주의적 세계화는 기대하지 않은 다양한 후유증을 낳고 있다. 외환 위기를 모면하기 위해 정부는 국제통화기금에 구제금융을 신청했고, 국제통화기금이 요구하는 경제개혁을 이행하는 조건으로 한국에 대한 국제통화기금의 구제금융 지원이 결정되었다. 공기업 민영화, 금융 개혁, 노동시장 유연화, 재벌 지배 구조 개혁 등이 추진되었고, 정경 유착, 재벌 중심 경제체제, 문어발식 경영, 차입 경영, 과잉투자 등 한국 경제의 구조적인 병폐를 해결하기 위한 구체적인 정책이 실시되었다. 이런 정책들은 신자유주의적 이념에 기초한 처방이었다.

이런 응급 처방으로 한국은 외환 위기에서는 벗어날 수 있었으나, 또 다른 구조적인 위기에 빠지게 되었다. '신자유주의' 개혁으로 불리는 국제 통화기금의 처방이 심각한 '사회 위기'를 낳게 된 것이다. 대량 실업과 대량 빈곤이 한국 사회의 새로운 현실로 등장했다. 정규직 일자리가 줄어들고 비정규직이 늘어나면서, 고용 불안이 한국 사회를 지배하고 있다. 또한 비정규직 종사자들은 취업이 되었음에도 불구하고 임금이 낮아서 노동 빈곤층으로 전락하게 되었다. 이제 빈곤과 불평등 문제가 21세기 한국 사회의 새로운 문제로 대두되었다. 이것은 '사회 양극화'라고 불리고 있으며, 그 결과, 특히 노동자들의 사회적 불안정이 커지고 있다.

　　사회 양극화[1] 현상은 실제로 어느 정도인가? 이 글은 국제 비교의 시각에서 한국 사회의 경제 양극화 실태를 실증적인 자료를 바탕으로 분석하고, 이런 양극화 과정의 가장 직접적인 피해자들인 한국 노동자들의 상태와 노동계급의 상황을 분석한다. 먼저, 사회 양극화 논의가 실제로 최근 한국 사회의 변화를 제대로 파악하고 있는 개념인가를 분석한다. 소득과 자산의 불평등을 중심으로 사회 양극화 현상을 비교적인 관점에서 실증적으로 검토할 것이다. 그다음 이런 과정에서 가장 불안정한 상황에 놓여 있는 한국 노동자들의 상태를 분석한다. 한국의 노동자들은 1990년대 후반부터 현재까지 극심한 변화의 와중에 놓이게 되었다. 정리해고로 인한 실업

1_'사회 양극화'는 분석적인 사회과학 개념이라기보다는 2000년대 소득 불평등 심화 현상을 지칭하는 수사적인 용어로 등장했다. 한국에서는 사회 양극화라는 용어가 사용되고 있지만, 비슷한 용어로 일본에서는 격차 사회라는 용어가 사용되고 있다. 두 가지 용어는 모두 불평등 심화와 빈곤층의 확대를 내용으로 하고 있다. 여기에서 사회 양극화는 빈곤층과 부유층으로 소득 분포가 두 개의 봉우리 모양으로 변해 가고 있다는 문자 그대로의 의미가 아니라, 빈부 격차 확대, 소득 불평등 심화, 중산층 감소, 빈곤층 확대를 의미하는 용어로 사용한다.

과 비정규직화가 노동시장 유연화라는 이름으로 확산되면서, 노동자들의 고용 불안정과 소득 불안정은 급격히 증대되었다.

그다음, 사회 양극화를 막을 수 있는 사회 세력인 노동계급의 조직적 운동으로서 노조운동을 살펴본다. 한국의 노동운동은 양극화를 낳고 있는 노동시장의 변화에 효과적으로 대응하지 못했다. 노조 조직률이 대단히 낮고, 양대 노총으로 노동운동 조직이 분열되어 있을 뿐만 아니라, 기업별 노조 조직으로 인해 기업 단위의 대응만이 지배적으로 나타났다. 대기업에서는 노사 간의 윈-윈 게임으로 기업과 정규직 노조 간의 이익 공유 형태가 나타나기도 했지만, 전국 수준에서는 양대 노총이 조직한 노동조합의 조직률이 매우 낮기 때문에 정부와 기업이 주도하는 신자유주의적 변화에 효과적으로 대응하지 못했다.

한국에서 노동자들의 경제적인 불안정은 한국 경제의 세계화로 인해 더욱 커지고 있지만, 조직되지 않은 노동자들은 물론이고 조직된 노동자들도 세계화로 인해 발생하는 노동환경의 변화에 효율적으로 대응하지 못하고 있다. 자본의 해외 이전, 경쟁력 강화를 위한 수량적 유연화와 자동화 등으로 '고용 없는 성장'이 한국에서도 가시화되기 시작했다. 이는 노동시장에서 새롭게 대두된 청년 실업 문제를 포함해, 전체적으로 일자리의 질 quality of job 저하 문제를 낳고 있다.

마지막으로, 사회 양극화가 가속화되면서, 한국의 노동계급이 직면한 문제를 논의하고자 한다. 거시적인 차원에서 진행되고 있는 세계화와 이에 대응하는 정부의 신자유주의적 경제정책 및 기업 단위의 대응이 노동자들에게 고용 불안정과 경제적 위험을 증대시키고 있지만, 구조적으로 취약한 한국의 노동운동은 현재의 기업별 노동조합의 한계 속에서 이에 제대로 대응하지 못하고 있다. 이것은 기존 노동운동의 조직과 운동 방식의 변화를 요구하는 것이며 또한 노동운동이 다양한 사회운동 조직들과 연대를 모색해야 한다는 것을 함의한다.

2. 한국 사회의 양극화

경제적 양극화의 전체적 양상

일상적으로 경제적 불평등은 소득을 중심으로 논의된다. 소득은 가구 구성원이 처분할 수 있는 일차적인 자원이기 때문이다. 그동안 한국은 상대적으로 소득 불평등이 낮은 국가로 분류되어 왔다. 그러나 경제 위기를 계기로 한국 사회는 상대적으로 불평등이 낮았던 국가군에서 급속히 벗어나고 있다.

〈표 3-1〉은 1988~2000년까지 한국의 소득 불평등 추이를 두 가지 방식으로 측정한 것이다. 하나는 가구를 10% 단위로 구분하고 각 10분위가 전체 소득에서 차지하는 비중을 분석한 것이다. 하위 10% 가구의 소득이 전체 소득에서 차지하는 비중은 1988년 2.81%에서 점차 줄어들어 1993년과 1996년에는 2.75%에 불과했다. 경제 위기 이후 그 비중은 더 급격히 줄어들어 2.17%로 낮아졌다. 하위 20%와 하위 30% 가구소득이 전체 소득에서 차지하는 비중도 1990년대 중반까지 증가했다가 급격히 줄어드는 것으로 나타났다. 하층 가구가 차지하는 소득의 비중이 낮더라도 중간층이 차지하는 소득 비중이 높아지면, 소득의 양극화라고 볼 수 없을 것이다. 그러나 〈표 3-1〉의 10분위 소득 점유율에서 볼 수 있듯이, 상층이 차지하는 소득의 비중은 오히려 더 커졌다. 1988~96년 사이에 소득이 높은 집단이 차지하는 전체 소득상의 비중은 지속적으로 줄어들었으나, 이후 2000년에는 1988년보다 더 심한 부의 집중이 나타난다. 그 결과 상위 10%의 가구의 소득 비중과 하위 10% 가구의 소득 비중의 차이는 1988년 9.83에서 1993년 8.82와 1996년 8.43으로 감소 추세를 보이다가, 2000년 12.85로 크게 증가했다. 상위 20%의 가구소득 비중과 하위 20%의 소득 비중의 비율에서도 양상은 동일하다. 그 비율도 1988년 5.72, 1993년 5.27, 1996년

표 3-1 | 한국의 가계소득 불평등의 추이(1988~2000년)

단위: %

	1988년	1993년	1996년	2000년
1분위	2.81	2.75	2.75	2.17
2분위	4.58	4.72	4.92	4.05
3분위	5.65	5.95	6.20	5.37
4분위	6.64	7.00	7.29	6.61
5분위	7.60	8.08	8.32	7.70
6분위	8.67	9.27	9.45	8.94
7분위	10.01	10.57	10.68	10.40
8분위	11.80	12.37	12.37	12.20
9분위	14.62	15.08	14.84	14.96
10분위	27.62	24.25	23.17	27.89
10분위/1분위 가구				
	9.83	8.82	8.43	12.85
9~10분위/1~2분위 가구				
	5.72	5.27	4.96	5.93
지니계수	.336	.310	.295	.352

자료: 통계청(2004).

4.96으로 줄어들다가, 2000년에 이르러 5.93으로 크게 증가했다.

소득 불평등을 측정하는 다른 방식은 지니계수를 이용한 방법이다.[2] 지니계수는 하나의 숫자로 전체 사회의 불평등 정도를 보여 주는 편리한 지표다. 세금을 낸 이후의 가처분소득 지니계수는 대체로 불평등이 적은 유럽 국가들의 경우 0.20대, 불평등이 심한 남미 국가들에서 0.40 이상이다. 한국의 경우 1996년 당시에는 0.295로 가구소득 불평등이 심하다고 볼 수 없는 국가군에 속했으나, 2000년에는 지니계수가 급격히 커져

2_지니계수는 완전 평등인 경우는 0이고 완전하게 불평등한 경우는 1이다. 지니계수가 낮을수록 불평등의 정도가 낮다고 볼 수 있다. 그러나 지니계수는 절대평등선과 소득과 인구의 누적 상대 비율을 보여주는 로렌츠곡선을 바탕으로 한 것이다. 그러나 지니계수는 로렌츠곡선의 모양에는 민감하지 못하다는 약점을 지니고 있어서, 다른 불평등 지표들과 함께 사용되어야 한다.

표 3-2 | 주요 국가의 소득 불평등(전체 가구소득)

국가	연도	지니계수	P90 / P10 (상위 10분위와 하위 10분위 비율)
덴마크	1992	0.236	2.85
슬로바키아	1996	0.241	2.88
핀란드	2000	0.247	2.9
슬로베니아	1999	0.249	3.15
벨기에	1997	0.250	3.19
노르웨이	2000	0.251	2.8
독일	2000	0.252	3.18
스웨덴	2000	0.252	2.96
네덜란드	1994	0.248	3.15
체코	1997	0.259	3.15
룩셈부르크	2000	0.260	3.24
오스트리아	1997	0.266	3.37
대만	1995	0.277	3.38
루마니아	1997	0.277	3.38
프랑스	1994	0.288	3.54
폴란드	1999	0.293	3.59
헝가리	1999	0.295	3.57
스페인	1999	0.303	3.96
캐나다	1998	0.302	4.13
스위스	1992	0.307	3.62
호주	1994	0.311	4.44
아일랜드	1996	0.324	4.33
이탈리아	2000	0.333	4.48
이스라엘	1997	0.346	4.86
영국	1999	0.345	4.58
한국*	2004	0.352	5.93
에스토니아	2000	0.361	5.08
미국	2000	0.368	5.45
러시아	2000	0.434	8.37
멕시코	1998	0.494	11.53

주: '한국' 통계는 통계청(2004)에 근거.

자료: Nolan & Smeeding(2004, 11).

0.352로 나타났다. 이는 외환 위기로 인한 경제 위기를 경험한 4년 사이에 소득 불평등 정도가 무려 19% 정도 더 심해졌다는 것을 의미한다.

국제적으로 비교했을 때, 한국의 불평등은 어느 정도 수준인가? 특히 2000년 한국의 지니계수 0.352는 다른 국가와 비교한다면, 어느 정도 수준인가? 〈표 3-2〉는 여러 나라들의 지니계수 및 가난한 10%와 부유한 10%의 소득 비율의 비를 보여 준다. 대체로 지니계수가 낮을수록 하위

10%와 상위 10%의 소득 비율도 낮다. 러시아와 멕시코를 제외한 OECD 국가들 가운데 불평등이 가장 심한 것은 미국이고, 영국도 불평등이 대단히 심한 국가라는 것을 알 수 있다. 룩셈부르크 소득 자료도 전체 가구를 대상으로 한 것이기 때문에, 〈표 3-1〉에서 제시된 것과 직접적으로 비교가 가능하다. 〈표 3-1〉에서 2000년 한국의 지니계수는 0.352로, 이는 선진 구미 국가들 중에서 불평등이 매우 심한 편인 영국보다 더 심하고 가장 불평등이 심한 미국 수준에 근접하고 있는 수치다. 또 〈표 3-2〉에서 알 수 있는 것처럼, 2004년 한국의 소득 상위 10%와 하위 10%의 비율은 5.93으로 미국의 5.45보다 더 커서, 양극화 정도도 더 심하다는 것을 알 수 있다. 도시 근로자 가구만을 대상으로 한다 해도 그 비율은 7.10으로 미국보다 더 크다. 이것은 한국의 소득 불평등 수준이 멕시코를 제외한 모든 OECD 국가들보다 더 심하다는 것을 의미한다.

〈표 3-1〉과 〈표 3-2〉에서 알 수 있는 점은 두 가지다. 첫째, 통시적으로 1980년대부터 1996년 외환 위기 전까지 한국에서 소득 불평등은 완화되는 추세였지만, 외환 위기를 계기로 소득이 양극화되면서 급격히 심화되고 있다는 점이다. 이는 대단히 짧은 기간 내에 소득분배가 크게 악화되었다는 점에서 세계적으로도 매우 드문 사례라 할 수 있다. 둘째, 1996년 한국의 소득 불평등 정도는 국제적인 수준에서도 상당히 개선된 상태를 보였으나, 경제 위기 이후 급격히 소득분배가 악화되어 2000년 한국의 소득 불평등은 국제적으로 대단히 심각한 수준에 이르렀다는 점을 알 수 있다. 전체적으로 현재 한국 사회의 양극화는 '양극화'라는 표현이 의미하는 극단적인 상태는 아닐지라도, 대단히 심각한 수준에 이르렀다는 것을 알 수 있다.

자산의 양극화

아파트 투기와 자산 불평등

주택 소유는 개인들의 생활에서 대단히 중요한 의미를 지닌다. 생활의 안정은 물론이고, 복지제도가 발달하지 않은 한국 사회에서는 주택이 노후 복지의 수단으로도 이용되고 있다. 그러므로 주택 소유 여부도 한국 사회에서의 경제생활 수준을 결정짓는 중요한 요소라 할 수 있을 것이다. 특히 아파트 가격이 지속적으로 폭등하면서, 아파트 소유자들은 불로소득의 형태로 부를 축적할 수 있었다. 그리하여 지난 십여 년 동안 아파트 투기는 부유층들이 재산을 증식하는 중요한 수단이 되었다. 2002년도에는 주택 수가 세대수를 능가해 산술적으로 주택 보급률이 100%를 넘어섰지만,[3] 2000년 자가 소유 비율은 54.2%로 1980년대 중반 이후 증가 추세를 보이고 있지 않고, 주택 가격이 폭등하면서, 주택 소유자와 비소유자 사이의 격차는 극단적으로 커졌다. 아파트 투기가 가장 극성을 부리고 있는 서울의 경우, 309만 채 주택 가운데 57.3%인 177만 채가 전세나 월세 주택이라는 점을 볼 때 주택을 소유한 집단과 그렇지 못한 집단 사이에 불평등은 더욱 심각한 상태이다. 주택 부족과 아파트 투기 문제는 이제 불평등 심화의 요인일 뿐만 아니라 정치적으로도 중요한 문제가 되었다.

삶의 공간이 아닌 재산 증식의 수단이 되면서, 아파트는 투기의 대상이 되었다. 특정 지역의 아파트 가격이 다른 지역에 비해서 급격히 오르면서, 유휴자본이 아파트 가격이 오르는 지역으로 유입되었고, 아파트 투기

3_2002년 전체 주택 수는 12,358,000호로 전체 가구 수 12,286,000을 넘어섰다(건설교통부 2004, 표 7-1).

그림 3-1 | 강남구와 도봉구의 아파트 금액대별 비율

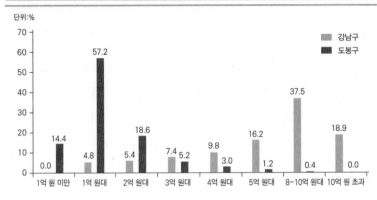

단위:%

■ 강남구
■ 도봉구

자료: 〈부동산 뱅크〉 (2004/08/12).

를 통한 자산 증식은 한국 사회에서 공인된 재테크 수단이 되었다. 이것은 두 가지 점에서 한국 사회의 특수한 상황을 반영한다. 첫째로, 이는 수도권과 비수도권의 불균등 발전을 반영하고 있다. 수도권의 아파트 가격 상승폭은 지속적으로 커졌지만, 비수도권 아파트 가격은 이렇다 할 큰 폭 상승이 없었다. 1986~2002년 사이 아파트 가격 상승률은 전라남도와 전라북도 지역에서 가장 낮았고, 서울 지역에서 가장 높았다(신광영 2004, 169). 심지어 목포 지역에서는 2002년도 아파트 가격이 1986년보다 더 낮게 나타나기도 했다. 세 배 이상 아파트 가격이 오른 서울 지역에 비해서 목포 지역 거주자들은 그만큼 상대적으로 가난해진 셈이다. 광주광역시 역시, 1995년과 비교했을 때 2003년 2월 아파트 가격은 오히려 더 낮아져 88.5%에 불과한 것으로 나타났다(국민은행 2003, 2). 지역 불균등 발전으로 인해 지역 간 아파트 가격 상승률 격차는 더 심해지고 있다.

둘째로, 서울 지역 내에서도 강남권과 비강남권의 아파트 가격 양극화가 뚜렷하게 나타났다. 강남권 아파트 가격이 계속해서 폭등하면서, 강남

권 아파트 소유자들과 비강남권 아파트 소유자들의 자산 격차도 지속적으로 확대되었다. 〈그림 3-1〉에서 볼 수 있듯이, 부유층이 많이 거주하는 강남구의 경우 6~10억 원대 아파트가 37.5%로 가장 많은 반면, 가난한 사람들이 많이 거주하는 도봉구의 경우 1억 원대 아파트가 57.1%로 가장 많았다. 5억 원 이상의 아파트는 강남구의 경우 72.6%에 달했지만, 도봉구에서는 1.6%에 불과했다. 강남구는 10억 원을 초과하는 아파트도 18.9%나 되어, 아파트 가격 차이에 따른 아파트 자산 양극화가 서울 지역 내에서도 뚜렷하게 나타나고 있음을 알 수 있다.

유자산계급과 무자산계급

경제 위기 이후 나타나고 있는 한국 사회의 양극화는 경제적인 양극화를 의미하며, 이는 두 가지 차원의 양극화에 따른 산물이다. 하나는 계급 간 양극화이고 다른 하나는 계급 내 양극화다. 계급 간 양극화는 생산수단을 소유한 소유 계급과 노동력을 제공하고 반대급부로 임금을 취득해 살아가는 비소유 계급 간의 양극화 현상이다. 생산수단을 소유하고 이를 이용해 경제활동을 하는 자본가계급과 노동력을 판매하는 계급 간 격차는 이미 한국의 산업화 과정에서 형성된 것이지만, 1990년대 후반 경제 위기를 계기로 더욱 커졌다. 또한 건물이나 주택을 소유해 임대를 하는 부동산 소유 계급과 부동산 비소유 계급 간의 격차도 부동산 투기가 극심해지면서 더욱 확대되고 있다. 부동산 투기를 통해서 얻어지는 자산소득 격차는 수십 년의 임금 소득 총액을 능가하고 있다.

계급 간 양극화는 산업자본, 금융자본, 부동산 재산 등 소득을 올릴 수 있는 다양한 형태의 자본을 소유한 유자산계급, 재산이 없거나 적은 무자산계급 사이에서 나타나는 소득 양극화다.[4] 그러므로 계급 간 양극화는 단순히 자본가계급과 노동계급 사이의 양극화가 아니라 프티부르주아지와 중간계급을 포함한 양극화라는 점에서, 19세기적인 양극화와는 매우 다르다.

한국의 자본가들은 대부분 기업의 최고경영자CEO로 활동하고 있고, 기업에 고용된 고용 사장을 비롯한 임원들도 대부분 기업의 주식을 보유하고 있기 때문에 자본가계급에 속한다. 이들은 주식을 소유하고 있을 뿐만 아니라, 자신들의 소득을 증가시키기 위해 적극적으로 경영 활동을 하고 있다는 점에서, 그리고 이들의 이해관계는 노동자들의 이해관계와 직접적으로 대립 관계를 맺고 있다는 점에서 자본가계급에 속한다. 2004년 100대 상장 기업 최고경영자들의 연봉은 4억4,140만 원으로, 이는 종업원의 평균 연봉 4,420만 원에 비해서 9.98배 높은 것이며, 2002년도 임원 평균 연봉 1억9,139만 원에 비해서 231% 증가한 것이다. 100대 상장 기업 임원과 직원의 연봉 격차는 2001년 6.4배, 2003년 8.0배, 2004년 9.98배로 계속 커지고 있다(『한겨레신문』 2005/04/27).

한국의 자본가계급 가운데 사업체를 소유하고 종사상의 지위가 고용주인 사람들은 2003년 현재, 2,214만 명 경제활동인구의 약 7.4%인 163만 명이다. 이들이 소유한 기업체 총수는 3,187,916개이며 그중 84% 정도가 고용인 수 1~4명인 작은 사업체들이다. 이런 소규모 사업체들은 사업이 불안정하기 때문에, 창업과 폐업을 빈번하게 경험한다. 대기업이라고 할 수 있는 종업원 규모 300명 이상의 사업체는 전체의 0.77%에 불과한 2,469개였다. 이들이야말로 한국의 경제를 움직이는 기업체들로서, 대부분이 재벌 기업에 속한다. 이들 가운데 2005년 3월 현재, 688개 기업이 주식시장에 상장되어 주식시장을 통해서 자본을 조달하고 있으며, 897개 기

4_주식 투자자와 대규모 건물 임대업자들은 전통적인 의미의 자본가들은 아니다. 다른 사람을 고용하고 있지 않기 때문이다. 그러나 주식, 건물, 산업자본 등은 호환이 용이하기 때문에 직접적인 고용 관계를 통해서 자본가계급으로 분류되지는 않더라도, 이해관계 차원에서 자본가계급으로 분류될 수 있다.

표 3-3 | 국내 저축성 예금의 규모별 현황

단위: 천 좌, 10억 원, %

예금 규모		1999년 말		2000년 말		2001년 말		2002년 6월 말	
5천만 원 이하	계좌 수	117,010	(99.5)	127,051	(99.5)	136,449	(99.4)	137,454	(99.4)
	금액	125,968	(50.8)	169,082	(52.2)	187,413	(52.1)	195,064	(50.2)
5천만 원 초과	계좌 수	591	(0.5)	629	(0.5)	760	(0.6)	791	(0.6)
	금액	121,861	(49.2)	154,732	(47.8)	172,314	(47.9)	193,280	(49.8)
5천만 원 초과 1억 원 이하	계좌 수	300	(0.3)	345	(0.3)	419	(0.3)	452	(0.3)
	금액	17,257	(7.0)	23,184	(7.1)	26,629	(7.4)	30,503	(7.9)
1억 원 초과	계좌 수	291	(0.2)	284	(0.2)	341	(0.3)	339	(0.3)
	금액	104,603	(42.2)	131,548	(40.7)	145,684	(40.5)	162,778	(41.9)
5억 원 초과	계좌 수	36	(0.0)	39	(0.0)	45	(0.0)	48	(0.0)
	금액	71,958	(29.0)	89,251	(27.6)	97,931	(27.2)	110,365	(28.4)

주: 기업자유예금을 제외한 저축성 예금으로 괄호 안은 전체에서 차지하는 비중.
자료: 한국은행(2002/10/16).

업체가 코스닥 시장에 상장되어 있다. 100명 이상을 고용하고 있는 기업체 수는 2004년 현재, 11,378개다. 그리고 5명 이상을 고용한 기업체 수가 약 507,745개이기 때문에, 중소 자본가를 포함한 규모는 51만 명 정도로 추정된다.

고소득을 올리는 집단은 산업자본가들 이외에 금융, 주식, 부동산 등을 통해 소득을 올리는 집단이다. 금융자산은 은행 예금과 주식 및 국공채 소유가 대부분이다. 〈표 3-3〉은 저축성 은행 계좌 현황을 나타내고 있다. 〈표 3-3〉에서 알 수 있듯이, 저축성 은행 계좌 가운데 5천만 원 이상의 계좌 수는 2002년 6월 말 현재, 79만 천 계좌로 전체 은행 계좌 수의 0.6%에 불과하지만, 전체 예금 금액의 49.8%를 차지하고 있다(한국은행 2002). 1억 원 이상의 은행 예금자들은 33만9천 명 정도로 전체 계좌 수의 0.3%지만, 전체 예금액의 41.9%를 차지하고 있다. 은행 예금액 규모에 있어서도 극단적인 차이가 드러나는 것이다. 이들 고액 예금자들은 대부분이 기업가, 개인 사업가, 전문직 종사자(의사, 변호사, 세무사), 거액 유산 상속자들이다. 1992년 한미은행에서 최초로 시작되어 2000년대 본격적으로 확대된 고액 예금자 대상 프라이빗 뱅킹pb은 10억 원 이상의 고액 예금자들을 대상으로 하며, 대상자는 2002년 말 5만2천~5만6천 명 정도에 달하는 것으로 알려졌다(『한국일보』 2003/01/18).

증권 보유도 금융자산의 중요한 부분이다. 주식 소유 분포를 살펴보면, 2004년 현재, 376만 명이 주식을 소유하고 있으며, 이는 전체 경제활동인구 2,337만 명의 16.10%다. 그중 2% 정도인 7만5천 명 정도가 1억 원 이상의 주식을 소유한 것으로 알려졌다.[5] 증권시장에서 '큰손'으로 불리는 거액 주식 소유자들은 한국 전체 주식시장의 흐름에까지 영향을 미치고 있다. 물론 현재 한국의 주식시장의 흐름을 주도하고 있는 것은 외국 투자자들이다. 2004년 현재, 16,899 명의 외국인 투자자들이 한국 주식시장에 큰 영향력을 행사하고 있기 때문에 국내의 '큰손'들의 영향력은 상대적으로 약화된 상태지만, 주식시장의 독점 구조는 여전히 변하지 않고 있다.

무자산계급

무산계급은 생산수단, 금융자산, 부동산 자산 등의 소유 자산이 없기 때문에 자신의 노동력을 타인에게 제공하고 반대급부로 받는 임금에 의존해 살아가는 계급이다. 그러나 무자산계급이 단일한 계급은 아니다. 화폐 자산을 소유하지 못했지만, 전문적인 지식이나 기술과 같은 인적 자본 human capital을 보유해 노동시장에서 배타적인 혜택을 누리거나, 조직 내에서 권위를 행사하는 경영관리직 종사자들은 흔히 '중간계급'이라고 불린다. 반면에 무자산계급 가운데 전문적인 지식도 기술도 없고 또한 경영이

5_1991년 1억 원 이상의 주식 소유자는 0.91%였으나, 2002년 9월 1억 원 이상 주식 소유자는 2.1%로 늘었다(『대한매일』 1991/07 17;『조선일보』 2000/09/19 참조).

그림 3-2 | 경제활동 지위별 종사자 수 변화 추세(1985~2004년)

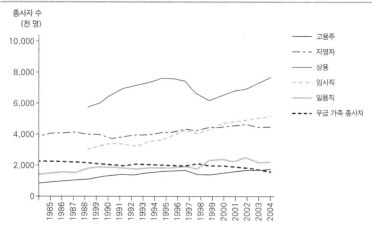

그림 3-2 | 경제활동 지위별 종사자 수 변화 추세(1985~2004년)

자료: 통계청, 〈경제활동인구조사〉(각연도).

나 관리에 종사하지 않는 사람들은 '노동계급'에 속한다.

1990년대 후반 경제 위기 이후로 가장 많은 변화를 경험하고 있는 집단이 무자산계급이다. 이들은 노동시장에서의 불안정을 염려하고 있으며, 실업과 저임금으로 인한 생활상의 위험을 두려워하고 있다. 〈그림 3-2〉에서 볼 수 있듯이, 피고용자 가운데 상용직·임시직·일용직 종사자들은 1997년 외환 위기를 계기로 크게 줄어들었다.[6] 특히 상용직 종사자들의 감소가

6_상용직, 임시직과 일용직의 구분은 일의 내용이 아니라 근로계약 기간을 중심으로 이루어진 피고용자 분류다. 상용직은 계약 기간이 1년 이상이거나 계약 기간이 없으면, 상여금이나 퇴직금 등의 복지 혜택이 있는 피고용자를 지칭하기 때문에 비정규직도 포함할 수 있다. 임시직은 계약 기간이 1개월 이상 1년 미만인 경우이고, 일용직은 계약 기간이 1개월 미만인 경우를 의미한다.

큰 폭으로 이루어졌으며, 반면 실업자들이 새로이 개인 사업을 시작하는 경우가 늘면서, 자영업 종사자가 오히려 크게 증가했던 것을 볼 수 있다.

좀 더 구체적으로 보자면, 무자산계급의 경제활동 지위별 분화가 급격하게 이루어져, 무자산계급 내에서도 양극화 추세가 나타나고 있음을 발견하게 된다. 〈그림 3-2〉에서처럼, 상용직 종사자는 1996~98년까지 크게 줄어들었다가, 2004년에 들어서야 비로소 1994년 수준으로 회복되었다. 반면에 임시직 노동자와 일용직 노동자는 1996년부터 1997년까지 일시적으로 줄어들었으나, 그 이후 지속적인 증가 추세를 보여 주고 있다. 가장 두드러진 변화는 임시직의 증가 추세다. 1993년 임금 근로자 가운데 26.7%를 차지했던 임시직 노동자의 비율은 1998년 32.9%로 급증했고, 2004년 40%로 증가했다. 일용직도 1993년 14.4%에서 지속적으로 증가해, 1994년 18%로 증가했으나, 2001년 이후 줄어들어, 2004년 14.7% 수준으로 하락했다. 임시직과 일용직을 묶어 비정규직으로 본다면, 비정규직은 2004년 전체 임금 근로자의 54.7%에 달하고 있다. 이는 피고용자 2명 가운데 1명 이상이 비정규직에 속한다는 의미다.[7]

정규직·비정규직의 문제는 고용과 임금상의 차별로 인한 비정규직 노동자들의 빈곤과 연결되기 때문에 정치적·사회적 쟁점이 될 수밖에 없다. 고용 형태별 월평균 임금격차는 대단히 크다. 2001년 임시직 근로자의 월

7_비정규직 종사자의 규모는 비정규직의 정의에 따라서 크게 달라질 수 있다. 비정규직 논의는 통계청의 경제활동인구 분류(상용·임시·일용 근로자)를 사용하지 않는다. 정규직처럼 일하면서 비정규직 근로자로 대우받는 사람들이 비정규직으로 잘못 분류된 것이기 때문에, 〈경제활동인구조사〉에서는 비정규직이 과대 추정되고 있다고 봐야 할 것이다. 안주엽은 약 절반 정도의 비정규직은 실제로 정규직으로 분류되어야 한다고 주장한다. 고용 안정을 중심으로 정규직과 비정규직을 분류한다면, 고용 불안정을 특징으로 하는 비정규직의 규모는 크게 늘어난다. 이에 대한 논의는 안주엽(2002), 김유선(2010)을 참고할 것.

표 3-4 | 노동계급 내의 직종 간 임금격차

단위: %

	1993년	1995년	1997년	1999년	2001년	2003년
조립 및 가공	130.8	127.3	141.0	141.9	156.3	152.2
기능직	125.0	129.9	134.5	140.1	150.0	146.9
단순노무직	100.0	100.0	100.0	100.0	100.0	100.0

자료: 노동부, 〈임금통계기본조사〉(각연도)에 기초.

평균 임금은 상용직 근로자의 월평균 임금의 55.9%에 불과한 것으로 나타났으며, 일용직 근로자의 월평균 임금은 상용직의 62.8%로 임시직에 비해서 약간 높은 것으로 나타났다(신광영 2004, 174; 한국노동연구원 2003, 133). 2002년에는 고용 형태별 임금격차가 약간 줄어들어서 임시직 근로자의 월평균 임금은 상용직의 60% 정도로 증가했고, 일용직의 경우도 70%로 증가했다. 그러나 2004년 전체 피고용자의 40%를 차지하는 임시직 근로자들의 소득이 상용직의 약 56%에 불과하다는 점은 취업이 되었음에도(한국노동연구원 2004, 221) 빈곤에서 벗어날 수 없는 '노동 빈곤층'이 생겨나고 있음을 의미한다. 실업자뿐만 아니라 일을 함에도 불구하고 빈곤층이 될 수 있는 노동자들은 2004년 508만 명에 달했다. 일용직의 경우는 고용 불안정이 더 심하기 때문에 임시직에 비해서 월평균 임금이 높다고 할지라도 문제가 되었다. 지속적으로 일을 할 수 없는 상황이기 때문에 소득 불안정을 피하기 힘들다는 점에서, 임시직과는 다른 이유지만, 노동 빈곤층이 될 수 있는 가능성을 지니고 있다고 볼 수 있다. 시간당 임금 차원에서도 임시직은 상용직의 63.4%에 불과한 것으로 나타났다. 2003년 비정규직 근로자 가운데 최저임금 수준인 51만4,150원 이하인 경우가 22.1%나 되어 노동 빈곤층의 문제는 우려의 수준이 아니라 이미 현실이라는 것을 알 수 있다(한국노동연구원 2004, 214-216). 임금 차원만이 아니라 의료보험, 고용보험, 연금 등에서도 차이를 보이고 있어서 정규직과 비정규직의 격차는 대단히 심각한 수준이다.

1990년대부터 나타난 또 다른 변화는 직종 간 소득 격차의 증대 현상이다. 1990년대 들어서 특히 중반 이후 소득이 높은 직종에 종사하는 사람들의 소득 증가는 더 높게 이루어진 반면, 소득이 낮은 직종에 종사하는 사람들의 소득 증가는 더 낮게 이루어져 임금 근로자 내에서 '부익부 빈익빈' 현상이 두드러졌다. 더구나 노동계급 내부에서도 소득 격차가 더욱 커져서, 1993년 당시 단순 노무자의 월평균 소득을 기준(100)으로 했을 때, 조립 노동자와 기능공의 월평균 소득은 각각 130.8과 125였으나, 점차 그 격차가 더 확대되어 2001년에는 156.3과 150.0으로 나타났다. 2003년 들어 그 격차가 약간 줄어들기는 했으나, 전체적으로 노동계급 내의 소득 격차는 커지고 있는 추세다. 이것은 노동계급 내부의 이질화가 심화되고 있다는 것을 의미하며, 전반적으로 노동계급의 형성을 가로막는 구조적인 요인으로 작동하고 있다.

3. 노동운동의 현재

노동시장에서의 노동자들의 상태는 대단히 분화되어 있고, 계속해서 양극화의 추세가 강화되고 있다. 그렇다면 노동계급의 조직과 운동은 어떤가? 노동시장은 제도적으로 노사관계나 정부의 노동정책에 큰 영향을 받는 속성이 있기 때문에 노동계급의 조직과 운동에 대한 이해는 노동시장 변화의 방향뿐만 아니라 노동계급의 미래를 전망하는 데도 매우 중요할 것이다.

한국 노동계급의 조직적 특징은 다섯 가지다. 첫째, 조직된 노동자들의 규모는 국제적으로 대단히 낮은 수준이다. 〈표 3-5〉에서 볼 수 있듯이, 한국의 노조 조직률은 2000년 11%로 OECD 국가들 중에서 프랑스(10%) 다음으로 가장 낮다. 노조 조직률은 노조가 노사관계를 넘어 정치적으로

표 3-5 | OECD 국가의 노조 조직률(1970~2000년)

단위: %

국가	1970년	1980년	1990년	2000년	교섭 적용 범위
호주	44	48	40	25	80
오스트리아	63	57	47	37	99
벨기에	41	54	54	56	90
캐나다	32	35	33	28	34
체코	-	-	46	27	25+
덴마크	60	79	75	74	69
핀란드	51	69	72	76	95
프랑스	22	18	10	10	95
독일	32	35	31	25	73
그리스	-	39	32	27	25+
헝가리	-	-	63	27	30+
아이슬랜드	-	75	88	84	n/a
아일랜드	53	57	51	38	n/a
이탈리아	37	50	39	35	82
일본	35	31	25	21	20
한국	13	15	17	11	14
룩셈부르크	47	52	50	34	60
멕시코	-	-	43	18	n/a
네덜란드	37	35	25	23	85
뉴질랜드	56	69	51	23	21
노르웨이	57	58	59	54	70
폴란드	-	-	33	15	40+
포르투갈	-	61	32	24	80+
슬로바키아	-	-	57	36	50+
스페인	-	7	11	15	80+
스웨덴	68	80	80	79	89
스위스	29	31	24	18	37
터키	-	-	27	33	n/a
영국	45	51	39	31	36
미국	27	22	15	13	15
OECD 평균	42	47	42	34	60

자료: OECD(2003, Table 3-3); Visser(2003).

행사할 수 있는 영향력을 나타낸다는 점에서, 일차적으로 각 나라의 노조의 영향력 정도를 보여 준다. 이런 점에서 한국의 낮은 노조 조직률은 노조의 정치적·사회적 영향력이 대단히 낮다는 사실을 뜻하는 것이다. 또한 낮은 노조 조직률도 대부분 정규직 노동자들에 국한되어 있고, 노동시장에서 취약한 위치에 놓여 있는 임시직·일용직 노동자들은 거의 조직이 되지 않았다.[8] 1987년 이후 재벌 기업을 포함한 대규모 사업장에서 노동조합이 만들어지면서 급격한 조직률 증가가 나타났으나, 1990년을 정점으로 신규 노조 조직이 크게 증가하지 않고, 기업의 반노조주의 전략으로 인해 일부 기존의 노조가 해체되어 노동조합 조직률이 다시 크게 하락했다. 1989년 7,883개에 달했던 노조 수는 1998년 5,560개로 줄어들었다. 복수 노조가 허용된 1998년 이후 노동조합과 노동조합원 수가 약간 증가하고 있기는 하지만, 여전히 한국의 노동조합 조직률은 전 세계적으로 대단히 낮은 수준이다.

둘째, 노사관계에 미치는 노동조합의 영향력이 대단히 제한적이다. 노동시장에 미치는 노조의 영향력은 단체교섭의 적용 범위와 직접적으로 관련이 있다. 단체교섭 적용 범위는 단체교섭의 내용이 노동시장에 적용되는 범위로서, 시장의 지배력과 반비례한다. 〈표 3-5〉의 마지막 열은 각국의 단체교섭 적용 범위를 보여 준다. 한국의 단체교섭 적용 범위는 2000년 14%로 나타났는데, 이는 OECD 국가들 가운데 가장 낮은 수준이었다. 한국보다 노조 조직률이 더 낮은 프랑스의 경우, 단체교섭 적용 범위는 95%에 달해, 노조 조직률은 낮지만 노조의 활동이 전체 노동자들의 임금과 노동조건에 미치는 영향력은 대단히 높다는 것을 알 수 있다.[9] 노조 조직률이 높고, 시장보다 노사관계 주체들 간의 단체교섭에 더 큰 영향을 받는 노동자들의 비율이 높을수록, 노동조합의 영향력은 더 크다고 할 수 있다. 〈표 3-5〉의 국제적인 비교 통계치를 통해 알 수 있는 것은, 한국의 노동운동이 일반적으로 알려진 것과는 달리 대단히 약한 권력을 가지고 있다는 점이

8_2004년 8월 한국의 노동조합 조직률은 12.4%로 정규직 조직률은 22.4%였으며, 임시직 조직률은 1.5%, 일용직 조직률은 0.4%에 불과했다(김정한 2005b).

9_F. 트랙슬러는 노동조합 조직률의 변화가 있는 유럽 국가들에서도 단체교섭 적용 범위로 나타나는 노동조합의 영향력에는 큰 변화가 보이지 않는다고 주장했다(Traxler 1996).

다. 실질적으로 한국의 노동운동은 OECD 국가들 가운데 가장 약한 상태라고 볼 수 있다.

셋째, 낮은 노조 조직률에도 불구하고 한국의 노동계급은 노조운동의 노선 차이에 따라 나뉘어져 있다. 한국노총과 민주노총으로 대표되는 노동운동 조직은 조직 대상에는 차이가 없으며 조직의 형성 과정과 이념적인 노선 차이만을 보이고 있다. 이 노조들은 연맹과 총연맹 수준에서 복수노조의 형태로 존재하며, 이들 사이에는 경쟁적이고 배타적인 관계가 형성되어 있다. 한국노총의 규모는 2004년 현재, 923,042명으로 1996년 12월에 비해서 10만 명 정도의 조합원 감소를 보여 주었다. 반면에 1995년에 출범한 민주노총은 418,154명의 조합원으로 시작했고, 매년 조합원이 증가해 2004년 12월 현재, 619,204명에 달하고 있다. 조합 수는 한국노총이 3,462개, 민주노총이 744개로서 한국노총이 주로 중소기업 노조 중심이라면, 민주노총은 상대적으로 대기업 혹은 대규모 노조 중심 조직이라고 볼 수 있다.[10] 1990년대 초기 매우 대립적이었던 양대 노총의 관계는 현재 크게 누그러졌지만, 노조운동의 방향과 전략, 그리고 정부와의 관계에서는 여전히 큰 차이를 보이고 있다. 한국노총이 주로 경제주의적인 노동운동 노선을 내세운다면, 민주노총은 사회적이고 정치적인 노동운동 노선을 택하고 있다고 볼 수 있을 것이다.

넷째, 총연맹 수준에서 양대 노총이 존재하지만, 노동조합의 조직 단

10_민주노총에서 가장 큰 노동조합은 전국교직원노동조합과 공공노동자연맹이다. 전국교직원노동조합은 1999년 62,654명에서 시작해 2003년 12월 현재, 약 93,375명의 조합원을 포함하고 있으며, 공공노동자연맹도 1999년 94,635명에서 시작해 2003년 12월 현재, 128,582명 조합원을 포함하고 있어서 두 조직의 민주노총 가입은 민주노총 조직을 확대시키는 데 결정적인 기여를 했다

위가 기업이기 때문에 임금 교섭과 단체협약과 같은 노동조합의 주요 활동은 거의 개별 기업 수준에서 이루어진다(김정한 2005a). 노동조합의 활동은 보통 세 가지 수준 — 기업, 지역 혹은 산업, 전국 — 에서 이루어진다. 신자유주의적인 노사관계 규제 완화를 추진하고 있는 미국이나 영국 같은 일부 국가들에서 기업 수준의 교섭이 더 많이 확산되는 추세이기는 하지만, 한국이나 일본처럼 기업 수준에서 대부분의 노조 활동이 이루어지는 것은 대단히 예외적인 경우다. 유럽 대부분의 국가들에서 임금 교섭과 단체협약은 대부분 산업별로 이루어지고 있다. 일부 국가들(대표적으로 스웨덴과 덴마크)에서는 전국 수준의 중앙교섭이 산업별 교섭으로 분산되었지만, 다른 국가들(이탈리아, 스페인, 노르웨이, 포르투갈)에서는 오히려 중앙교섭이 강화되는 경향이 나타나고 있다(Perez 2000). 단체교섭의 수준이 낮을수록 노동자들의 임금 불평등이 높아질 뿐만 아니라,[11] 정부 정책에 효과적인 영향력을 행사하지 못해 빈곤층이 더 확대된다는 점을 고려한다면,[12] 한국의 기업별 단체교섭은 노동계급 내부의 불평등을 촉진시키는 제도적인 요인으로 기능하고 있다고 볼 수 있을 것이다.

이런 상황에서, 한국 노동계급의 절대다수를 차지하고 있는 것은 오히려 조직되지 않은 노동자들이다. 한국의 노동계급은 조직된 노동조합에 의해서 대변되는 부문과 대변되지 못하는 부문으로 크게 나눠지는데, 11~12% 정도가 노조를 통해서 대변되고 있으며, 나머지 88~89%의 노동자들의 요구와 이해관계는 노동조합을 통해서 대변되지 못하고 있다. 이

11_Blau & Khan(1996a)과 Reuda & Pontusson(2000)을 참조할 것.

12_플라스맨·릭스는 노사관계 제도가 직접 빈곤 문제에 영향을 미치는 것은 아니지만, 정부의 사회복지 지출에 영향을 미쳐서 간접적으로 빈곤 문제에 영향을 미친다고 보았다(Plasman & Rycx 2001).

표 3-6 | 종사상 지위별 노동조합 가입률

단위: %

	2003년	2004년	2005년	2006년	2007년	2008년	2009년	2010년
임금근로자	11.4	12.4	11.8	11.3	12.1	12.7	12.2	11.4
정규직	15.3	16.7	15.9	15.1	16.0	17.0	17.3	15.7
비정규직	3.4	5.2	4.6	4.3	5.1	4.4	2.5	2.8
한시적 근로	4.0	5.9	5.8	5.9	7.3	6.4	3.5	4.1
기간제	3.9	4.9	6.0	5.0	6.8	6.9	3.9	3.8
반복 갱신	10.5	14.9	13.4	15.4	14.5	11.0	6.8	12.4
기대 불가	0.4	0.8	0.7	1.6	1.3	1.2	0.3	0.5
비전형 근로	2.6	4.2	2.8	1.9	2.3	2.4	1.5	1.8
파견	6.1	5.2	9.3	6.1	5.6	7.5	3.2	4.0
용역	1.1	3.7	5.3	5.3	6.0	4.5	3.7	5.1
특수 형태 근로	5.5	8.1	3.7	0.9	1.6	2.0	0.6	0.5
가정 내 근로	0.9	4.4	1.2	0.2	0.0	0.0	1.5	0.0
일일 근로	0.5	0.4	0.0	0.1	0.0	0.5	0.3	0.1
시간제	0.3	0.5	0.2	0.4	0.3	0.3	0.4	0.2

자료: 김정한(2005a, 34, 표 7)에 의거해 재구성함.

것은 조직된 노동조합이 정규직 노동자들조차 제대로 대변하기 힘든 조직
적 특성을 지니고 있기 때문이다. 〈표 3-6〉에서 볼 수 있는 것처럼, 비정규
직 노동자들의 거의 조직이 되지 못했다. 2003년 비정규직 노조 조직률은
3.4%에 불과했고, 2010년에는 오히려 감소해 2.0%에 불과했다. 반복 갱
신이 가능한 비정규직에서 노조 조직률이 12.4%로 높았지만, 다른 비정규
직 노동자들의 경우 5%도 되지 않아서, 비정규직 노동자들이 노동조합에
의해서 거의 대표되지 않고 있음을 보여 준다. 비정규직의 절대다수가 노
동조합에 가입하지 않은 주된 이유는 대부분 노조가 없는 사업체에 근무
하기 때문이다. 임시 근로자와 일용근로자의 절대다수가 노조가 없는 사
업체에서 근무하고 있는 것을 알 수 있다(김정한 2005a, 29-30).

　정규직 노동자들의 경우 노조가 있는 사업체에서 일하는 비율이 상대
적으로 높지만, 상용 근로자들도 노조 가입률은 15~17% 정도로 그다지 높
은 수준은 아니다. 이는 정규직인 경우에도 노조에 가입하는 비율이 대단
히 낮기 때문이다. 기업별노조 체제에서 무노조 사업체에 근무하는 노동

자가 노조에 가입하기 위해서는 노조를 먼저 만들어야 한다. 그러나 무노조 사업체에서 노조를 신규로 설립하고 거기에 가입한다는 것은 대단히 어려운 것이 현실이다. 그러므로 한국의 노동조합은 정규직 노동자들의 관심과 이해를 기업 수준에서 대변하는 역할밖에 할 수 없는 구조적 속성을 지니고 있다고 볼 수 있다.

더구나 노동조합이 주로 대기업 중심으로 조직되어 있기 때문에 중소기업 노동자들은 조직적으로 노조 활동에서 배제되는 경향이 나타나고 있다. 1천 명 이상의 대규모 노조는 전체의 2.6%에 불과하지만, 노조원 수는 61.6%를 차지해, 소수의 노조에 조합원이 집중되어 있으며, 자체적으로 노조위원장의 독립적인 활동이 거의 불가능한 300명 미만의 작은 노조가 전체의 85.%에 이르지만, 여기 소속되어 있는 조합원 수는 23.7%에 불과했다(김정한 2005a, 29). 300명 미만 사업체에 종사하는 종사자의 비율은 전체 피고용자 가운데 87.8%에 달하지만, 노조로 조직된 조합원 수는 전체의 23.7%에 불과하다. 전체 종사자 가운데 300명 이상의 대기업 종사자의 비율은 12.2%에 불과하지만, 전체 조합원에서 차지하는 비중은 76.3%에 달했다(통계청 2003).

이것은 한국노총과 민주노총을 막론하고 주로 대기업 종사자들을 중심으로 노조가 조직되었다는 것을 의미하며, 민주노총의 경우 이런 경향은 더욱 강하다고 볼 수 있다. 기업별노조 조직과 대기업 중심의 상급 노동조합 조직은 역사적으로 형성된 한국 노동조합의 특성이 되었다. 이런 특성은, 계급 내부의 이질화를 막고 연대의 기반을 강화시킬 수 있는 노동조합의 조직 조건이 매우 취약함을 의미하기도 한다.

전체 국민소득에서 노동자들의 몫을 의미하는 노동분배율은 1987년 노동운동의 폭발적인 성장과 함께 크게 개선되었으나, 1997년 이후 계속해서 악화되고 있다. 저임금 비정규직의 확대와 노동조합 조직률의 약화 등도 그 한 원인이 될 것이다. 일부 대기업 노조에서는 기업의 이윤 증가에

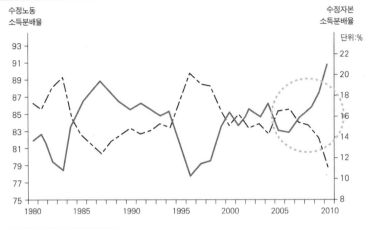

그림 3-3 | 노동소득분배율의 추이(1980~2010년)

수정노동
소득분배율

수정자본
소득분배율

단위:%

자료: 강종구·박창귀·조윤제(2012, 22).

비례한 임금 상승이 이루어졌으나, 사회 전반적으로는 소득이 없는 실업자가 양산되었고, 중소기업 조직 노동자들이나 정규직 미조직 노동자들의 임금 상승률은 상대적으로 낮았으며, 정규직에서 비정규직으로 이동한 노동자들의 소득이 대폭 하락해, 노동분배율이 크게 악화되었다. 〈그림 3-3〉에서 볼 수 있듯이, 수정된 노동소득분배율은 1986년부터 1996년까지는 80%대에서 90% 정도까지 매년 1%p 이상의 높은 노동분배율 증가율을 보여 주었다. 1987년 이전까지 노동운동 자체를 탄압함으로써 오랫동안 저임금 체제가 지속되었다. 1987년 이후의 노동분배율 증가 추세는 노동운동의 활성화로 인한 당연한 결과였다. 그러나 1997년부터 시작된 경제 위기를 계기로 노동분배율은 급격히 낮아지고 있다. 〈그림 3-3〉에서 볼 수 있듯이, 1996년 90%대에서 2005년 83%대로 9년간 7% 정도 감소해 연평균 약 0.8% 감소를 보여 주었다. 2005년과 2006년 약간 증가했다가, 2007년 이후 다시 크게 감소했다. 2008년 이명박 정부 들어선 이후 자본소득분배율은 급격히 높아진 반면, 노동소득분배율은 크게 낮아졌다. 〈그림 3-3〉에서 볼 수 있듯이, 2010년 노동소득분배율은 1980년대 이후 최저 수준을 보여 주고 있다. 1997년 외환 위기 이후 노동자들의 몫은 크게 줄어들었다.

그러나 노동분배율에 영향을 미치는 좀 더 근본적인 요인은 전 지구적 자본주의의 발전이다. 한국의 노동운동이 본격화된 것은 공교롭게도 동구권 국가사회주의의 붕괴로 인해 자본주의가 전 세계로 확대되는 세계화가 본격화되던 1980년대 말과 1990년대 초였다. 1987년 민주화 이후에 폭발적으로 성장한 노조운동은 곧바로 동유럽 국가사회주의의 붕괴와 그에 따른 자본주의의 전 지구적 확장이라는 환경 변화를 맞게 되었다. 세계화가 한국 노동운동에 미친 효과는 두 가지 차원에서 살펴볼 수 있다. 첫째로 해외투자가 용이해지면서 자본의 해외 유출이 급증하게 되었고, 이는 노동조합에 대한 자본의 교섭력을 높이는 결과를 가져왔다. 자본이 현재의 게임에서 이탈할 수 있는 가능성이 새롭게 만들어지면서, 노동조합은 현재 게임에서 원하는 것을 추구하면서도 동시에 요구 수준과 요구 방법을 고려하지 않을 수 없게 되었다. 1987년부터 해외투자가 기하급수적으로 증가해 자본의 해외 이동이 급격히 증가했다. 1986년을 기준으로 할 때, 1990년 해외투자는 5.25배 증가했고, 2003년에는 20.17배까지 증가해 연평균 약 19%의 해외투자 증가가 이루어졌다. 투자 잔액을 중심으로 보면, 해외에 투자된 자본의 누적량은 더욱 빠른 속도로 증가해 2003년 투자 잔액은 1986년에 비해서 무려 55.23배로 나타난다. 이는 연평균 3.52배씩의 증가를 뜻하는 것으로, 주로 1990년대에 폭발적인 해외투자가 이루어졌음을 알 수 있다(한국수출입은행, 『해외투자』, 각연도). 이런 현상은 국내 일자리 감소 혹은 일자리 증가의 둔화로 나타났고, 이는 다시 취업난으로 이어졌다. 국내 투자 대신 해외투자가 활발하게 이루어지면서, 일자리 부족은 더욱 심화되었던 것이다.

둘째로 세계화는 노동운동의 노선에 혼란을 초래했다. 동구권 붕괴로 가속화되는 세계화는 사회주의 이념에 대한 회의를 가져와 노조운동 발흥기에 운동의 동력을 약화시켰다. 갑작스런 동구권 붕괴는 급진적인 노동운동에 대한 지지를 약화시켜 노동운동 노선을 둘러싼 혼란을 야기했던 것이다. 이것은 곧바로 노조운동의 침체를 낳았다. 내적으로 기업의 노조 파괴 시도와 더불어 외적으로 부정적인 노동운동 환경이 만들어지면서 노조의 조직 약화가 뒤따랐다.

4. 맺음말

이 장에서는 두 가지 차원에서 한국 사회의 양극화 현상과 노동계급의 실태를 분석하고자 했다. 하나는, 가능한 한 실증적인 분석을 통해 한국 사회 양극화 현상의 실체에 접근하고자 한 것이다. 양극화 현상이 지니는 이미지는 과장된 것이지만, 양극화 추세를 보여 주고 있는 것이 오늘의 한국 사회라는 점을 실증적 자료를 중심으로 논의하고자 했다. 다른 하나는 비교적인 관점에서 불평등을 분석하고자 한 것이다. 한국의 불평등이 실제로 어떤 정도인가를 파악하기 위해서는 국제 통계를 이용한 비교 분석적 접근이 필요하며, 이를 통해 한국 사회의 현실을 좀 더 객관적으로 이해할 수 있기 때문이다.

실제로, 1997년 경제 위기 이후 한국 사회는 그 이전과는 크게 다른 모습을 보여 주고 있다. 1987년 정치적으로 민주화가 시작되면서 동시에 노동운동도 활성화되었고, 또한 거의 동시에 시민운동도 크게 발전했다. 이런 변화들은 사회적으로 억압 받던 노동계급의 권리를 크게 확장시키는 긍정적인 역할을 했고, 그 결과 노동자들의 소득도 노동분배율에서 나타나는 것처럼 크게 증가했다. 그러나 1997년 말에 시작된 경제 위기를 계기로, 노동운동과 시민운동의 발전으로 이뤄 낸 여러 가지 성과들이 크게 위협 받고 있다. 1997년 이후 분배 구조가 악화되어 불평등이 심화되었고, 빈곤층이 확대되었다. 그리하여, 사회 양극화라고 불리는 새로운 현상이 21세기 한국 사회의 이미지로 자리를 잡게 되었다. 경제 위기를 극복하기 위해서 받아들인 국제통화기금의 신자유주의 처방전은 짧은 기간 동안 사회 양극화를 가져왔고, 빈곤 계층을 확대를 가져와 사회 갈등을 낳고 있다.

현재 나타나고 있는 사회 양극화 현상은 다차원적인 속성을 지닌다. 사회 양극화는 외환 위기를 계기로 김대중 정부가 도입한 신자유주의적 경제정책에서 시작되었다. 여기에는 노동시장의 구조적 변화로 인해 심화된 임금 소득의 불평등뿐만이 아니라 금융자산, 부동산 자산 등의 불평등도 포함된다. 신자유주의적 세계화가 각 사회에서 나타나는 양식은 매우 다르지만, 신자유주의 경제정책을 도입한 나라들에서 공통적으로 나타나는 노동시장의 유연화, 구조조정과 공기업 민영화 등으로 인해, 한국에서도 대량 실업과 비정규직의 양산에 따른 빈곤층의 확대와 불평등 심화가 이루어졌다.

또한 아파트 투기와 같은 한국 사회의 독특한 불평등 요인도 양극화 현상을 이해하는 데 중요한 요소다. 한국 사회에서 독특하게 나타나고 있는 수도권과 비수도권 간의 극심한 지역 간 불균등 발전과 강남 지역 부동산 투기 현상은, 한국의 일부 부유층에게 독점적으로 재산을 증식할 수 있는 재테크의 길을 열어 주었고, 이로 인해 한국에서 불로소득을 통한 부익부 빈익빈 현상이 심화되었다.

불평등 심화와 빈곤층 증대로 요약되는 최근의 변화는 불가피한 것이 아니다. 국가 차원의 경제 개입과 관련해, 발전 국가에서 시장주의로 국가의 성격 변화가 이루어졌다. 이런 전환은 당연히 정치적인 변화를 수반하게 된다. 변화를 통해 혜택을 누리는 집단과 불이익을 받는 집단들 사이에는 대립적인 이해관계가 발생할 수밖에 없는데, 이런 이해관계를 조직적으로 표출하고 정치적 영향력을 발휘할 수 있다면 변화에 영향을 미칠 수 있는 것이다. 신자유주의적 정책과 입법을 추구하는 집단과 저지하려는 집단 간의 역학에 따라서 경제 불평등은 심화될 수도 있고, 약화될 수도 있다.

불평등 심화와 빈곤층 확대를 막을 수 있는 가장 유력한 사회 세력은 가장 강력한 조직 운동인 노동운동이다. 최근 나타나고 있는 양극화와 빈곤층 확대는 결과적으로 노동운동의 취약성과 관련이 있다. 과거에 비해서 노동조합운동이 활성화되었고 민주노총도 합법적인 지위를 획득했지만, 한국의 노조운동은 국제적인 관점에서 볼 때, 대단히 취약한 조직적 성격을 지니고 있다. 낮은 조직률, 협소한 단체교섭 적용 범위, 대기업 정규직 노동자 중심성 등이 그것이다. 이런 속성들은 역사적으로 형성된 것이고 또한 지속적으로 노조운동의 노선뿐만 아니라 노조의 일상 활동에도 영향을 미치고 있다.

현재 한국 노동계급의 문제는 단적으로 노동조합과 직결된 문제다. 사회 양극화에 대해 노동계급이 효과적으로 대응하지 못하고 있는 이유는 기업별노조라는 노조 조직 단위의 속성에 기인하고 있다. 노조 조직률이 증가하지 못하는 이유도, 비정규직화의 흐름이 강해지는 것도 기업별노조 체제하에서 정규직 조합원들이 아닌 노동자들에게 노조가 관심을 갖지 못하면서 일어난 현상이다. 기업별노조는 기업 의식을 낳고, 노동자들 사이에서 계급에 기초한 연대 의식의 성장을 가로막는다. 기업 울타리에 갇힌 노동조합의 활동이 바뀌지 않는 한, 노조운동이 노동계급 전체의 운동으로 진전되기는 힘들 것이다. 상급 단체 수준에서는 정치적인 활동이 활발하게 이루어지고 있다 해도, 단위 노조와 조합원들의 적극적인 참여가 없다면, 총연맹 수준의 활동은 한계가 있다.

나아가, 노동운동과 시민운동의 연대가 요구된다. 1990년대 중반 이후 노동운동과 시민운동의 거리가 점점 멀어지고 있는 것이 현실이다. 그러나 앞에서도 지적한 바와 같이, 노동운동만으로 현재 진행되고 있는 사회 양극화를 막기는 매우 어렵다. 장애 노동자, 비정규직 노동자, 외국인 노동자와 조기퇴직자 등 다양한 형태의 사회적 배제를 통해서 근로 빈곤층이 확대되고 있기 때문에, 사회 양극화를 막기 위해서는 노동조합 이외에 시민운동 단체들의 역할도 매우 긴요하다. 신자유주의적 세계화에 따른 다양한 사회문제들이 전체 사회 영역에서 발생하고 있기 때문에, 노동운동과 시민운동의 적극적인 연대가 필요한 때다.

제2부

불평등과 격차

| 4장 |

산업 간 임금 불평등과
임금 불평등 분해

1. 문제 제기

사회 양극화는 오늘날 한국 분배 구조의 변화를 압축적으로 보여 주는 대중적인 용어가 되었다. 사회 양극화의 원인과 그것의 사회정치적 평가에 대한 다양한 인식이 존재함에도 불구하고, 공통적으로 받아들여지고 있는 것은 하나의 사회적 사실로서 1990년대 초·중반에 비해서 2000년대 경제적 불평등이 심해졌다는 점이다. 이런 사실은 경제적 불평등의 단위를 막론하고 불평등의 정도를 측정하는 다양한 지표들에서 공통적으로 발견된다(유경준 2007, 27-28; 강승복 2005; 여유진 외 2005, 179-180; 통계청 2004; 김대일·유경준 2002, 19-22; 정진호 2001, 2-4; 2005).

그렇다면, 왜 경제적 불평등이 경향적으로 더 심해지고 있는가? 경제적 불평등이 심화되는 요인은 기술적 요인에서부터 제도적인 요인에 이르기까지 대단히 다양하다. 임금이나 소득에 영향을 미치는 요인들은 인적자본과 같은 개인적인 요인에서부터 산업구조의 변화와 경기변동과 같은 거시적인 요인에 이르기까지 매우 다양하다. 또한 이들 요인들은 독립적으로뿐만 아니라 상호작용을 통해서 분배 구조의 변화에 영향을 미치고 있다. 한국의 경우, 외환 위기에 따른 경제 위기로 인해 불평등이 심화되었다는 점에서 다른 나라와 차이를 보인다.

여기에서 다루고자 하는 불평등은 피고용자의 산업별 임금 불평등이다. 경제활동에 참여하는 피고용·자만을 대상으로 했기 때문에, 고용주와 자영업자는 분석에서 제외되었다. 그러므로 여기에서 다루는 불평등은 소득 불평등 일반에 관한 논의가 아니라 노동시장에서 획득하는 임금의 불평등에 관한 것이다. 그리고 논의의 초점은 산업별 임금 불평등이다. 산업 간 임금 불평등inter-industry wage inequality의 현황과 그것의 원인을 분석한다.

산업구조적인 요인은 소득 불평등에 영향을 미치는 구조적인 요인 가운데 하나다. 분배 구조의 변화에 영향을 미치는 산업구조적인 요인은 크게 세 가지로 구분할 수 있다. 첫째는 산업구조의 변화에 따른 분배 구조의 변화다. 역사적으로 산업구조에서 제1차 산업, 제2차 산업과 제3차 산업이 차지하는 비중이 변하면서, 그에 상응하는 분배 구조의 변화가 발생했다. 생산성과 임금이 높은 산업 부문의 비중에서 변화가 나타나면, 이에 상응해 산업별 임금 구조도 변하게 된다.

둘째, 한국과 같이 수출 의존도가 높은 사회에서 수출산업과 내수산업 간의 비중의 변화와 더불어 임금격차가 크게 나타기 때문에 전체적으로 산업별 임금 불평등에 변화가 나타난다. 특히 최근까지 내수 침체로 인해 내수산업이 극심한 불황을 겪었지만, 수출산업 부문은 활황을 겪어서, 부문에 따른 임금격차가 전체 임금 불평등에 영향을 미쳤다.

셋째, 산업구조의 또 다른 특징으로 기업 규모에 따른 피고용자들의 임금격차가 전체 임금 불평등에 영향을 미친다(Lallemand & Plasman & Rycx 2007; Oi & Idson 1999; Kremer & Maskin 1996). 기업 규모는 단순히 규모의 차이가 아니라 생산 체제 내에서의 위치와 상품 시장에서의 지위를 동시에 보여 주는 지표이기도 하다.

　　이 연구에서는 산업을 중심으로 임금 불평등의 실태와 원인을 밝히고
자 한다. 먼저 산업별 임금 불평등의 실태를 분석하는데, 특히 외환 위기
전후의 산업별 임금 추이를 분석한다. 그리고 2005년도와 2007년도 〈경
제활동인구조사〉 부가조사 자료를 이용해 전체 불평등 정도와 산업별 불
평등 정도를 분석한다. 일반화된 엔트로피Generalized Entropy, GE와 지니계수
및 분산계수Coefficient of Variation, Gv를 중심으로 산업별 임금 불평등 정도를
분석한다. 그다음 임금 불평등에 영향을 미치는 산업의 효과를 파악하기
위해 전체 임금 불평등을 산업 간과 산업 내 불평등으로 분해한다. 2005년
〈경제활동인구조사〉에는 기업 규모에 관한 정보가 포함되어 있지 않아서
임금 불평등의 요인 분석에 필요한 정보가 충분히 포함되어 있지 않았다.
이를 보완하기 위해, 2007년도 〈경제활동인구조사〉를 추가적으로 분석해
피고용자 임금 불평등에 미치는 산업의 효과를 분석한다.

2. 기존 연구

임금은 개인 및 가족의 경제 수준, 기업의 이윤과 물가에 영향을 미치는 핵
심적인 요소이기 때문에 임금에 관한 연구는 많이 이루어졌다. 최근까지
경제 위기 이후 노동시장에서의 노동 수요 축소와 수요의 내용 변화로 고
용 문제에 관한 연구가 많이 이루었지만, 임금 불평등에 관한 연구는 매우
적었다. . 그러나 외환 위기 이후 점차 불평등이 새롭게 사회정치적으로 쟁
점이 되면서, 불평등 전반에 대한 관심이 크게 높아졌다. 임금 불평등이 양
극화라 이름으로 새로운 사회정치적 문제로 제기되면서 근로자 임금 불평
등에 관한 논의들이 새롭게 등장하고 있다(정진호 2005; 김동배 외 2004).

근로자 임금 불평등에 관한 연구들은 공통적으로 임금 불평등이 약화되다가 1997년을 전후로 임금 불평등이 증가하는 U자형 추세가 나타났음을 보여 준다(강승복 2005, 19-21; 정진호 2005, 31-32). 근로자들의 월평균 임금 불평등은 1970년대 초반부터 1990년대 중반까지 지속적으로 낮아지다가, 1990년대 중반 이후 지속적으로 다시 높아져서 임금 불평등이 심화되고 있다. 기존의 많은 연구가 10인 이상의 기업체에 근무하는 상용직만을 대상으로 하여, 실제 임금 불평등 지수보다 낮은 불평등 정도를 보고하고 있다는 점을 감안하면, 전반적인 불평등 심화 추세는 더욱 뚜렷할 것이라고 볼 수 있다.

산업 간 임금격차에 관한 외국의 연구들은 시기적으로 또한 국가들 사이에서 산업 간 임금격차의 패턴이 크게 변화를 보이지 않는다는 점을 보여 준다(Hartog et al. 1997; Allen 1995; Gittleman & Wolff 1993; Kreuger & Summers 1988). 산업 간 임금격차의 패턴은 정치체제나 경제 발전 수준을 떠나서 모든 사회에서 유사하게 나타난다는 것이다. 예를 들어, 네덜란드, 미국, 브라질 등지에서 경제 발전 수준이나 산업구조의 차이에도 불구하고 산업 간 임금격차 패턴은 유사하게 또한 안정적으로 유지되고 있다는 것이다(Kahn 1998; Katz & Summers 1989; Kreuger & Summers 1988).

개인의 생산성과 그에 대한 보상이 시장 원리에 의해서 이루어진다면, 산업별 임금격차는 존재하지 않을 것이기 때문에, 산업별 임금격차는 시장 원리가 작동하지 않아서 생긴 것으로 인식되었다. 산업별 임금격차가 나타나는 이유는 지대나 효율 임금 때문이다(Kreuger & Summers 1988; Slichter 1950). 대표적으로, 크르거·서머즈는 개인들의 인적 자본이나 생산성 차이를 고려한 이후에도 산업 부문 간 임금격차가 존재한다는 것은 신고전파 이론이 맞지 않는 증거라고 보았다(Kreuger & Summers 1988). 그것은 일종의 지대에 해당한다고 보았다. 이것은 일찍이 산업별 임금격차를 분석한 스리히터가 미국의 시간당 임금을 분석하면서 제시한 지대 공유rent-sharing 논리와 일맥상통하는 논리다(Slichter 1950).

산업별 임금격차가 발생하는 요인으로 산업에 따른 인적 자본의 차이, 노동조합과 같은 노사관계 제도, 기업 규모, 기업의 생산성이나 이윤율 등도 많이 언급되었다(Lane & Salmon & Spelzer 2007; Rycx 2002; Osbum 2000; Arbache & Carneiro 1999). 산업에 필요한 인적 자본의 차이뿐만 아니라, 동일한 수준의 인적 자본을 소유한 피고용자들의 임금이 달라지는 이유는, 노조 조직률이나 노사관계의 차이가 산업별 임금격차를 만들어 내기 때문이라는 것이다.

산업별 임금격차에 관한 기존의 연구들은 산업 간 임금격차가 전체 근로자 임금 불평등에 얼마나 영향을 미치는지를 밝히지 않았다. 그 대신, 다양한 임금 함수를 분석해, 임금 결정에 영향을 미치는 변수들의 영향력을 통계적으로 분석하는 경우가 대부분이었다. 산업별 임금격차 연구들은 가용한 자료에 의해서 큰 영향을 받아왔기 때문에, 이론적인 논의보다는 경험적인 연구를 통한 비교분석이나 시계열 분석이 주류를 이루었다. 그런 점에서 국내외를 막론하고 산업별 임금 불평등 연구는 다른 연구 분야에 비해서 상대적으로 이론적인 논의나 경험적인 연구가 많이 이루어지지 않은 분야다.

3. 자료 및 연구 방법

이 연구에서 사용된 자료는 2005년과 2007년에 통계청이 수집한 〈경제활동인구조사〉 부가조사 자료다. 〈경제활동인구조사〉는 매년 이루어지는 조사로서 임금 관련 논의에 가장 많이 사용되고 있는 자료다. 여기에서는 2005년도와 2007년도 자료를 분석에 사용했다. 2005년도 〈경제활동인구조사〉 자료 전체 70,786명 가운데 고용주·자영업자와 가족 종사자를 제외한 나머지 피고용자 26,083명을 분석의 대상으로 했다. 2005년도 〈경제활동인구조사〉 자료는 기업 규모에 관한 정보가 없기 때문에, 기업 규모에 관한 정보가 포함되어 있는 2007년도 〈경제활동인구조사〉 자료를 이용했다. 기업 규모에 따른 임금 불평등이 전체 불평등에 미치는 영향을 분석하기 위해 2007년도 자료를 추가 분석한 것이다.

산업 구분과 변수

산업 임금 불평등 분해에서 중요한 부분은 산업을 어떻게 구분할 것인가 하는 산업 분류다. 산업 범주를 어떻게 나누는가에 따라서 산업 간 불평등과 산업 내의 불평등이 달라지기 때문이다. 여기에서는 먼저 제1차 산업, 제2차 산업, 제3차 산업으로 구분하는 콜린 클락의 산업 분류를 적용해 분석한다(Clark 1950). 이것은 산업화와 더불어 농업 중심 사회에서 제조업 중심 사회, 제조업 중심 사회에서 서비스업 중심 사회로의 변화를 보여 주는 거시적인 지표로 많이 사용되었다(Maddison 1995).

　　1930년대 클락이 제시한 산업 대분류는 제3차 산업 규모가 커지고 또 산업 내 이질화가 커진 21세기 다양한 서비스업을 제3차 산업으로 묶는 것의 분석적 의미가 상실되었다. 제3차 산업 내 내적 이질성이 너무 커져서, 제3차 산업 전체를 하나의 동질적인 산업 범주로 보는 것이 타당하지 않게 된 것이다(김유선 2006; 신광영 2006a; 이병훈 2006; 정준호 2006). 제3차 산업은 생산자 서비스 혹은 사업 서비스라고 불리는 법무나 회계와 같은 전문적인 서비스업, 도소매나 숙박과 같은 대인 서비스업, 엔터테인먼트와 같은 대중문화 활동도 포함하고 있다. 여기에서는 제3차 산업을 생산자(사업) 서비스업, 유통 서비스업, 개인 서비스업과 사회 서비스업 등 네 개의 산업으로 구분한다(Elfring 1988; 1989).

표 4-1 | 2005년도 〈경제활동인구조사〉 중 피고용자 기초 통계표

변수		전체	산업 3분류			서비스산업 세분류(추가)				
			제1차	제2차	제3차	건설	사업	유통	개인	사회
월평균 임금(만 원)		157.22	79.20	103.75	155.89	145.92	171.94	142.08	100.10	191.78
개인 변수										
성(%)		44.00	62.65	34.27	46.17	9.93	41.48	43.08	67.05	55.15
연령(세)		39.32	56.82	38.91	39.08	42.00	40.68	37.07	40.20	37.67
학력 (%)	초등 이하	9.96	66.02	8.62	9.18	14.82	10.09	5.65	15.85	5.05
	중졸	10.27	11.33	12.77	9.46	15.91	8.88	7.86	16.95	3.91
	고졸	43.46	16.14	50.58	41.80	44.99	35.63	55.37	49.25	28.76
	초대졸	12.12	3.61	11.36	12.54	9.45	13.30	13.44	7.30	15.75
	대졸	20.66	2.65	15.10	22.79	14.13	27.75	17.00	7.18	37.38
	대학원졸	3.53	.024	1.56	4.22	0.69	4.34	0.67	3.48	9.16
직업 (%)	관리/전문	11.64	0.96	5.27	13.88	5.59	12.77	2.15	4.15	34.31
	기술/준전문	10.08	1.69	8.01	10.91	6.42	13.60	8.06	3.27	17.96
	사무직	19.50	2.65	17.28	20.55	12.96	28.38	24.21	7.97	22.54
	판매서비스	18.25	0.96	1.56	23.86	0.22	12.82	31.10	57.92	15.21
	농림어업	.60	31.57	0.03	0.12	0.17	0.33	0.00	0.06	0.07
	숙련/반숙련	23.81	7.71	53.12	14.93	5067	8.06	19.50	11.05	3.08
	미숙련	16.13	54.46	14.73	15.76	23.97	24.04	14.98	15.57	6.82
노동시장 변수										
주노동시간		44.00	41.52	46.56	43.25	43.80	44.31	47.52	48.72	35.21
부업노동시간		0.29	1.41	0.18	0.30	0.30	0.37	0.29	0.27	0.27
비정규직(%)		47.46	82.54	30.68	51.93	71.65	41.30	54.42	81.22	31.28
노조 조직률(%)		12.43	4.34	19.59	10.35	3.81	12.70	15.77	2.78	11.40
근속연수		4.87	1.61	5.73	4.66	1.90	4.72	4.07	2.21	7.87

주: 산업 세분류에서 농림어업/광업과 제조업은 제1차 산업과 제2차 산업과 동일하기 때문에 표에서 추가하지 않았음.

최종적으로 분석에 사용된 산업 범주는 일곱 개 산업 범주다. 일곱 개 산업은 제1차 산업에 해당하는 농림어업, 제2차 산업에 해당하는 제조업, 제3차 산업을 세분화한 서비스업 네 개, 그리고 제2차 산업이나 제3차 산업으로 구분하기 힘든 건설업으로 구성된다. 제3차 산업에 해당하는 서비스업은 사업 서비스(전기·가스, 금융, 사업 서비스), 유통 서비스(도·소매, 운수, 통신), 개인 서비스(음식, 숙박, 기타 개인 서비스), 사회 서비스(공공 행정, 교육 서비스, 보건·복지, 오락·스포츠, 국제 및 외국 기관 근무)로 구분했다.

피고용자의 임금에 영향을 미치는 요인은 매우 다양하다. 개인의 생산성과 같은 노동 공급 차원인 개인적인 능력뿐만 아니라, 기업 규모와 같은

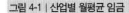

그림 4-1 | 산업별 월평균 임금

단위: 만 원

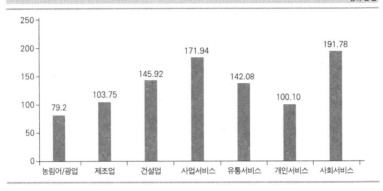

조직의 속성 및 산업적 속성들과 경기변동과 같은 요소들이 근로자들의 임금에 영향을 미친다. 〈경제활동인구조사〉 부가조사 자료에서 나타난 월평균 임금 분포와 임금 결정 분석에 사용한 다른 요인들의 속성은 〈표 4-1〉에 요약되어 있다. 산업 3분류에서 제1차 산업 월평균 임금이 79만2 천 원으로 가장 낮은 것으로 나타났으며, 제3차 산업 월평균 임금이 155만 8,900원으로 가장 높은 것으로 나타났다. 산업을 일곱 가지로 구분해 산업 별 월평균 임금을 살펴보면, 사회 서비스 종사자의 월평균 임금이 191만 7,800원으로 가장 높게 나타났으며, 개인 서비스 종사자가 농림어업 및 광 업 다음으로 낮은 100만1천 원의 월평균 임금을 보여 주었다. 이런 점은 제3차 산업 내에 대단히 큰 임금 불평등이 존재하고 있다는 점을 보여 준 다(〈그림 4-1〉).

산업에 따라서 종사하는 피고용자들의 인적 속성은 대단히 큰 편차를 보이고 있다. 먼저, 산업 간 성별 분포도 대단히 다른 것으로 나타났다. 유 통 서비스업과 제1차 산업에서 여성의 비율이 각각 67.05%와 62.65%에 달했다. 반면에 건설업에서의 여성 비율은 9.93%로 가장 낮게 나타났다. 여성의 비율이 높은 이들 산업에서 임금은 대체로 낮았지만, 임금이 가장 높은 사회 서비스업에서 여성이 차지하는 비율은 55.15%로 높게 나타났다. 산업별 연령 분포도 대단히 큰 편차를 보였다. 제1차 산업에서 평균 연령이 56.82세로 가장 높았으며, 그다음이 건설업으로 42세였다. 반면에 근로자의 평균 연령이 낮은 산업 부문은 유통 서비스와 사회 서비스로 각각 37.07세와 37.67세였다.

산업별 인적 자본의 분포도 극단적인 차이를 보여 준다. 농림어업의 경우 피고용자의 66.02%가 초등학교 이하의 학력을 보이고 있어서 가장 낮은 수준의 학력을 보인 반면, 사회 서비스업에 종사하는 피고용자들의 경우 초등학교 이하의 졸업자 비율은 5.05%에 불과했다. 그 대신 사회 서비스업에서는 대졸자의 비율이 37.38%로 가장 높게 나타났다. 대학원 졸업자 비율도 9.16%에 달해, 사회 서비스 종사자의 경우 거의 2명 가운데 1명 정도가 대졸자이고, 11명 가운데 1명 정도가 대학원 졸업자임을 알 수 있다. 제2차 산업과 유통 서비스업의 종사자들의 학력 분포가 매우 유사한 것으로 나타났다. 이것은 월평균 임금수준이 유사할 뿐만 아니라 인적 자본의 주요 요소인 학력 분포도 매우 유사해, 산업의 속성은 매우 다르지만, 종사자의 특성은 유사한 것으로 나타났다.

근속연수에서도 큰 차이를 보여서, 전체적으로 4.87년이지만, 농림어업 및 광업, 건설업, 개인 서비스업에서 근로자 평균 근속연수는 2년 내외의 낮은 근속연수를 보여 주었다. 반면에 제조업, 사업 서비스업과 사회 서비스업에 종사하는 근로자들의 경우 평균 근속연수는 평균과 같거나 혹은 평균 이상이었다. 특히 가장 임금이 높은 사회 서비스업 종사자들의 경우 7.87년으로 근속 기간이 가장 긴 것으로 나타났다.

산업별 직업 분포도 뚜렷한 차이를 보이고 있다. 미숙련 노동자 비율은 제1차 산업에서 54.46%로 가장 높았고, 사회 서비스업에서 6.82%로 가장 낮았다. 반면에 관리직·전문직 종사자 비율은 농업에서 0.96%로 가장 낮았고, 사회 서비스업에서 34.31%로 가장 높았다. 사회 서비스업은 관리직·전문직 종사자와 기술직·준전문직 종사자의 비율이 52.27%에 달했다. 제조업과 건설업의 경우 숙련·반숙련 노동자의 비율이 각각 53.12%와 50.67%로 절반 이상을 차지했으며, 미숙련 노동자 비율까지 합치면, 전체 노동자의 비율은 각각 62.17%와 74.67%에 달했다. 산업에 따라서 직업 분포가 대단히 큰 편차를 보이고 있음을 알 수 있다.

임금 불평등 지수 분해

임금 불평등은 산업 간 임금 불평등과 산업 내 임금 불평등으로 구분된다. 산업 간 임금 불평등과 산업 내 임금 불평등 측정은 일반화된 엔트로피GE 지수를 이용해 이루어졌다. 일반화된 에트로피 지수는 불평등 지수가 지녀야 할 네 가지 속성(이전의 원칙, 분해 가능성, 측정 척도 무관성, 인구 원칙)을 지니고 있다는 점에서 지니계수보다 분석적 장점을 지니고 있다(Cowell 1995, 55-60; 2009, 60-70; Shorrocks 1984; Theil 1967)산업 간 불평등과 산업 내 임금 불평등 측정은 〈부록 4-1〉(이 책의 128쪽)에 제시된 소득 불평등 분해 방법을 이용했다.

여기에서 사용된 또 다른 방법은 소득에 영향을 미치는 요인들이 임금 불평등에 미치는 효과를 알아보기 위한 회귀분석을 이용한 불평등 요인 분해 분석 방법이다(Israeli 2007; Yun 2006; Fields 2003; Morduch & Sicular 2002; Litchfield 1999; Shorrocks 1982). 회귀분석에 기반을 둔 불평등 분해 방법은 인구 집단 간과 집단 내 분해 방법이 지니고 있는 인과적 분석의 부족함을 어느 정도 보완해 줄 수 있다는 장점을 지닌다(Yun 2006; Fields 2003; Cowell 2000). 여기에서는 게리 필즈가 제안한 불평등 분해 방법을 이용해 각각의 요인들이 전체 불평등에 미치는 영향을 분석한다(구체적인 분석 기법은, 이 책의 131쪽 〈부록 4-2〉를 참조할 것).

4. 분석 결과

2005년 〈경제활동인구조사〉 부가조사 자료에서 나타난 산업별 임금 불평등은 〈표 4-2〉에 제시되어 있다. 여기에서 제시된 임금 불평등은 일반화된 엔트로피 지수 분석을 통해서 살펴본 월소득 불평등이다. 분석 결과를 살펴보면, 전체 피고용자의 일반화된 엔트로피 지수 E_0, E_1, E_2 모두 상대적으로 높게 나타났다. 이것은 모든 산업에서도 공통적으로 발견되었다. 지니계수로 측정한 근로자 임금 불평등도 0.3482로 대단히 높게 나타났다. 높은 불평등 지수와 관련해 세 가지 점이 언급될 필요가 있다. 첫째, 이 연구에서 이전의 연구들보다 지니계수가 높게 나타난 주된 이유는 분석에 사용한 자료의 차이 때문이다. 이전의 임금 불평등 연구들이 10인 이상의 민간 부문 상용 고용자만을 대상으로 한 통계청의 〈임금구조기본조사〉 자료를 주로 이용했기 때문에, 10인 미만의 소규모 사업체에서 일하는 피고용자들이 분석에서 제외되었다(정진호 2005). 본 연구에서 활용한 〈경제활동인구조사〉 자료는 전체 피고용자를 대상으로 한 것이기 때문에, 소규모 사업체 피고용자들이 모두 포함되었다. 그 결과 불평등 지수는 이전의 연구에 비해서 훨씬 높게 나타나게 되었다.

둘째, 시간적으로 임금 불평등 지수가 거의 모든 산업에서 증가했다. 2005년과 2007년을 비교하면, 전체 피고용자 임금 불평등 엔트로피 지수를 포함한 모든 불평등 지수가 커졌다. E_0, E_1, E_2, 분산계수, 지니계수 모두에서 불평등 지수값이 증가한 것으로 나타났다. 2년이라는 짧은 기간임에도 불구하고 근로자 임금 불평등이 지속적으로 증가했다는 것을 알 수 있다.

셋째, 산업 내 불평등을 살펴보면, 제1차 산업에서는 불평등이 감소했던 반면, 제2차 산업과 제3차 산업에서는 불평등이 증가했다. 제조업 내의 임금 불평등 증가도 모든 불평등 지수에서 일관되게 나타나고 있다. 제3차 산업을 세부적으로 보면, 사업 서비스, 유통 서비스와 사회 서비스에서 불

표 4-2 | 피고용자의 임금 불평등 지수(2005년과 2007년)

		산업	E_0	E_1	E_2	분산계수	지니계수	사례수
2005년		전체	0.2173	0.1990	0.2260	0.6724	0.3482	26,082
	산업 3분류	제1차 산업	0.3563	0.3383	0.4322	0.9308	0.4509	415
		제2차 산업	0.1778	0.1658	0.1897	0.6160	0.3166	6,145
		제3차 산업	0.2219	0.2047	0.2331	0.6829	0.3538	19,523
	산업 7분류	농림어/광업	0.3563	0.3383	0.4322	0.9308	0.4509	415
		제조업	0.1778	0.1658	0.1897	0.6160	0.3166	6,145
		건설업	0.4120	0.1339	0.1479	0.5441	0.2848	2,307
		사업서비스	0.2124	0.2080	0.2490	0.7058	0.3559	3,985
		유통서비스	0.1949	0.1726	0.1914	0.6188	0.3224	4,605
		개인서비스	0.1774	0.1659	0.1901	0.6168	0.3144	3,275
		사회서비스	0.2327	0.1967	0.2016	0.6350	0.3504	5,351
2007년		전체	0.2263	0.2089	0.2412	0.6946	0.3558	25,975
	산업 3분류	제1차 산업	0.3376	0.3246	0.4162	0.9134	0.4421	421
		제2차 산업	0.1946	0.1819	0.2133	0.6532	0.3297	5,693
		제3차 산업	0.2274	0.2112	0.2433	0.6976	0.3583	19,861
	산업 7분류	농림어/광업	0.3376	0.3246	0.4162	0.9134	0.4219	421
		제조업	0.1946	0.1819	0.2133	0.6532	0.3297	5,693
		건설업	0.1483	0.1423	0.1590	0.5640	0.2945	2,349
		사업서비스	0.2169	0.2111	0.2474	0.7035	0.3594	4,326
		유통서비스	0.2048	0.1858	0.2121	0.6514	0.3332	4,470
		개인서비스	0.1710	0.1648	0.2015	0.6349	0.3104	3,307
		사회서비스	0.2518	0.2116	0.2230	0.6678	'0.3616	5,409

평등이 증가한 것으로 나타났고, 개인 서비스 부문은 불평등 지수에 따라
서 증감이 동시에 나타났다.

셋째, 멕시코를 제외한 OECD 국가들 가운데 미국의 소득 불평등이 가
장 심하다는 점을 고려하면, 한국의 소득 불평등은 대단히 높은 수준이다.
1999년 미국의 피고용자 임금 소득 지니계수는 .338로 2005년과 2007년
한국의 .3482와 .3558보다 낮았다(Fields 2003), 이는 한국의 임금 소득 불
평등이 OECD 국가들 가운데 거의 최고 수준이라는 점을 의미한다.

산업별 불평등 분해 분석 결과

〈표 4-2〉는 산업별 불평등 분해 결과다. 전체 피고용자의 일반화된 엔트

표 4-3 | 산업별 불평등 일반화된 엔트로피 지수 분해 결과(2005년과 2007년)

		산업	E_0	E_1	E_2	사례수
		전체	0.2173	0.1990	0.2260	26,083
2005년	산업 3분류	산업 간 불평등	0.0036	0.0028	0.0026	3
		산업 내 불평등				
		제1차 산업	0.0057	0.0027	0.0017	415
		제2차 산업	0.0419	0.0419	0.0514	6,145
		제3차 산업	0.1661	0.1516	0.1703	19,523
	산업 7분류	농림어/광업	0.0057	0.0027	0.0017	415
		제조업	0.0419	0.0419	0.0514	6,145
		건설업	0.0126	0.0109	0.0119	2,307
		사업서비스	0.0325	0.0348	0.0455	3,985
		유통서비스	0.0344	0.0275	0.0276	4,605
		개인서비스	0.0223	0.0134	0.0098	3,275
		사회서비스	0.0477	0.0492	0.0414	5,351
		전체	0.2263	0.2089	0.2412	25,975
2007년	산업 3분류	산업 간 불평등	0.0042	0.0034	0.0036	3
		산업 내 불평등				
		제1차 산업	0.0055	0.0028	0.0020	421
		제2차 산업	0.0427	0.0448	0.0590	5,693
		제3차 산업	0.1739	0.1574	0.1766	19,861
	산업 7분류	농림어/광업	0.0055	0.0028	0.0020	421
		제조업	0.0427	0.0448	0.4806	5,693
		건설업	0.0134	0.0121	0.0127	2,349
		사업서비스	0.0361	0.0381	0.0483	4,326
		유통서비스	0.0352	0.0291	0.0303	4,470
		개인서비스	0.0218	0.0134	0.0104	3,307
		사회서비스	0.0524	0.0513	0.0627	5,409

주: 반올림을 한 관계로 산업 내 불평등과 산업 간 불평등 합이 전체 불평등과 정확하게 일치하지 않을 수 있다.

로피 지수를 산업 내 불평등과 산업 간 불평등으로 분해한 것이다. 여기에서 두드러진 점은 2005년 전체 불평등 지수에서 산업 간 불평등이 차지하는 비중이 대단히 낮다는 점이다. E_0, E_1, E_2의 세 가지 엔트로피 지수에서 산업 간 불평등이 차지하는 비중은 2% 미만으로 나타났다. 대표적으로 타일 지수Theil Index(E1)를 살펴보면, 지수 값은 0.0028로 전체 0.1990의 1.4%에 불과했고, 나머지 98.6%가 산업 내 임금 불평등에 따른 임금 불평등이었다. 이것은 피고용자들의 임금 불평등 요인으로 산업 간 임금 불평등이 무시할 만한 요인이라는 것을 의미한다. 그리고 피고용자 임금 불평등의 요인이 주로 산업 내의 불평등이라는 점을 보여 준다. 이런 점은 2007년의 경우에도 동일하게 나타났다. 산업 간 불평등 지수가 약간 증가하기는 했으나, 대단히 작은 증가로 그치고 있다.

전체 불평등에서 산업 내 불평등이 차지하는 비중을 살펴보면, 불평등의 대부분이 제3차 산업 내의 불평등에 기인하고 있음을 알 수 있다. 제2차 산업 내 불평등이 전체 불평등에서 차지하는 비율은 19~23%에 머물고 있다. 반면에 전체 불평등에서 제3차 산업 내 불평등이 차지하는 비중은 75~76%에 달하고 있다. 제3차 산업이 전체 불평등에서 차지하는 비중도 클 뿐만 아니라, 시간적으로도 증가 추세를 보이고 있다는 점에서 제3차 산업 내의 임금 불평등이 전체 근로자 임금 불평등에서 차지하는 비중은 더욱 커질 것으로 보인다. 실제로 2007년 제3차 산업 내 불평등이 전체 불평등의 80%를 상회해 2년 사이에 4% 정도 증가했다.

제3차 산업 종사자의 비율이 대단히 높기 때문에 제3차 산업을 네 가지 서비스업으로 나눠 분석을 시도했다. 그리고 제3차 산업에서 건설업을 분리해 독립적인 산업으로 분류했다. 그 결과 최종 분석에서는 일곱 개 산업 분류가 사용되었고, 일반화된 엔트로피 지수 분해 결과는 〈표 4-3〉의 산업 7분류에 제시되어 있다. 먼저, 제3차 산업을 네 개의 서비스업으로 구분한 결과, 제조업, 유통 서비스업과 사회 서비스업 내의 불평등이 전체 불평등에 기여하는 바가 큰 세 가지 산업으로 밝혀졌다. 이들 산업 내의 임금 불평등이 전체 불평등의 60% 이상을 설명하는 것으로 나타났다. 제3차 산업 가운데서는 사회 서비스업 내의 임금 불평등이 전체 임금 불평등에 기여하는 비가 대단히 큰 것을 나타냈다. 다시 타일 지수($E1$)를 살펴보면, 사회 서비스업 내의 불평등이 전체 임금 불평등에 기여하는 바는 0.0492로 전체의 임금 불평등의 24.7%를 차지하고 있다. 제2차 산업의 임금 불평등이 전체 임금 불평등에서 차지하는 비중이 21.1%로 높은 편이지만, 전체 임금 불평등에서 사회 서비스업 임금 불평등이 차지하는 비중보다는 낮았

표 4-4 | 월평균 소득 회귀분석 결과 산업(2005년)

변수		모형 1	모형 2	모형 3	모형 4	모형 5	모형 6	모형 7
상수		3.477	4.994	4.260	4.949	3.410	3.131	3.142
개인 속성								
연령		.069***				.065***	.065***	.063***
연령²		-.001***				-.001***	-.001***	-.001***
성(여성)		-.378***				-.287***	-.307***	-.285***
학력	초졸	-.208***				-.196***	-.116***	-.114***
	중졸	-.131***				-.125***	-.084***	-.083***
	고졸(기준)	-				-	-	-
	초대졸	.218***				.148***	.085***	.079***
	대졸	.373***				.330***	.216***	.212***
	대학원졸	.456***				.446***	.238***	.252***
근속연수		.039***				.030***	.027***	.028***
노동조건								
노동시간(주업)			.004***			.006***	.007***	.007***
노동시간(부업)			-.007***			-.001	.000	.000
비정규직			-.775***			-.346***	-.299***	-.300***
노조원			.212***			.068***	.080***	.088***
직업								
관리/전문				1.135***			.510***	.512***
기술/준전문				.859***			.332***	.335***
사무직				.784***			.318***	.317***
판매 서비스				.266***			.212***	.260***
농림어업				-.119***			.015	.052
숙련/반숙련				.677***			.238***	.237***
미숙련(기준)				-			-	
산업								
농림어/광업					-.933***			-.038
제조업(기준)					-			-
건설업					-.108***			.124***
사업서비스					-.014			.073***
유통서비스					-.187***			-.033***
개인서비스					-.511***			-.099***
사회서비스					.075***			-.013
조정된 R²		.551	.365	.267	.089	.618	.640	.646
N		26,083	26,083	26,083	26,083	26,083	26,083	26,083

주: * p < .05, ** p < .01, *** p < .001

다. 그다음이 사업 서비스로 17.5%인 0.0348이었다.

소득 불평등에 기여하는 변수를 파악하기 위해, 먼저 회귀분석을 통한 소득 불평등 분석을 시도했다. 〈표 4-4〉는 로그 월평균 소득을 네 가지 주요 요소에 회귀시킨 분석 결과다. 네 가지 요소는 개인적인 속성(인적 자본

포함), 노동조건, 직업, 산업이다. 〈표 4-4〉의 모형 4는 산업 더미 변수를 임금에 회귀시킨 결과다. 제조업을 비교의 기준으로 하여 사회 서비스업 종사자의 임금은 유의미하게 제조업 종사자의 임금보다 높으며, 사업 서비스 종사자의 임금은 제조업 종사자의 임금과 유의미한 차이가 없는 것으로 나타났고, 나머지 농림어업 및 광업, 건설업, 유통 서비스와 개인 서비스 종사자의 임금은 유의미하게 낮은 것으로 나타났다. 모형 4의 설명력은 전체 분산의 9% 정도로 나타났다. 단순한 모형은 산업별 차이가 유의미하게 있다는 것을 보여 준다.

〈표 4-4〉의 모형 1은 인적 자본을 포함한 개인적인 속성을 임금에 회귀시킨 결과다. 노동력 공급자의 속성을 보여 주는 개인적인 속성들은 모두 유의미하게 임금에 영향을 미치는 것으로 나타났다. 나이가 많을수록 임금이 높아지다가 다시 낮아지는 추세를 보이고 있고, 여성은 남성에 비해서 32% 정도 낮은 임금을 받는 것으로 나타났다. 근속연수도 유의미하게 임금 증가에 기여하는 것으로 나타났다. 모형 1의 조정된 R^2가 0.55로 근로자 임금 전체 분산의 55%를 설명하는 매우 설명력이 높은 모형이라는 것을 알 수 있다.

모형 2는 노동조건만을 분석에 포함시킨 결과다. 주된 직업에서의 노동시간과 부업에서의 노동시간을 구분했고, 정규직과 비정규직의 차이를 알아보기 위해서 비정규직 변수와 노동조합원 여부를 분석에 포함했다. 이들 변수들은 모두 유의미하게 0과 다른 것으로 나타났고, 노동시간과 노조원 효과를 통제했을 때, 비정규직은 정규직에 비해서 46%의 임금을 받는 것으로 밝혀졌다. 흥미로운 점은 부업 노동시간은 임금에 부정적인 효과를 갖는 것으로 나타났는데, 이것은 부업 노동시간이 길수록 임금이 더 낮기 때문에 나타난 결과라고 볼 수 있다. 모형 2는 전체 분산의 36.5% 정도를 설명하고 있어서 대단히 설명력이 높은 회귀분석 모형이라고 볼 수 있다.

모형 3은 직업을 임금에 회귀시킨 모형이다. 직업을 일곱 개로 구분한 후, 미숙련 노동자를 비교의 기준으로 하여 분석한 것이다. 농림어업 종사자를 제외한 나머지 다섯 개 직업 종사자의 임금이 모두 미숙련 노동자의 임금과 유의미하게 다른 것으로 나타났고, 특히 관리·전문직 종사자의 임금은 미숙련 노동자에 비해서 3.1배 정도 높은 것으로 나타났다. 기술직·준전문직과 사무직의 임금도 미숙련 노동자 임금에 비해서 2배 이상 높은 것으로 나타났다. 모형 3의 수정된 R^2가 .267로 높은 편이다.

직업이나 산업을 고려하지 않고, 개인적 속성과 노동조건만을 분석에 포함한 모형 5는 모형 1에 노동조건인 노동시간과 비정규직 여부와 노조원 여부를 추가한 모형이다. 회귀 계수를 살펴보면, 남성과 여성의 차이가 줄어들었지만, 교육 수준에 따른 차이는 그다지 크게 줄어들지 않았다. 또한 비정규직의 격차는 정규직 임금의 46%에서 70.8%로 크게 줄어들었고, 노조원의 임금 프리미엄도 24%에서 7%로 줄어들었다. 반면, 노동시간의 효과는 오히려 약간 증가했다. 개인적인 속성과 노동조건만을 고려한 회귀 모형은 근로자 임금 전체 분산의 61.8%를 설명하는 것으로 나타나 설명력이 크게 높아졌다.

〈표 4-4〉의 모형 6과 모형 7은 모형 5에 직업과 산업을 추가한 회귀분석 모형이다. 직업을 추가함으로써 학력 수준에 따른 차이는 크게 줄어들었다. 특히 대학원 학력자의 임금이 고등학교 학력자의 임금의 1.56배에서 1.28배로 크게 줄어들었다. 고졸자 대비 대졸자의 임금 비율도 1.39에서 1.28로 상당히 줄어들었다. 직업 간 격차와 산업 간 격차도 크게 줄어들었다. 미숙련 노동자와 관리·전문직 종사자의 임금격차는 거의 절반 정도 줄어들었다. 그러나 판매 서비스직과의 차이는 크게 줄지 않았다. 또한 산업 간 차이를 보면, 제조업과 여타 산업의 격차가 줄어들었으나, 사업 서비스와의 차이는 오히려 유의미하게 증가했고, 건설업과의 차이는 역전되었다. 모형 4에서 건설업 종사자의 임금이 제조업에 비해 10% 정도 낮았

표 4-5 | 월평균 소득 회귀분석 결과(2007년)

변수		모형 1	모형 2	모형 3	모형 4	모형 5	모형 6	모형 7	모형 8
상수		3.427	5.038	4.327	5.069	3.415	3.144	3.183	2.986
개인 속성									
연령		.075***				.070***	.070***	.067***	.067***
연령²		-.001***				-.001***	-.001***	-.001***	-.001***
성(여성)		-.391***				-.299***	-.317***	-.293***	-.285***
학력	초졸	-.168***				-.160***	-.094***	-.094***	-.091***
	중졸	-.127***				-.111***	-.075***	-.074***	-.071***
	고졸(기준)	-				-	-	-	-
	초대졸	.209***				.139***	.076***	.076***	.074***
	대졸	.354***				.306***	.188***	.189***	.174***
	대학원졸	.487***				.464***	.235***	.258***	.228***
근속연수		.039***				.029***	.026***	.027***	.026***
노동조건									
노동시간(주업)			.005***			.006***	.006***	.007***	.007***
노동시간(부업)			-.006***			-.004**	-.003**	-.002	-.002
비정규직			-.791***			-.372***	-.324***	-.318***	-.270***
노조원			.254***			.081***	.102***	.112***	.070***
직업									
관리/전문				1.162***			.514***	.529***	.546***
기술/준전문				.878***			.334***	.347***	.361***
사무직				.783***			.292***	.297***	.297***
판매 서비스				.273***			.213**	.266***	.273***
농림어업				-.097*			.059*	.119***	.120***
숙련/반숙련				.702***			.009***	.217***	.219***
미숙련(기준)				-			-	-	-
산업									
농림어/광업					-.875***			-.078**	-.028
제조업(기준)					-			-	-
건설업					-.133***			.099***	.141***
사업서비스					-.059***			.061***	.087***
유통서비스					-.220***			-.070***	-.022*
개인서비스					-.543***			-.113***	-.042***
사회서비스					-.023			-.067***	-.054***
종사자 규모									
1~4인(기준)									-
5~29인									.135***
30~299인									.203***
300인 이상									.304***
수정된 R²		.557	.378	.278	.077	.627	.649	.657	.667
N		25,975	25,975	25,975	25,975	25,975	25,975	25,975	25,975

주: * p < .05, ** p < .01, *** p < .001

으나, 연령, 학력, 성과 노동시장, 직업 등을 모두 고려했을 때, 제조업 종사자에 비해서 건설업 종사자의 임금이 13% 정도 더 높은 것으로 나타났다. 그러나 남성과 여성의 격차는 크게 줄어들지 않아서 다른 변수들의 통제한 후에도 여성의 임금이 남성 임금의 75% 정도에 달하는 것으로 나타났다. 모형 5와 모형 7을 비교해서 영향력이 더 커진 독립변수들은 노동시간과 노조원 임금 프리미엄으로 노동시간 효과는 0.2% 증가했고, 조합원 임금 프리미엄은 2% 정도 증가했다.

〈표 4-5〉는 2007년도 〈경제활동인구조사〉 부가조사 자료에서 나타난 임금 회귀분석 결과다. 2005년도 자료와는 달리 기업 규모에 관한 정보를 포함하고 있어서 기업 규모의 효과를 분석하기 위해 2007년도 자료를 추가로 분석했다. 〈표 4-5〉에 제시된 2007년 근로자 로그 임금 회귀분석 결과를 살펴보면, 〈표 4-4〉에서 제시된 회귀분석 결과와 큰 차이를 보이지 않는다. 회귀계수와 절편 값에서 약간의 차이가 보이지만, 커다란 차이라고 보기는 힘들다. 그러나 몇 가지 주목할 만한 차이도 나타났다. 먼저, 모형의 설명력에서 노동조건을 포함한 회귀분석 모형인 모형 2와 직업을 포함한 회귀분석 모형인 모형 3의 설명력은 증가했지만, 산업을 분석 모형에 포함한 모형 4의 설명력은 1.2% 정도로 약간 설명력이 낮아졌다. 그리고 고등학교 학력자와 다른 학력 소지자 간의 임금격차가 전체적으로 줄어들었으나, 대학원 학력자와 고졸 학력자 사이의 임금격차는 오히려 커져서 대학원 학력자의 임금 프리미엄은 더 커졌다고 볼 수 있다. 그리고 비정규직의 불이익이 더 커졌다. 2007년도 자료에서 비정규직의 임금은 정규직에 비해서 더 적은 많은 차별을 받는 것으로 나타났다. 노동시간과 노조 효과를 통제했을 때, 2005년 정규직 임금은 정규직 임금의 46.07%였는데, 2007년에는 45.3%로 더 줄어들었다. 개인적 속성, 직업과 산업이 임금에 미치는 효과를 통제했을 때에도 비정규직의 임금은 정규직에 비해서 2005년 74.8%에서 2007년 72.8%로 더 줄어든 것으로 나타났다.

반면에, 격차가 줄어든 경우도 있다. 미숙련 생산직과 다른 직업 종사자 간의 격차는 줄어들었다. 이것은 미숙련 노동자 임금의 증가로 인한 결과라기보다는 다른 직종 종사자들의 임금 프리미엄이 크게 바뀌었기 때문이다. 그러나 이전에 미숙련 생산직과 차이가 없었던 농림어업 및 광업에서 2007년 들어서 이제 생산직보다 더 높은 임금을 받아서 이들 사이에서 격차가 유의미하게 벌어졌다.

〈표 4-5〉에서 새롭게 포함된 회귀분석 모형은 모형 8이다. 2005년도 〈경제활동인구조사〉 자료에는 없는 기업 규모에 관한 정보가 2007년 〈경제활동인구조사〉 자료에 있어서 기업 규모별로 임금격차가 유의미하게 존재하는지를 분석하고자 했다. 1~4인 규모 사업체를 기준으로 했을 때, 기업 규모가 커짐에 따라서 임금이 점차 커져서 기업 규모별 격차가 유의미하게 존재하는 것으로 나타났다. 모형 7과 기업 규모를 분석에 포함시킨 모형 8을 비교했을 때, 학력의 효과는 더 줄어든 반면, 직업의 효과는 더 커진 것으로 나타났다.

〈표 4-6〉은 전체 임금의 분산에 각 요인들이 기여했는가를 게리 필즈가 제시한 회귀분석을 이용한 분해 방법을 적용해 분석한 결과다(Fields 2003). 개인적 속성과 노동조건을 동시에 고려한 회귀분석 모형 5에 직업과 산업을 추가한 모형 6과 모형 7은 설명력을 크게 높이지 않았기 때문에, 좀 더 간명한 분석 모형 5를 이용해 각 요인들이 임금 불평등에 기여한 정도를 분석한 것이다. 2005년과 2007년 공통적으로 임금 불평등에 큰 영향을 미친 요인은 근속연수와 정규직/비정규직 여부로 밝혀졌다. 두 가지 요인이 전체 불평등의 거의 절반을 설명하고 있어서 두 가지 요인이 피고용자 임금 불평등의 결정적인 요인이라는 점을 알 수 있다. 그다음으로 인적 자본의 중요한 요소인 교육으로서 전체 임금 불평등의 19% 내외를 차지하고 있다. 남성과 여성 불평등이 전체 불평등에서 차지하는 비중은 13~14%로 나타났다. 연령과 연령^2 변수의 영향력과 비교했을 때, 비슷하거나 약간

표 4-6 | 전체 불평등에서 각 변수들의 기여도 분석

	2005년		2007년	
연령	.049	7.78%	.106	16.39%
연령^2	.038	6.07%	.000	0.03%
젠더	.086	13.69%	.085	13.23%
교육연수	.124	19.73%	.116	17.95%
근속연수	.157	25.13%	.153	23.62%
노동시간	.012	1.91%	.014	2.13%
정규직/비정규직	.153	24.38%	.162	25.02%
노조 가입 여부	.008	1.31%	.010	1.63%
전체 R^2	.6262	100.00%	.6458	100.00%

주: 여기에서는 학력 변수를 범주형 변수 대신에 연속형 변수인 교육연수로 대체했다. 그 결과 R^2에서 약간의 차이가 나타났다.

낮은 비중을 차지했다. 반면에 노동시간이 불평등에 미치는 정도는 매우 미미해 2% 미만인 것으로 나타났다. 다른 요인들은 이미 많이 알려졌지만, 정규직/비정규직 여부가 전체 불평등의 4분의 1 정도를 설명하고 있다는 점은 새로운 발견이다. 이런 결과는 경제 위기 이후 고용 형태의 다양화에 따른 비정규직 증대가 근로자 임금 불평등의 주요 원인이라는 점을 다시 한 번 확인해 준다.

2005년과 2007년 사이에 연령과 관련된 요인들(연령과 연령^2)이 전체 불평등에 미치는 영향력은 크게 달라졌다. 전체적으로 다른 변수들의 영향력은 큰 변화를 보이지 않았지만, 연령^{2}의 영향력은 약화된 반면, 연령 자체의 영향력이 커지면서, 연령의 전체 영향력은 계속해서 유지되고 있다.

〈표 4-7〉은 분석 모형 6을 산업별로 나누어 분석한 결과다. 이것은 전체 근로자를 산업별로 나누어 분석한 것으로 분석 모형 6의 설명력과 분석 모형 6에 포함된 요소들의 영향력이 산업에 따라서 대단히 다르다는 사실을 보여 준다. 먼저 분석 모형의 적합도 혹은 설명력은 건설업에서 가장 낮았고, 사회 서비스업, 제조업과 사업 서비스업에서 높게 나타났다. 이것은 건설업과 제조업의 임금 결정 요인이 대단히 다르다는 것을 보여 주는 것이다. 사회 서비스업, 제조업과 사업 서비스업의 경우 모형 6이 전체 분산의

표 4-7 | 산업별 월평균 소득 회귀분석 결과(2005년)

변수		농림어/광업	제조업	건설업	사업서비스	유통서비스	개인서비스	사회서비스
상수		3.841	3.670	3.268	3.092	3.092	2.821	3.441
개인 속성								
연령		.011	.040***	.056***	.0644***	.070***	.066***	.058***
연령 ^{2}		-.000	-.000***	-.001***	-.001***	-.001***	-.001***	-.001***
성(여성)		-.405***	-.428***	-.307***	-.207***	-.273***	-.309***	-.221***
학력	초졸	-.108	-.091***	-.103***	-.091***	-.264***	-.126***	-.197***
	중졸	.070	-.057***	-.089***	-.100***	-.111***	-.079***	-.125***
	고졸(기준)	-	-	-	-	-	-	-
	초대졸	-.123	.047**	.044	.079***	.063***	.091***	.089***
	대졸	.249	.137***	.147***	.220***	.187***	.125***	.275***
	대학원졸	-.180	.253***	.208*	.336***	.407***	-.012	.348***
노동조건								
노동시간(주업)		.016***	.006***	.008***	.004***	.007***	.0134***	.006***
노동시간(부업)		.006	-.006*	-.005	.001	.007**	-.000	-.000
비정규직		-.350**	-.269***	-.298***	-.189***	-.293***	-.363***	-.510***
노조원		.274	.095***	.176***	.155***	.019	.162***	.076***
근속연수		.025**	.024***	.016***	.029***	.029***	.020***	.028***
직업								
관리/전문		.733*	.598***	.430***	.590***	.495***	.012	.325***
기술/준전문		.318	.419***	.336***	.448***	.378***	.046	.174***
사무직		.191	.397***	.277***	.416***	.282***	.243***	.100***
판매 서비스		.082	.254***	.137	.458***	-	.107***	.089**
농림어업		-.021	-.130	.115	.356***	.155***	.015	.261
숙련/반숙련		.311*	.259***	.230***	.286***	.159***	.183***	.145***
미숙련(기준)		-	-	-	-	-	-	-
수정된 R^2		0.584	0.661	0.475	0.647	0.613	0.561	0.720
N		415	6,145	2,307	3,985	4,605	3,275	5,351

* * p < .05, ** p < .01, *** p < .001

65~72%를 설명하고 있는 반면, 건설업의 경우 모형 6의 설명력은 45% 정도여서 대단히 큰 설명력의 차이를 보여 주고 있다. 농업, 유통 서비스업과 개인 서비스업의 경우도 모형 6의 설명력은 건설업에 비해서 훨씬 높았다.

모형 6에 포함된 개별 요인들이 월 임금에 미치는 영향력도 산업에 따라서 다른 것으로 나타났다. 먼저 개인적인 속성 가운데 연령의 효과는 유통 서비스업에서 가장 높게 나타났고, 농업에서 가장 낮게 나타났다. 유통 서비스업의 경우 연령 1세 증가에 약 7% 임금 상승효과가 있는 것으로 나타났다. 농림어업 및 광업에서는 연령 효과가 없었고, 나머지 가운데 제조

표 4-8 | 월평균 소득 회귀분석 결과 산업(2007년)

변수		1차 산업	2차 산업	건설업	사업서비스	유통서비스	개인서비스	사회서비스
상수		3,769	3,662	3,446	3,186	3,196	2,971	3,318
개인 속성								
연령		.028**	.047***	.049***	.062***	.073***	.065***	.068***
연령²		-.000**	-.001***	-.001***	-.001***	-.001***	-.001***	-.001***
성(여성)		-.516***	-.434***	-.313***	-.220***	-.329***	-.276***	-.225***
학력	초졸	-.194*	-.064**	-.108***	-.108***	-.305***	-.099***	-.086**
	중졸	-.013***	-.047*	-.056*	.105***	-.110***	-.093***	-.089***
	고졸(기준)	-	-	-	-	-	-	-
	초대졸	.115	.010	-.016	.132***	.104***	.103***	.053***
	대졸	.145	.111***	.083***	.230***	.165***	.112***	.258***
	대학원졸	-.367	.230***	.269***	.350***	.321***	.003	.402***
근속연수		.032***	.024***	.018***	.028***	.027***	.011***	.029***
노동조건								
노동시간(주업)		-.011***	.005***	.008***	.003***	.006***	.008***	.007***
노동시간(부업)		-.002	-.005	-.001	.001	-.002	-.008	.002
비정규직		-.348**	-.309***	-.287***	-.198***	-.327***	-.334***	-.507***
노조원		.104	.145***	.191***	.144***	.039***	.287***	.068***
직업								
관리/전문		.265	.603***	.616***	.646***	.528***	.120***	.348***
기술/준전문		.309	.465***	.448***	.480***	.383***	.006***	.157***
사무직		.312*	.380***	.363***	.425***	.231***	.228**	.089**
판매 서비스		.091	.261***	.038	.494***	.149***	.074***	.071**
농림어업		.078	.095	.447***	.157	.024	-	.234*
숙련/반숙련		.227*	.254***	.285***	.291***	.071**	.165***	.151***
미숙련(기준)		-	-					
조정된 R²		.641	.662	.531	.639	.640	.541	.754
N		420	5,692	2,348	4,325	4,469	3,306	5,408

주: * p<.05, ** p<.01, *** p<.001

업에서 가장 연령 효과가 낮았다.

남성과 여성 간의 격차는 제조업에서 가장 심하게 나타났다. 고임금 서비스 산업인 사업 서비스업과 사회 서비스업에서 성별 임금격차가 가장 낮게 나타났다. 임금에 미치는 다른 변수들의 효과를 통제했을 때, 남성과 여성의 임금격차는 산업에 따라 다르게 나타났다. 고임금 산업인 사회 서비스와 사업 서비스업에서 남성과 여성의 임금격차가 가장 낮은 반면, 전통적인 제조업에서 가장 큰 것으로 나타났다. 사업 서비스업에 종사하는 여성의 평균임금은 남성의 80.2%에 달하는 것으로 나타났지만, 제조업에 종사하는 여성의 평균임금은 남성의 65.2%에 불과한 것으로 나타났다. 무려 15% 이상의 차이가 두 사업에 종사하는 여성 피고용자들에게서 나타났다. 이런 결과는 어떤 산업에 종사하느냐에 따라서 남성과 여성의 임금격차 정도가 크게 달라진다는 것을 의미한다.

주요 인적 자본이 임금에 미치는 효과를 살펴보면, 농림어업 및 광업을 제외하고 대체로 학력과 근속연수가 임금에 유의미하게 영향을 미치는 것으로 나타났다. 그러나 임금에 미치는 학력과 근속연수의 효과는 산업에 따라서 큰 차이를 보여서, 고졸자를 기준으로 고졸자 이하가 가장 불이익을 받는 산업은 유통 서비스업이며, 가장 덜 불이익을 받는 산업은 제조업으로 밝혀졌다. 반면 고졸자 이상(대졸자나 대학원 졸업자)이 가장 큰 임금 프리미엄을 누리는 산업은 평균임금이 높은 사업 서비스업(대졸 1.26배, 대학원졸 1.42배)과 사회 서비스업(대졸 1.29배, 대학원졸 1.49배)이었다. 근속연수의 효과는 건설업에서 가장 낮았고, 사업 서비스업, 유통 서비스업과 사회 서비스업에서 높게 나타났다. 1년 근속연수 증가에 약 3%의 임금상승이 사업 서비스업, 유통 서비스업과 사회 서비스업에서 이루어진 반면, 건설업에서는 1.6%로 가장 낮았다. 건설업의 평균 근속연수는 1.9년으로 농업 1.61년 다음으로 가장 낮은 반면, 사업 서비스업 4.72년, 유통 서비스업 4.01년 및 사회 서비스업 7.87년으로 훨씬 길었다. 농림어업, 광업 및 건설업에서 근속연수 단위 증가에 따른 혜택이 매우 낮기 때문에, 이들 산업 내에서 잦은 이동이 발생해 근속연수가 대단히 낮게 나타났다.

2007년 〈경제활동인구조사〉 자료도 매우 유사한 양상을 보여 주고 있다. 전반적으로 거의 변화가 없다고 볼 수 있지만, 몇 가지 두드러진 변화도 확인할 수 있다. 먼저, 전체적으로 모형 6의 설명력이 약간 높아졌다는 점에서 차이를 발견할 수 있다. 그러나 그 차이는 통계적으로 유의미한 차이라고 보기는 힘든 작은 차이라고 볼 수 있다. 남성과 여성의 격차도 약간 커졌다. 전체적으로 〈표 4-7〉과 〈표 4-8〉을 비교하면, 유통 서비스업을 제외하고는 여성과 남성의 격차가 더 커졌다.

산업에 따라서 남성 임금에 비해서 여성 임금이 차이를 보일 뿐만 아니라, 남성과 여성 사이에서 인적 자본에 대한 보상이나 시간당 임금이 다를 수 있을 것이라는 점을 고려하면, 남성과 여성을 분리해 분석하거나 다른 설명 변수와 젠더와의 상호작용을 고려한 분석이 필요하다. 여기에서는 〈경제활동인구조사〉 부가조사 자료를 남성 자료와 여성 자료로 분리해 분석했다.

노동조건의 효과도 산업별로 크게 다른 것으로 나타났다. 노동시간의 효과는 제1차 산업에서 가장 낮았고, 건설업과 개인 서비스업에서 가장 높게 나타났다. 비정규직 고용으로 인한 불이익은 사회 서비스업에서 가장 커서 비정규직 임금은 정규직 임금보다 40% 정도 낮은 것으로 나타났고, 사업 서비스업에서는 18% 정도 낮은 것으로 나타나 불이익이 가장 적었다. 노조원 프리미엄은 제조업보다 건설업과 개인 서비스업에서 더 큰 것으로 나타났다. 비노조원과 비교해 노조원의 임금 프리미엄은 제조업에서 17%, 건설업에서 21%, 개인 서비스업에서 33%로 나타났다.

산업별로 직업에 따른 임금격차가 대단히 다른 형태로 나타났다. 제1차 산업과 개인 서비스업에서 직업에 따른 임금 차이는 다른 산업에 비해서 대단히 적은 것으로 나타났고, 가장 큰 경우는 사업 서비스업인 것으로 나타났다. 미숙련 노동자와 비교해 관리직, 전문직의 임금은 제1차 산업에서는 차이가 없는 반면, 사업 서비스업에는 1.91배 높은 것으로 나타났고, 건설업에서도 1.85배로 높게 나타났다. 직업 효과와 관련해 흥미로운 점은 임금이 가장 높은 사회 서비스업의 경우 직업에 따른 임금격차는 다른 산업에 비해서 적었다. 그 대신 학력에 따른 임금격차가 가장 컸다는 점에서 다른 산업들과 두드러진 차이를 보인다.

성별 임금 분석

먼저 남성과 여성의 임금 결정 요인을 비교분석하기 위해 남성과 여성을 분리해 분석한 결과가 〈표 4-9〉에 제시되었다. 이 표에서 알 수 있는 것은 연령에 따른 경제적 보상은 여성보다 남성에서 훨씬 큰 것으로 나타났지만, 교육, 노동시간과 근속연수와 같은 인적 자본에 대한 금전적인 보상은 남성보다 여성에서 더 높게 나타났다. 여성이 노동조합에 가입한 경우, 남성에 비해서 더 높은 혜택을 누리는 것으로 나타나, 노동시장 내에서 피고용자를 보호하는 제도적인 장치가 여성에게서 더 큰 효과를 발휘하는 것을 알 수 있다. 보호막이 없는 경우 노동시장 내에서 여러 가지 형태의 차별을 받고 있기 때문에, 이런 차별을 노조가 막아 주는 경우, 노조 가입으로 인한 상대적인 혜택은 남성보다 여성에게서 더 크게 나타난다는 점을 잘 보여 준다.

〈표 4-10〉과 〈표 4-11〉은 각각 산업별 남성과 여성의 임금을 네 가지 독립변수들에 회귀시킨 결과를 보여 준다. 남성과 여성을 분리해 분석한 결과는 남녀를 통합해 분석과 결과와 대체로 큰 차이를 보이지 않지만, 사업 서비스와 유통 서비스에 종사하는 여성들은 남성들에 비해서 연령에 따른 보상을 낮지만, 교육과 노동시간에 대한 보상은 더 높은 것으로 나타났다. 연령에 따른 보상 차이는 남성 중심적인 사회체제에서 나타나는 전형적인 현상이라고 볼 수 있을 것이다. 반면, 유통 서비스에서 학력 간 격차가 남성에 비해서 여성에서 훨씬 큰 것으로 나타났다. 또한 노동시간에 대한 보상도 남성보다 여성에게서 높은 것으로 나타났다. 유통 서비스업에 종사하는 남성들의 경우 학력별 격차는 초졸 이하는 고졸자 임금의 74.5%, 대학원 졸업자는 고졸자 임금이 137% 높은 것으로 나타났다. 이에 비해서 여성들의 경우 초졸 이하는 고졸자 임금의 87%로 낮아서 격차가 적지만, 대학원 졸업자는 168%로 남성에 비해서 훨씬 높은 교육의 혜택을 누리는 것으로 나타났다. 사업 서비스 종사자들의 경우에도 남성과 여성

표 4-9 | 피고용자 임금 회귀분석 결과(2005년과 2007년)

변수		남성		여성	
		2005년	2007년	2005년	2007년
상수		2,946	2,942	2,915	3,015
개인 속성					
연령		.084***	.089***	.048***	.051***
연령²		-.001***	-.001***	-.001***	-.001***
학력	초졸	-.158***	-.133***	-.086***	-.070***
	중졸	-.101***	-.092***	-.057***	-.057***
	고졸(기준)	-	-	-	-
	초대졸	.062***	.045***	.075***	.097***
	대졸	.176***	.149***	.262***	.253***
	대학원졸	.217***	.216***	.367***	.413***
근속연수		.023***	.023***	.037***	.034***
노동조건					
노동시간(주업)		.004***	.004***	.010***	.010***
노동시간(부업)		-.001	-.003*	.010	-.001
비정규직		-.293***	-.314***	-.300***	-.308***
노조원		.050***	.074***	.158***	.170***
직업					
관리/전문		.435***	.483***	.551***	.518***
기술/준전문		.310***	.341***	.335***	.295***
사무직		.279***	.273***	.295***	.257***
판매 서비스		.231***	.274***	.259***	.241***
농림어업		.103*	.196***	-.044	.013
숙련/반숙련		.205***	.199***	.194***	.156***
미숙련(기준)		-	-	-	-
산업					
농림어/광업		-.112**	-.100**	.017	-.054
제조업(기준)		-	-	-	-
건설업		.033**	.011	.153***	.134***
사업서비스		-.019	-.029**	.209***	.194***
유통서비스		-.075***	-.102***	.027	-.023
개인서비스		-.154***	-.200***	-.031	-.028
사회서비스		-.050***	-.121***	.023	-.003
수정된 R²		.599	.624	.565	.572
N		14,704	14,765	11,379	11,210

주: 회귀분석에서 〈표 4-4〉와 〈표 4-5〉의 모형 7을 적용했다.

에서 비슷한 양상을 보여서, 고학력 프리미엄이 여성들의 경우 더 두드러진 것으로 나타났다.

표 4-10 | 남성의 월소득 회귀분석 결과(2005년)

변수		1차 산업	2차 산업	건설업	사업서비스	유통서비스	개인서비스	사회서비스
상수		4.089	3.449	3.196	3.186	2.976	2.971	2.998
개인 속성								
연령		.012	.067***	.059***	.088***	.083***	.095***	.087***
연령²		-.000	-.001***	-.001***	-.001***	-.001***	-.001***	-.001***
학력	초졸	.004*	-.233**	-.104***	-.067*	-.322**	-.084	-.255***
	중졸	.111	-.099*	-.094*	.073*	-.138***	-.130	-.146***
	고졸(기준)	-	-	-	-	-	-	-
	초대졸	.032	.042*	-.050	.047	.044	.015	.088**
	대졸	.298	.133***	.192**	.219***	.180***	.091*	.161***
	대학원졸	-.190	.245***	.201*	.323***	.314***	.029	.233***
근속연수		.026***	.022***	.016***	.023***	.024***	.014***	.018***
노동조건								
노동시간(주업)		.002***	.002***	.008***	.001***	.005***	.009***	.004***
노동시간(부업)		.010	-.005*	-.005	.003	.008*	.004	-.002
비정규직		-.389**	-.205***	-.289***	-.190***	-.271***	-.394***	-.664***
노조원		.167	.081***	.167***	.117***	.008	.137	.003***
직업								
관리/전문		.818	.514***	.444***	.545***	.528***	.024	.334***
기술/준전문		.513	.324***	.342***	.411***	.383***	.152*	.158***
사무직		.245	.297***	.324***	.387***	.231***	.293***	.098**
판매 서비스		.015**	.164**	.188	.325***	.252***	.215***	.160*
농림어업		.157	.222	.127	.402***	.094***	.076	.216
숙련/반숙련		.424	.203***	.235***	.251***	.128***	.222***	.065
미숙련(기준)		-					-	
조정된 R²		.555	.537	.461	.688	.546	.530	.709
N		155	4,039	2,078	2,332	2,612	1,079	2,400

주: * p < .05, ** p < .01, *** p < .001

5. 맺음말

본 연구는 2005년과 2007년 〈경제활동인구조사〉 부가조사 자료를 바탕
으로 근로 임금 불평등을 산업 간 임금 불평등과 산업 내 임금 불평등으로
분해해 근로자 임금 불평등을 분석하고, 근로 임금 불평등의 요인별로 분
해해 산업별 임금격차의 핵심적인 요인들을 밝히고자 했다. 산업별 임금
격차에 대한 기존의 국내 연구는 대단히 적다. 임금에 관한 기존 연구들은
주로 포괄적인 노동시장 내에서 인적 자본의 효과와 성차별적 임금 체계

표 4-11 | 여성의 월소득 회귀분석 결과(2005년)

변수		1차 산업	2차 산업	건설업	사업서비스	유통서비스	개인서비스	사회서비스
상수		2,842	3,449	3,449	3,200	2,768	2,646	2,998
개인 속성								
연령		.021	.020***	.021	.037***	.066***	.054***	.087***
연령²		-.000	-.000***	-.000	-.000***	-.001***	-.001***	-.001***
학력	초졸	-.215*	.042	-.171	-.171***	-.136*	-.130***	-.255***
	중졸	.021	.026	-.054	.151***	-.050	-.060*	-.146***
	고졸(기준)	-	-	-	-	-	-	-
	초대졸	.696	.025	-.018	.107***	.083***	.140***	.088**
	대졸	-.060	.164***	.087	.207***	.183***	.126**	.161***
	대학원졸		.318*	.392	.460***	.517***	.009	.233***
근속연수		.040***	.023***	.009	.040***	.044***	.031***	.018***
노동조건								
노동시간(주업)		.018***	.011***	.009***	.009***	.011***	.015***	.004***
노동시간(부업)		.005	-.010*	-.003	.006	.008*	.001	-.002
비정규직		-.174*	-.317***	-.358***	-.180***	-.289***	-.283***	-.664***
노조원		.153	.119***	.193	.210***	.166***	.231*	.003***
직업								
관리/전문		-	.598**	.444***	.558***	.541***	.193	.334***
기술/준전문		-	.525***	.342***	.402***	.407***	-.156*	.158***
사무직		.472	.433***	.472***	.358***	.259***	.177***	.098***
판매 서비스		.258**	.262***	.188	.491***	.252***	.056*	.160*
농림어업		-.105		.127	.161	-	.171	.216
숙련/반숙련			.224***	.235***	.210*	.191***	.128	.065
미숙련(기준)		-	-	-		.258**	-	
조정된 R²		.323	.463	.415	.500	.558	.461	.709
N		260	2,106	229	1,653	1,984	2,196	2,400

주: * p < .05, ** p < .01, *** p < .001

에 관심을 기울였다. 반면에, 해외에서는 산업별 임금격차에 관한 많은 연구가 있었지만, 이들 연구들은 대체로 회귀분석을 통한 임금 결정 요인에 대한 연구가 대부분이었다. 실제로 임금 불평등의 산업적 요인에 대한 연구는 많지 않았다. 이런 연구 현황에 기초해, 본 연구에서는 산업과 관련해 근로자 임금 불평등을 분석하고자 했다.

이 연구를 통해서 밝혀진 점은 크게 여섯 가지다. 첫째, 산업에 따라 임금수준, 성별 분포, 학력 분포, 평균 노동시간, 비정규직 비율, 노조 조직률, 직업 구성에서 극단적인 차이가 존재한다는 점이다. 제1차 산업과 제3차 산업의 사회 서비스 부문은 임금수준, 성별 분포, 학력 수준, 직업 구성 등에서 가장 극단적인 대조를 보이고 있다. 이것은 산업 내의 인적 자본 분포와 산업의 평균임금 수준과의 상관관계가 존재할 수 있는 것을 함의한다.

둘째, 일반화된 엔트로피$_{GE}$, 분산계수$_{CV}$와 지니계수와 같은 임금 불평등 지수를 통해서 드러난 한국 피고용자들의 임금 불평등도는 이전의 유사한 연구들에 비해서 높게 나타났다. 핵심적인 이유는 자료의 차이에 근거한다. 이전의 연구들이 전체 근로자를 대상으로 한 조사 자료를 분석한 것이 아니라 10인 미만이나 5인 미만 소규모 사업장에 근무하는 근로자를 분석에서 제외시킨 반면, 본 연구에서는 전체 근로자를 분석에 포함했기 때문이다. 그 결과, 본 연구에서 이전의 연구에서 나타난 근로자 임금 불평등도보다 훨씬 높게 나타났다.

셋째, 전체적으로 임금 불평등도는 증가한 것으로 나타났다. 2005년과 2007년 〈경제활동인구조사〉 부가조사 자료는 불과 2년 시차를 두고 있지만, 두 시기의 수집된 자료에서 매우 일관되게 나타난 점은 근로자 전체의 임금 불평등과 산업 내 불평등이 증가한 것으로 나타났다. 제1차 산업 부문에서 불평등이 줄어들고 있지만, 제2차 산업과 제3차 산업에서 불평등이 증가해 산업 전체적으로 불평등이 증가한 것으로 나타났다. 특히 제3차 산업 내의 불평등 심화는 더욱 두드러지게 나타났다. 종사자의 비율이 가장 높고 또한 계속해서 종사자의 비율이 높아지고 있는 제3차 산업에서 불평등이 심화되고 있다는 것을 보여 주며, 이는 곧바로 전체 피고용자의 불평등 심화로 이어진다는 점에서 우려할 만한 점이라고 볼 수 있다. 그러나 이런 추세가 지속적으로 나타날 것인지는 판단하기 힘들다. 좀 더 장기적인 시계열 자료 분석이 필요한 부분이다.

넷째, 임금 불평등 분해 결과, 산업 간 불평등은 대단히 낮은 수준이며, 대부분의 임금 불평등은 산업 내 불평등의 산물로 밝혀졌다. 산업 내 임금 불평등을 산업별로 분해한 결과, 제2차 산업 내 불평등이 전체 불평등에서 차지하는 비율은 19~23%에 머물고 있는 반면, 제3차 산업 내 불평등의 비중은 75~76%에 달하는 것으로 밝혀졌다. 제3차 산업 가운데서도 특히 사업 서비스와 사회 서비스산업 내의 임금 불평등이 전체 임금 불평등에서 상당히 큰 비중을 차지하고 있는 것으로 나타났다. 그 결과, 일곱 개 산업 가운데 제조업, 사회 서비스업, 사업 서비스업 종사자들의 임금 불평등이 전체 근로자 임금 불평등의 대부분을 차지하고 있다. 그러나 산업 간 불평등은 산업 분류 방식에 따라서 달라질 수 있고, 산업 내 임금 불평등도 산업을 세분화시켜 분류하는 경우 감소할 수 있다는 점에서, 세분화된 산업 범주를 이용한 분석이 요구된다.

다섯째, 회귀분석 결과, 산업적 요인이 소득 불평등에 미치는 영향력은 상대적으로 적은 것으로 나타났다. 대체로 2005년과 2007년 〈경제활동인구조사〉 부가조사 자료에서 나타난 점은 근로자 소득에 미치는 요인들의 영향력이 거의 동일한 양상을 보여 주며, 산업의 영향력은 전체 로그 임금 분산의 8% 정도를 설명하는 것으로 나타났다. 반면에 개인적인 속성과 노동시장 조건의 영향력은 대단히 커서 각각 전체 분산의 55~56%와 37~38%를 설명하는 것으로 나타났다.

여섯째, 피고용자의 월평균 임금 불평등에 영향을 큰 미치는 요인들은 근속연수와 고용 형태(정규직·비정규직)인 것으로 나타났다. 회귀분석에 기초한 임금 불평등 분해 분석은 근속연수와 정규직 여부가 전체 불평등의 절반 정도를 결정하고 있고, 그다음으로 교육과 성별의 영향이 컸다. 반면, 노동시간과 노조 여부에 따른 임금 불평등은 대단히 미미한 것으로 밝혀졌다. 전체 임금 불평등에 가장 큰 영향력을 미친 고용 형태에 따른 불평등은 경제 위기 이후 좀 더 크게 대두된 불평등이다.

일곱째, 산업 내의 임금 결정에 미치는 변수들은 대단히 큰 차이를 보였다. 제1차 산업이나 제3차 산업의 개인 서비스업에서 교육 수준은 임금 결정에 큰 영향력을 미치지 않는 반면, 교육 수준은 사업 서비스나 사회 서비스 부문에서 가장 크게 임금에 영향을 미치는 것으로 나타났다. 산업에 특수한 인력이 필요하기 때문에 산업별로 노동력의 구성이 큰 차이를 보이고 또한 노동력에 대한 상이한 보상체계가 형성되었다는 것을 보여 준다. 이것은 어떤 개인이 어떤 산업으로 진입하느냐에 따라서 개인의 인적 자본에 대한 보상이 크게 달라진다는 것을 의미한다.

산업과 관련된 근로자의 임금 불평등 분석 결과는 세 가지 정책적 함의를 지닌다. 첫째, 산업 간 불평등보다 산업 내의 불평등이 대단히 크다는 점에서 불평등을 완화시키기 위해서는 산업 내의 불평등 문제에 초점을 맞출 필요가 있다. 제1차 산업에서 산업 내의 불평등이 크지만, 전체 불평등에 기여하는 정도는 매우 낮기 때문에, 전체 불평등을 완화시키기 위한 정책은 전체 불평등에 기여하는 바가 큰 사회 서비스업, 제조업, 사회 서비스업 내의 불평등을 완화시키기는 정책이 더 효과적일 것이다.

둘째, 근속연수와 고용 형태가 전체 불평등에 기여하는 결정적인 요인들인 것으로 밝혀졌기 때문에, 근로자 불평등을 약화시키기 위해서는 산업별로 근속연수 격차를 줄이고 비정규직 고용을 줄이는 정책이 요구된다. 경제 위기 이후 급격하게 비정규직 고용이 늘어나면서 불평등이 심화되었기 때문에, 향후 비정규직 고용을 줄이기 위한 노동시장 정책이 요구된다. 이런 노동시장 정책이 근로자 임금 불평등을 크게 줄일 수 있는 가장 효과적인 정책이다.

셋째, 전체 불평등에 큰 비중을 차지하는 산업 내 불평등 가운데서 성차별에 따른 불평등이 매우 큰 것으로 나타났다. 성별에 따른 보상의 차이가 남성과 여성의 임금 불평등을 낳고 있다. 인적 자본에 대한 보상은 남성보다 여성에게서 더 높게 이루어지지만, 연령이나 성별에 대한 보상은 남성에서 높게 이루어져, 성차별적인 보상 체계의 속성을 보여 준다. 연령이나 성은 개인의 노력과 무관하게 주어진 요소들이기 때문에 연령과 성에 따른 보상의 차이는 차별적인 부분이라고 볼 수 있다. 제조업, 건설업과 유통 서비스업 등 성차별이 심한 산업에서 성차별 완화를 위한 지속적인 양성 평등 정책이 전체 근로자 임금 불평등을 완화하는 데 크게 기여할 것이다.

산업별 임금 불평등 분해는 인구 집단에 따른 불평등 분해 방법을 활용해 이루어졌다(Litchfield 1999; Cowell 1995, 149-154). 이 방법은 전체적인 불평등을 하위 집단 간 불평등과 하위 집단 내 불평등으로 분해해, 전체 임금 불평등에 기여하는 정도를 추정하는 방법이다. 전체 n명의 피고용자가 k개의 산업에 종사하며, 각 산업에 종사하는 피고용자의 규모는 각각 n_1, $n_2,...n_k$이고, 평균임금은 각각 u_1, $u_2,..., u_k$라고 한다면, 전체 불평등 I는 다음과 같이 표현될 수 있다.

$$I = F(I_1, I_2, \dots I_k: u_1, u_2,\dots, u_k: n_1, n_2,\dots,n_k)$$

여기에서 I_k는 k 산업 내의 불평등이다.

일반화된 엔트로피GE는 이전의 원칙, 분해 가능성, 측정 척도 무관성, 인구 원칙 등 불평등 지수가 지녀야 할 모든 공리적인 속성들을 지니는 불평등 지수다(Cowell 1995, 55-60; Shorrocks 1984; Theil 1967). 일반화된 엔트로피 I_θ는 다음과 같이 표현될 수 있다.

$$I_\theta = \frac{1}{\theta(1-\theta)}\left[\frac{1}{n}\sum_{i=1}^{n}\left(\frac{y_i}{u}\right)^\theta - 1\right] \quad I_f\ \theta = \mathbb{R}\text{-}\{0,1\}$$

y_i는 I번째 개인의 임금이며, u는 평균임금으로 $\frac{1}{n}\sum y_y$이다. I의 값은 0에서 ∞이며 0은 평등한 임금 분포를 가리키며, 값이 커질수록 불평등이 더 심하다. 모수치 θ는 임금 분포에서 다른 위치의 소득 간 거리에 주어진 비중을 지칭하며, θ값이 커질수록 소득 분포 상위 집단에 I가 더 민감하게 된다. 통상적으로 로피탈의 법칙에 의해서 θ가 0과 1인 경우, 타일Theil 불평등 지수이며, θ가 2인 경우 I는 분산계수 제곱(CV^2)의 2분의 1이 된다. 이는 각각 아래와 같이 표시될 수 있다.

$$I_0 = \frac{1}{n}\sum_{i=1}^{n}\log\left(\frac{u}{y_i}\right)$$

$$I_1 = \frac{1}{n}\sum_{i=1}^{n}\frac{y_i}{u}log\frac{y_i}{u}$$

$$I_2 = \frac{1}{2}\left[\frac{1}{n}\sum_{i=1}^{n}\left(\frac{y_i}{u}\right)^2 - 1\right]$$

가장 널리 사용되고 있는 지니계수 G는 다음과 같이 측정된다. 지니계수는 요인별로 불평등 분해가 가능하기 않기 때문에, 불평등 정도를 비교하기 위해서 사용한다.

$$G = \frac{\sum_{i=1}^{n}(2i-n-1)y_i^{'}}{n^2u}$$

불평등에 영향을 미치는 요인 분석은 두 가지 방법으로 이루어질 수 있다. 하나는 불평등을 하위 집단별로 분해하는 방법이다. 이것은 전체 불평등을 하위 집단 간 불평등(I_b)과 하위 집단 내 불평등(I_w)으로 분해하는 것이다. 전체 불평등을 하위 집단으로 분해할 때, 일반화된 엔트로피는 집단 내 불평등과 집단 간 불평등의 합으로 구성된다. 집단 간 불평등은 다음과 같이 정의될 수 있다.

$$I_b = \frac{1}{\theta(1-\theta)} \left[\frac{1}{n} \sum_{k=1}^{n} \left(\frac{\overline{u_k}}{\overline{u}} \right)^{\theta} - 1 \right]$$

여기에서 $\overline{u_k}$는 k산업의 평균임금을 의미한다. 산업 내 임금 불평등 I_w는 다음과 같이 정의된다.

$$I_w = \sum_{j=1}^{k} w_j I(\theta)_j$$

$$w_j = v_j^{\theta} f_j^{1-\theta}$$

여기에서 f_j는 전체 피고용자 중에서 산업 j에 종사하는 피고용자가 차지하는 비중을 지칭하며, v_j는 전체 임금 가운데 각 산업의 임금이 차지하는 비중을 지칭한다.

전체 불평등은 산업 간 불평등과 산업 내 불평등의 합이다(Cowell & Jenkins 1995).

$$I = I_b + I_w$$

여기에서는 일반화된 엔트로피 가운데 I_0, I_1과 I_2를 불평등 지수로 측정하고, 이들 불평등 지수들을 산업 간과 산업 내 임금 불평등 분해에 사용한다.

전체 불평등에 영향을 미치는 여러 요인들의 영향을 분해하는 방법으로 회귀분석을 이용한 불평등 분해 방법이 사용된다(Israeli 2007; Yun 2006; Fields 2003; Morduch & Sicular 2002; Litchfield 1999; Shorrocks 1982). 회귀분석에 기반을 둔 불평등 분해 방법은 일반적인 불평등 분해 방법이 지니는 취약점인 인과분석의 부족이라는 점을 어느 정도 보완해 줄 수 있는 장점을 지닌다(Yun 2006; Fields 2003; Cowell 2000). 여기에서는 게리 필즈가 제안한 불평등 분해 방법을 이용해 각각의 요인들이 전체 불평등에 미치는 영향을 분석한다. 임금함수 Y는 다음과 같이 표현된다.

$$\ln Y = \text{a'Zi}$$

여기에서 $a = [\alpha, \beta_1, \beta_2, ...\beta_n, 1]$이고 $Z = [1, x_1, x_2, ...x_n, e]$이다. 회귀계수가 신뢰할 수 있다는 가정하에서 로그 임금의 분산은 다음과 같다.

$$\sigma^2(\ln y) = \sum_{j=1}^{j+2} cov(ajZj, \ln y)$$

양변을 $\sigma^2(\ln y)$로 나눠 주면,

$$100\% = \frac{\sum_{j=1}^{j+2} cov[a_j Z_j, \ln Y]}{\sigma^2(\ln Y)} \equiv \sum_{j=1}^{j+2} S_j(\ln Y)$$

여기에서 불평등 요인의 상대적 가중치는 다음과 같다.

$$s_j(\ln Y) = cov[a_j, Z_j, \ln y]/\sigma(\ln Y)$$

Z의 마지막 요인을 제거하면, 나머지는 다음과 같다.

$$\sum_{j=1}^{j+1} cov[a_j Z_j, \ln Y]/\sigma^2(\ln Y)$$

이것은 $R^2(\ln Y)$이다.

로그 임금의 분산은 다음과 같이 표현된다.

$$s_j(\ln Y) = cov[a_j, Z_j, \ln y]/\sigma(\ln Y) = a_j^*\sigma(Z_j)^*cor[Zj, \ln Y]/\sigma(\ln Y)$$

여기에서

$$\sum_{j=1}^{j+2} s_j(\ln Y) = 100\%$$

$$\sum_{j=1}^{j+1} s_j(\ln Y) = R^2(\ln Y)$$

여기에서 j번째 변수에 의해서 설명되는 불평등의 정도 $pj(\ln Y)$는 다음과 같다.

$$p_j(\ln Y) \equiv \frac{s_j(\ln Y)}{R^2(\ln Y)}$$

5장

세대, 계급과 불평등

1. 문제 제기

외환 위기 이후 불평등의 심화와 빈곤층의 확대가 이루어지면서, 사회 양극화가 한국 사회의 새로운 추세를 상징하는 대중적 담론으로 등장했다. 사회 양극화가 다양한 의미로 해석될 수 있지만, 여러 논의가 공유하는 바는 빈부 격차가 커지고 가난한 사람들이 가난에서 탈출해 부유층으로 이동할 수 있는 가능성이 적어지고 있다는 것이다. 더 나아가 현재의 중산층의 지위도 심각하게 위협을 받고 있기 때문에 중산층 위기론도 등장했다. 외환 위기 이후 노동시장 유연화가 급속하게 이루어지면서 조기퇴직과 명예퇴직 등으로 평생직장 개념이 사라지면서 생긴 현상이다. 이제는 중산층의 안정된 생활도 보장받기 힘들게 되었다.

더욱 큰 문제는 경제 위기로 인해 실업이 늘면서 신규 취업의 기회가 크게 줄어들어 청년 실업이 사회문제로 되었다는 점이다. 청년 실업 문제가 완화되지 못하면서, 불안전 고용 형태의 비정규직으로 진출하는 대졸자나 고졸자가 크게 증가했다. 비정규직 진출자들의 취업이 정규직으로 나아가기 위한 디딤돌 역할을 하기보다는 초기에 비정규직으로 진입하게 되면 이후 비정규직에서 벗어나기가 힘들게 되는 일종의 악순환의 늪에 빠지게 되었다(윤진호·이시균 2007; 장지연·한준 2003). 비정규직 비율이 계속해서 높아지면서, 청년 실업과 비정규직 취업은 젊은 시절의 일시적인 문제가 아니라 생애 전 과정에서 영향을 미칠 수 있는 문제가 되었다.

노동시장에서 발생하는 이런 문제가 사회 양극화로 바로 이어지는 것은 아니다. 중장년의 경우 조기퇴직이나 명예퇴직은 곧바로 소득의 변화로 이어지기 때문에, 사회 양극화의 원인이 될 수 있지만, 20대 청년의 경우 대부분 부모와 같이 거주하고 있기 때문에 청년 실업과 청년 비정규직 취업이 바로 빈곤층 증가로 이어지지는 않는다. 적어도 한국의 가족제도가 노동시장에서 발생하는 문제를 완충하는 역할을 하고 있다고 볼 수 있다. 그러나 가족이 이런 완충 역할을 할 수 없는 빈곤층 가족의 경우 청년 실업은 곧바로 빈곤으로 이어진다.

청년들의 실업과 불완전 고용의 문제는 중장년의 조기퇴직과 명예퇴직과 맞물려 한국 사회의 새로운 세대 문제로 부각되고 있다. 한때 서구에서 장년층의 조기퇴직과 명예퇴직이 청년층에게 취업 기회를 높일 수 있기 때문에, 청년 실업과 불완전 고용 문제를 해결하는 하나의 방안으로까지 인식되기도 했다. 이것은 1980년대 유럽에서 퇴직 연령을 낮추어 청년 실업 문제를 해결하고자 했던 국가정책과도 맥을 같이 한다고 볼 수 있다. 1980년대 청년 실업을 포함한 실업 문제가 크게 대두되자, 한때 유럽에서는 노령연금 수령 시기를 65세에서 60세로 낮추어 60세 이상의 노동자들의 조기 퇴직이 장려되기도 했다(OECD 2005; Huber & Stephens 2001; Pierson 1996).

한국에서 고용 문제가 세대 문제로 인식되기 시작한 것은 외환 위기 이후부터다. 외환 위기 이전까지 학교에서 노동시장으로 이행하는 과정에서 발생하는 취업난은 크게 사회문제로 대두되지 않았다. 외환 위기가 실물 경제 위기로 진전되면서 기존 취업자들의 대량 해고가 발생했고, 신규 취업도 대폭 줄어들었다. 대학 졸업 후 곧바로 취업을 하지 못하는 졸업생들이 늘어나면서, 취업 재수생도 급증했다. 연령을 중시하는 조직 문화로 인해 '제때'에 취업을 하지 못하는 경우, 취업 기회는 더욱 줄어들게 된다. 취업난이 가중되면서, 학생들은 취업에 유리한 자격 조건을 만들기 위해 어학연수나 자격증 획득을 목적으로 휴학을 하는 경우가 일반화되었다. 학생들이 중단 없이 대학 4년을 마치고 졸업하는 경우는 이제 예외적인 현상이 되었다. 소위 '스펙'을 잘 만들기 위해 봉사 활동 경험이나 인턴 경험과 같은 과거에 없었던 새로운 활동도 나타났다.

이런 오늘날 20대를 박권일·우석훈은 '88만 원 세대'라고 불렀다. 88만 원 세대는 국제통화기금IMF 사태 이후 학교를 졸업하고 사회로 진출한 세대가 겪는 노동시장 상황을 압축해 놓은 표현이다. 20대의 95%가 비정규직으로 취업을 했고, 비정규직의 경우 세금 전의 월평균 소득이 119만 원이기 때문에 가중치를 부여한 20대 평균 월소득이 88만 원 정도라는 것이다(박권일·우석훈 2007, 20-21). 20대가 겪고 있는 노동시장에서의 어려움은 다른 세대가 겪는 문제와는 질적으로 다르다는 것이다.

청년 세대가 겪는 경제 상황이 전대미문의 것이기는 하지만, 이런 경제 상황이 청년 세대만의 문제인가? 다시 말해서, 현재 한국 노동시장의 특징으로 인식되는 비정규직과 같은 불완전 고용, 저임금 그리고 그로 인한 소득 불평등 등의 문제가 연령적으로 20대에 속하는 한국의 남성과 여성만이 겪는 '세대 문제'인가? 이 글은 이런 문제들을 청년 세대 문제로 접근하는 것은 타당하지 않으며, 전 생애 과정에서 나타나는 계급 불평등과 노동시장 양극화의 문제로 접근하는 것이 타당하다는 점을 경험적인 자료 분석을 통해서 밝힌다.

이 글의 구성은 다음과 같다. 먼저 경제 위기로 인한 노동시장의 변화와 세대 문제에 관한 기존 연구를 살펴본다. 이런 문제는 OECD 국가들에서도 연구되기 시작했다(Miech & Eaton & Liang 2003; Williamson & McNamara 2003; Diprete 2002; Diprete & Nonnemaker 1997). 전통적으로 생애 과정life course에 걸친 계층화 과정에서 접근하는 사회학적인 연구들은 기술 발전이나 세계화로 인한 변화와 관련된 세대 간의 문제와 연관성에 초점을 맞춘다. 그다음, 한국노동연구원이 1998년과 2007년에 수집한 〈한국노동소득패널조사〉 KLIPS 제1차와 제10차 자료를 이용해 세대 불평등의 내용을 분석한다. 타일 지수Theil Index로 측정한 전체 불평등을 세대 내within cohort 불평등과 세대 간between cohort 불평등으로 분해해, 세대 간 불평등이 전체 불평등에서 차지하는 비중은 대단히 미미하다는 점과 세대 내 불평등 증가가 전체 불평등 증가의 핵심이라는 점을 밝힌다. 그리고 전체 불평등의 핵심 요인이 계급 불평등과 비정규직의 증가를 중심으로 하는 노동시장 구조 변화라는 점을 밝힌다. 마지막으로, 결론에서 현재 이루어지고 있는 세대 논쟁과 관련해 이 연구가 주는 사회학적 함의를 다룬다. 한국의 불평등 문제를 다루고자 할 때, '88만 원 세대'와 같이 20대만의 문제로 접근할 것이 아니라 계급과 전체 세대의 문제로서 접근하는 것이 필요하다는 점을 논의한다.

2. 경제 위기, 노동시장의 변화와 세대

한국이 경험한 세계화는 매우 극적인 양상을 보여 주었다. 1990년대 초 OECD를 둘러싼 국내외적 협상의 결과 1996년 국내 외환시장이 개방되자 곧바로 1997년 12월 외환 위기를 맞았다. 부채비율이 높은 한국의 기업들이 부채 지불 불능 상태에 빠지면서, 외환 위기가 발생했고, 국제통화기금, 세계은행, 아시아개발은행 등의 국제 금융기관의 구제금융을 통해서 외환 위기에서 벗어날 수 있었다. 그러나 곧 이어 새로 집권한 김대중 정권이 국제통화기금이 구제금융 제공 조건으로 요구한 신자유주의적 개혁을 충실하게 이행하면서 고용 관계의 전면적인 변화가 이루어졌다. 변화의 방향은 노동시장 유연화였고, 구체적으로는 기업이 고용과 해고를 자유롭게 할 수 있도록 하는 것이었다. 그 결과, 임시직이나 시간제 고용 이외에 파견 근로, 간접 고용, 한시적 고용 등 다양한 고용 형태를 인정하는 고용의 비정규직화가 나타났다. 경제 위기를 계기로 한국에서도 신자유주의적 세계화의 흐름에 휩쓸리면서 이전과는 대단히 다른 고용 체제가 형성되었다.

신자유주의적 세계화에 따른 노동시장의 변화는 구체적으로 사적 부문 고용 체제의 변화를 의미한다. 공적 부분의 고용 체제는 상당히 지속적인 속성을 보이지만, 사적 부문의 고용 체제는 경제 여건이나 정부 정책에 따라서 크게 변화를 보인다. 이런 변화는 노동력 수요 차원의 변화다. 즉, 다른 조건이 동일하다면, 전쟁이나 공황과 같은 사건들은 노동력 수요에 영향을 미쳐서 특정 시기에 노동시장에 진출하는 사람들에 영향을 미친다. 또한 이미 노동시장에 진출한 사람들도 신자유주의적 세계화로 인해 영향을 받았다. 신자유주의적 세계화로 안정된 일자리의 표현인 종신 고용이나 평생직장이 약화되고, 비자발적으로 이루어진 비전형non-standard 인력이 늘어나면서, 기존 피고용자들의 고용 불안정성이 크게 증가했다 (신광영·이성균·조돈문 2005; 김유선 2004; 이종선 2002; 정이환 2002).

신자유주의적 세계화의 영향력은 국가, 지역, 사회집단에 따라 다르지만, 여러 나라에서 공통적으로 나타나는 현상은 젊은 세대가 세계화로 인한 불확실성에 더 많이 노출되어 있는 것이다(Blossfeld et al. 2005).[1] 젊은

1_'세대'는 두 가지 의미를 지닌다. 하나는 부모와 자녀 세대의 경우에서처럼 세대의 의미는 보

세대는 아직 노동시장에 진출하지 않았거나 진출했더라도 경력이 짧은 것이 특징이다. 이미 노동시장에 진출한 사람들의 경우도 신자유주의적 세계화의 영향을 크게 받았지만, 노동시장에 진출하지 못한 사람들의 경우는 더욱 전통적인 고용 관계를 기대하기 힘들어졌다. 이미 채용한 사람을 해고하는 것보다 신규 채용을 줄이는 것이 기업의 입장에서 경제적 비용과 사회적 비용을 동시에 줄이는 길이다. 고용된 사람을 해고하는 경우, 기업에 특수한 지식이나 축적된 경험에서 발생하는 이익을 기업이 포기하는 것이며, 노조가 있는 경우 해고로 인한 노사 간의 갈등도 경영 차원에서 고려해야 할 사항이기 때문에, 기존 인력을 해고하는 것보다 신규 채용을 줄이거나 혹은 하지 않는 것이 훨씬 쉬운 선택이다. 이것은 노동시장에서 특권을 누리는 내부자insider와 그렇지 못한 외부자outsider 사이에 존재하는 조건의 차이며, 이런 조건의 차이로 인해 외부자인 미취업자들의 경우 취업상의 어려움은 더욱더 가중된다(황수경 2003a; Lindbeck & Snower 1989; 2001). 취업이 어려워지면서, 신규 취업자들은 본인이 기대했던 것보다 낮은 임금이나 고용 보장이 안 되는 일자리로 진출하게 된다. 과거 내부자와 외부자 구분은 내부 노동시장과 외부 노동시장의 피고용자로 구분되었으나, 1990년대 후반 내부자와 외부자 구분은 정규직과 비정규직의 고용 형태로 구분되기 시작했다. 더 나아가 외부자는 비정규직뿐만 아니라 대학이나 고등학교 졸업한 후 취업을 하지 못한 미취업자들을 포함하며, 비정규직 종사자와 미취업자는 노동시장에서 가장 큰 위험에 노출되어 있다.

통 30년 차이를 지니는 generation의 의미다. 세대 간 계급 이동이라는 표현에서 세대의 의미는 이런 의미다. 다른 하나는 사회적 경험을 공유하는 세대라는 의미로 연령 세대인 cohort의 의미다. 20대 혹은 외환 위기 세대 등의 표현에서 이런 의미를 찾을 수 있다. 두 가지 의미가 중첩되는 면도 있지만, 연령 세대가 더 단기적인 세대의 의미를 지닌다.

결과적으로 내부자와 외부자의 임금격차는 더욱 커지게 된다. 그런데 중요한 점은 세대가 지칭하는 대상이 대부분 청년 세대에 속하는 사람들이라는 주장이다.

노동력 수요에 영향을 미치는 요인들 가운데 중요한 요인이 기술 발전이다. 1980년대와 1990년대 정보기술의 발달과 컴퓨터의 발달에 따른 기술변화는 모든 산업과 직종에 영향을 미쳤다. 지식 경제 체제가 형성되면서, 정보와 지식을 보유했거나 혹은 관리할 수 있는 사람들과 그렇지 못한 사람들 사이에 격차가 발생했다(Katz 2000; Autor & Katz & Kreuger 1998; Johnson 1997; Katz & Murphy 1992). 기술 편향적 테크놀로지의 변화Skill Biased Technological Change로 기술 분포에서 높은 기술력을 가진 사람들을 더 많이 요구하게 되면서, 기술 양극화에 따른 임금 양극화가 이루어졌다. 한국의 경우, 경제 위기로 인한 구조조정과 정리해고는 정보기술의 도입과 더불어 이루어졌다. 그 결과 신규 투자가 확대됨에도 불구하고, 고용 인력은 늘지 않는 고용 없는 성장이 나타났다. 10억 신규 투자로 인한 고용 유발 효과는 1995년 14.8명에서, 2000년 9명으로 줄어들었고, 2005년에는 더욱 줄어서 8.7명에 달했으며, 세부적으로 외환 위기 이후 고용 비중이 높은 금융 서비스업이나 제조업 등에서 특히 크게 줄어들어서 고용 없는 성장이 현실화되었다(한국은행 2008, 124-125). 새로운 기술이나 지식을 습득할 수 있는 젊은 세대에 비해서 그런 것이 어려운 고령 세대가 기술 편향적 테크놀로지의 발전에 따라서 불이익을 더 받을 가능성이 높다는 점에서 기술 편향적 테크놀로지의 변화도 세대에 따라서 그 충격이 다르다고 볼 수 있다.

저출산으로 인해 같은 연령 코호트 인구가 지속적으로 감소했음에도 불구하고, 경제 위기 이후 신규 취업자들이 겪는 어려움은 주로 정책과 제도의 변화에 따른 노동력 수요 차원의 변화에서 유래한다. 그러므로 과거와 동일한 학력이나 기술을 가지고 있는 청년들의 경우에도 과거 세대에 비해서 훨씬 더 취업의 어려움을 겪고 있다. 정부 정책상의 변화와 기업의 관행 및 대응이 신규 노동력 수요에 변화를 미치고, 기업 단위의 노사관계 제도와 고용 관행도 노동력 수요와 임금 결정에 영향을 미친다(정이환 2006; Kenworthy 2006; DiPrete & Goux & Maurin & Tåhlin 2001; Freeman 1996). 한국의 경우, 1998년 노동관계법 개정을 통한 노동시장 유연화가 합법화되면서 기업의 고용 관행은 크게 바뀌었다(이병훈·정이환 2000). 비정규직 합법화로 비정규직 고용이 크게 늘면서 노동시장 내의 외부자 문제가 대두되었다(황수경 2003a; 이종선 2002). 또한 노동조합 조직률도 지속적으로 하락해, 비시장적 요인에 의해서 임금이 결정되는 비율도 낮아졌다. 이런 제도적인 요인들이 피고용자 내부의 임금 불평등을 촉진시키는 요인으로 작용했다.

세대 문제를 본격적으로 제기한 우석훈·박권일의 '88만 원 세대' 논의도 한국에서 형성된 노사관계 제도와 정부의 정책이 88만 원 세대를 만들어 낸 주된 요인으로 보고 있다. 오늘날 한국의 20대가 겪는 어려움은 유럽에서는 찾아볼 수 없는 경쟁적 교육 체제와 노동시장 체제 그리고 저급한 사회복지 정책의 산물이라고 보고 있다. 이런 논의에서 적용되는 비교의 준거는 유럽 사회의 가족제도와 노동시장 체제다.

3. 자료 및 분석

본 연구에서 분석에 사용한 자료는 한국노동연구원이 수집한 노동임금 패널 자료다. 한국노동연구원이 수집한 〈한국노동소득패널조사〉 제1차 (1998년)부터 제10차(2007년)까지 10년 기간의 자료를 분석해 각 연령 코호트의 근로소득 변화를 분석한다. 〈한국노동소득패널조사〉는 전국에서

5천 가구를 추출해 동일한 가구와 가구원을 대상으로 매년 추적 조사한 패널 자료다. 〈한국노동소득패널조사〉에서 동일한 가구와 가구원에 대한 추적 조사가 이루어지지 않아서 조사 대상에서 탈락하는 탈락률이 제2차 〈한국노동소득패널조사〉에서 12.4%로 높았고, 3차 조사에서도 6.7%가 추가로 탈락해 3차 조사에서 원가구 유지율은 80.9%로 낮아졌다. 그 이후 원가구 유지율은 안정성을 보여서 제10차 조사까지 76~77%를 안정적으로 유지하고 있다.[2] 전체 가구 수를 유지하기 위해 탈락 가구를 대체하는 신규 가구를 추가해 전체 가구 수 5천 정도를 유지하고 있다. 여기에서는 신규 가구를 포함한 전체 가구를 대상으로 한 자료를 분석한다.

여기에서 다루는 소득 불평등은 경제활동을 통해서 얻는 개인의 근로 소득 불평등이다.[3] 구체적으로 경제활동에 참여하는 개인의 월소득을 중심으로 연령 세대 간 불평등 추이를 분석한다. 여기에서는 무급 가족 종사자를 제외시켰다. 무급 가족 종사자는 근로소득이 없지만, 그렇다고 소득이 없는 실업자나 빈곤층은 아니기 때문이다. 반면, 기존의 많은 소득 불평등 연구에서는 근로소득이 있는 경우만을 분석 대상으로 하고 있지만, 이 연구에서는 미취업자나 실업자와 같이 근로소득이 없는 경우도 포함해 분석한다. 이것은 세대 간의 소득 격차 발생 요인으로 취업 여부와 취업 형태가 소득 규모에 영향을 미치는 중요한 요인으로 작용하기 때문이다. 최종적으로 분석의 대상은 〈한국노동소득패널조사〉 제1차 5,862명과 제10차 6,248명이다.

2_〈한국노동소득패널조사〉에서 원가구 유지율은 각각 제2차(1999년) 87.6%, 제3차(2000년) 80.9%, 제4차(2001년) 77.3%, 제5차(2002년) 76.0%, 제6차(2003년) 77.2%, 제7차(2004년) 77.3%, 제8차(2005년) 76.5%, 제9차(2006년) 76.5%였다.

3_이하의 소득 불평등은 모두 근로소득 불평등을 지칭한다.

이 글에서는 주로 세대, 계급과 노동시장에서의 정규직과 비정규직 여부를 중심으로 소득 불평등을 분석을 한다. 먼저 분석에 사용한 세대는 여섯 개의 연령 코호트로 구분했다. 1998년 제1차 〈한국노동소득패널조사〉의 경우 20세 이하, 21~30세, 31~40세, 41~50세, 51~60세, 60세 이상으로 구분했다. 2007년 제10차 〈한국노동소득패널조사〉의 경우는 1998년 응답자의 9년 후 상태를 본 것이기 때문에, 세대를 20세 이하, 21~29세, 30~39세, 40~49세, 50~59세, 60세 이상으로 구분했다. 계급은 종사상의 지위와 직업을 이용해 자본가계급, 프티부르주아지, 중간계급과 노동계급 등 네 계급으로 구분했다(신광영 2004, 4장). 먼저 소유 계급과 비소유 계급을 구분하고, 비임금 취득자 가운데 피고용자 5명 이상을 고용하는 경우를 자본가 그리고 0~4명의 피고용자를 고용하는 경우를 프티부르주아지로 구분했다. 비소유 계급의 경우는 2002년도에 도입된 신분류 직업 코드를 이용해 경영·관리직, 전문직, 반전문직(기술직)에 종사하는 비소유 계급을 중간계급으로 구분하고, 사무직, 판매 서비스직, 생산직에 종사하는 비소유 계급을 노동계급으로 구분했다.[4] 그리고 제1차와 제10차 〈한국노동소득패널조사〉의 종사상 지위에서 상용직만을 정규직으로 하고, 그 이외의 임시직과 일용직은 모두 비정규직으로 구분해, 노동시장에서의 지위를 정규직(내부자)과 비정규직(외부자) 두 개로 구분했다.

세대 간과 세대 내 소득 불평등을 분석하기 위해, 먼저 전체 불평등을 측정하고 이를 세대별로 분해해 세대가 전체 불평등에 미치는 영향력을 분석할 수 있다. 이를 위해서, 널리 사용되는 소득 불평등 지수인 타일 지

4_단 군인은 분석에서 제외했다. 직업 분류의 구체적인 내용에 관해서는 한국노동연구원 (2006, 680-689)을 참조할 것.

수를 사용해 세대의 효과를 분석한다. 타일 지수는 일반화된 엔트로피GE의 한 형태로서 불평등을 측정하는 데 널리 사용된다. 아래의 (1)의 GE(θ)는 θ값에 따라서 각기 다른 불평등 측정 방식으로 사용된다(Cowell 2000). (2)는 θ값이 1인 경우로서 타일 지수를 측정하는 공식이다. 타일 지수는 불평등을 하위 집단으로 분해하는 데 용이하다는 점에서 하위 집단 간 불평등 지수 측정과 분해에 자주 사용된다. (2)의 의미는 모든 개인들의 소득이 동일할 때, GE(1)의 값은 0이 되며, 1인이 모든 소득을 차지했을 때, GE(1)의 값은 1이 된다.

$$GE(\theta) = \frac{1}{\theta^2 - \theta}\left[\frac{1}{n}\sum_{i=1}^{n}\left[\frac{\bar{x}}{x_i}\right]^{\theta} - 1\right] \qquad (1)$$

$$GE(1) = \frac{1}{n}\sum_{i=1}^{n}\frac{x_i}{x}log\left(\frac{x_i}{x}\right) \qquad (2)$$

여기에서 x_i는 개인의 소득이며, $\bar{x}$은 평균 소득, n은 전체 수를 지칭한다. 그리고 θ는 소득 분포에서 특정 위치에 있는 소득들 간의 거리에 부여한 가중치로서 실제값을 가질 수 있다. θ가 낮은 값을 갖는 경우, 소득 분포에서 낮은 쪽에 민감한 불평등 지수를 보여 주게 되며, θ값이 큰 경우, 소득 분포의 높은 쪽에 민감한 불평등 지수를 보여 주게 된다. θ값이 1인 경우 분포에 고른 가중치를 주는 경우의 불평등 지수를 의미한다.

하위 집단별 불평등 지수 분해는 다음과 같이 이루어질 수 있다. 전체 불평등을 I라고 했을 때, I는 집단 내 불평등(I_w)과 집단 간 불평등(I_b)으로 분해될 수 있다(Cowell 2000; Cowell & Jenkins 1995; Shorrocks 1984). 즉, $I = I_w + I_b$가 된다. 여기에서 집단 내 불평등 I_w는 다음과 같이 표현된다.

$$I_W = \sum_{j=1}^{n} w_j \mathrm{GE}(\theta)j \tag{3}$$

$$w_j = v_j^\theta f_j^{1-\theta}$$

여기에서 f_j는 j 하위 집단의 인구비이며, v_j는 j 하위 집단의 소득비다. 집단 간 불평등 I_b는 각 집단 j의 소득 평균 $\overline{x_j}$를 각각의 하위 집단에 할당해 계산하면 다음과 같다.

$$I_b = \frac{1}{\theta^2 - \theta} \left[\sum_{j=1}^{k} f_j \left(\frac{\overline{x_j}}{\overline{x}} \right)^\theta - 1 \right] \tag{4}$$

분석 결과

대체로 모든 나라에서 연령이 높아지면서 소득도 높아진다. 피고용자들의 경우, 근속연수가 길어지면서 승진이나 경력에 따른 소득 증가가 이루어지고, 승진이 이루어지지 않는 경우에도 기업에 특수한 숙련에 따른 결과로 소득이 증가한다. 고용주나 자영업자의 경우도 연령 증가에 따라서 누적된 경험이 소득에 긍정적인 효과를 발휘하고 있다고 평가된다. 〈그림 5-1〉은 1998년과 2007년 월평균 소득과 소득의 분산도 즉 불평등 정도를 보여 주는 표준편차를 보여 주고 있다. 21~30세의 월평균 소득은 20세 이하와 61세 이상의 월평균 소득보다는 크지만, 30~50대의 월평균 소득의 65~70% 수준에 불과했다. 1998년 20대의 월평균 소득수준은 30~50대의 월평균 소득의 76~78% 수준이었다는 점을 고려한다면, 20대와 다른 세대 간의 임금격차가 크게 증가했음을 알 수 있다. 또한 두드러진 점은 60세 이상의 월평균 소득도 30~50대에 비해서 크게 감소했다. 1998년 60대 이상

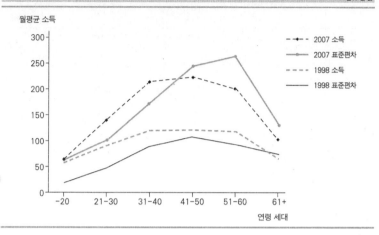

그림 5-1 | 연령 코호트별 월평균 소득과 표준편차

단위: 만 원

의 소득이 30~50대 소득의 55% 내외였으나, 2007년 45~50%로 감소했다. 경제활동에 참여하는 고령층은 전반적으로 소득도 낮고 또한 경제 위기로 인한 충격도 대단히 컸다는 것을 알 수 있다.

세대 내 근로소득 불평등을 보여 주는 표준편차를 살펴보면, 1998년의 경우 40대에서 표준편차가 가장 커 근로소득 불평등이 가장 높았다. 2007년에 이르러 근로소득 불평등은 50대에서 가장 크게 나타났다. 2007년의 경우는 연령이 증가할수록, 세대 내 근로소득 불평등도 커졌다. 60대에 이르러서 월평균 소득도 크게 감소하고, 세대 내 근로소득 불평등도 크게 낮아져서, 20대보다 월평균 소득은 낮아졌지만, 세대 내 불평등은 더 커진 것을 알 수 있다. 이것은 노년기에 이르러 거의 대부분 근로소득이 크게 감소하기 때문이다.

〈표 5-1〉과 〈표 5-2〉는 각각 1998년과 2007년 연령 코호트와 근로소득 10분위 분포를 교차시켜 분석한 결과다. 두 표에서 공통적으로 나타난 점은 상위 20%의 점유율이 40대까지는 연령이 증가함에 따라서 증가하다

표 5-1 | 제1차 〈한국노동소득패널조사〉에서 나타난 연령 세대와 소득 분위 분포

		소득 10분위										합계
		1.00	2.00	3.00	4.00	5.00	6.00	7.00	8.00	9.00	10.00	
연령 세대	-20	2	28	23	32	14	4	2	0	0	0	105
		1.9%	26.7%	21.9%	30.5%	13.3%	3.8%	1.9%	.0%	.0%	.0%	100.0%
		.4%	5.3%	4.9%	4.3%	2.2%	.6%	.4%	.0%	.0%	.0%	1.8%
	21~30	46	64	101	266	258	168	146	136	48	45	1,278
		3.6%	5.0%	7.9%	20.8%	20.2%	13.1%	11.4%	10.6%	3.8%	3.5%	100.0%
		9.1	12.1%	21.4%	35.9%	40.9%	24.9%	31.8%	19.7%	12.3%	5.9%	21.8%
	31~40	152	106	105	136	149	224	172	295	193	277	1,809
		8.4%	5.9%	5.8%	7.5%	8.2%	12.4%	9.5%	16.3%	10.7%	15.3%	100.0%
		30.0%	20.0%	22.2%	18.4%	23.6%	33.2%	37.5%	42.8%	49.6%	36.0%	30.9%
	41~50	165	120	108	171	125	155	96	190	106	303	1,539
		10.7%	7.8%	7.0%	11.1%	8.1%	10.1%	6.2%	12.3%	6.9%	19.7%	100.0%
		32.6%	22.6%	22.8%	23.1%	19.8%	23.0%	20.9%	27.5%	27.2%	39.4%	26.3%
	51~60	85	108	88	91	65	104	39	63	39	115	797
		10.7%	13.6%	11.1%	11.4%	8.2%	13.0%	4.9%	7.9%	4.9%	14.4%	100.0%
		16.8%	20.4%	18.6%	12.3%	10.3%	15.4%	8.5%	9.1%	10.0%	15.0%	13.6%
	61+	56	104	48	45	20	19	4	6	3	29	334
		16.8%	31.1%	14.4%	13.5%	6.0%	5.7%	1.2%	1.8%	.9%	8.7%	100.0%
		11.1%	19.6%	10.1%	6.1%	3.2%	2.8%	.9%	.9%	.8%	3.8%	5.7%
합계		506	530	473	741	631	674	459	690	389	769	5,862
		8.6%	9.0%	8.1%	12.6%	10.8%	11.5%	7.8%	11.8%	6.6%	13.1%	100.0%
		100.0%	100.0%	100.0%	100.0%	100.0%	100.0%	100.0%	100.0%	100.0%	100.0%	100.0%

주: 동일한 소득자가 많기 때문에 소득 10분위에 속하는 응답자 수가 다르다.

가, 50대에서는 이런 추세가 바뀐다는 점이다. 1998년 상위 20% 소득 비율은 20대 7.3%, 30대 26%, 40대 26.6%로 증가하다가, 50대에 이르러 19.3%, 60대 이상의 경우 9.6%로 줄어들었다. 2007년에도 1998년과 비슷한 추세를 보여서, 상위 20% 소득 비율이 20대 5.0%, 30대 23.5%, 40대 28%로 증가하다가, 50대에 이르러 22.6%, 60대 이상의 경우 7.1%로 줄어들었다. 〈표 5-2〉는 〈표 5-1〉과 9년의 시간차를 보여 주고 있다는 점에서 9년 사이에 급격한 변화는 없었다는 것을 의미한다.

그러나 〈표 5-1〉과 〈표 5-2〉에서 나타난 두드러진 차이점은 1998년에 비해서 2007년 20세 미만의 상대적인 소득 계층이 크게 하락했다는 점이다. 1998년 20세 이하의 경우 28.6%가 하위 20% 소득 분위에 속했는데, 2007년 그 비율이 대단히 크게 증가해 62.7%에 달했다. 20세 이하의 절대

표 5-2 | 제10차 〈한국노동소득패널조사〉에서 나타난 연령 세대와 소득 분위 분포

		소득 10분위										합계
		1.00	2.00	3.00	4.00	5.00	6.00	7.00	8.00	9.00	10.00	
연령세대	-20	32	10	9	6	5	2	3	0	1	0	67
		47.8%	14.9%	13.4%	9.0%	7.5%	3.0%	3.0%	.0%	1.5%	.0%	100.0%
		5.2%	1.3%	1.2%	1.5%	.6%	.5%	.3%	.0%	.2%	.0%	1.1%
	21~30	121	90	151	145	235	140	106	88	44	13	1,133
		10.7%	7.9%	13.3%	12.8%	20.7%	12.4%	9.4%	7.8%	3.9%	1.1%	100.0%
		19.8%	12.0%	20.9%	35.3%	28.9%	31.6%	17.0%	13.4%	7.4%	2.1%	18.1%
	31~40	101	105	137	91	198	147	260	320	246	171	1,776
		5.7%	5.9%	7.7%	5.1%	11.1%	8.3%	14.6%	18.0%	13.9%	9.6%	100.0%
		16.5%	14.0%	19.0%	22.1%	24.4%	33.2%	41.6%	48.8%	41.2%	27.4%	28.4%
	41~50	104	189	199	92	185	97	146	165	195	264	1,636
		6.4%	11.6%	12.2%	5.6%	11.3%	5.9%	8.9%	10.1%	11.9%	16.1%	100.0%
		17.1%	25.3%	27.6%	22.4%	22.8%	21.9%	23.4%	25.2%	32.7%	42.3%	26.2%
	51~60	99	189	140	60	147	47	92	76	96	153	1,099
		9.0%	17.2%	12.7%	5.5%	13.4%	4.3%	8.4%	6.9%	8.7%	13.9%	100.0%
		16.2%	25.3%	19.4%	14.6%	18.1%	10.6%	14.7%	11.6%	16.1%	24.5%	17.6%
	61+	154	165	85	17	42	10	19	7	15	23	537
		28.7%	30.7%	15.8%	3.2%	7.8%	1.9%	3.5%	1.3%	2.8%	4.3%	100.0%
		25.2%	22.1%	11.8%	4.1%	5.2%	2.3%	3.0%	1.1%	2.5%	3.7%	8.6%
합계		611	748	721	411	812	443	625	656	597	624	6,248
		9.8%	12.0%	11.5%	6.6%	13.0%	7.1%	10.0%	10.5%	9.6%	10.0%	100.0%
		100.0%	100.0%	100.0%	100.0%	100.0%	100.0%	100.0%	100.0%	100.0%	100.0%	100.0%

주: 동일한 소득자가 많기 때문에 소득 10분위에 속하는 응답자 수가 다르다.

다수가 낮은 근로소득을 얻고 있음을 보여 준다. 20대의 경우 하위 20% 소득 분위에 속하는 비율도 1998년 8.6%에서 2007년 18.6%로 두 배 이상 증가했다. 또한 60대 이상의 경우에도 하위 20% 소득 분위에 속하는 비율이 같은 기간 동안 47.9%에서 59.4%로 증가했다.

〈표 5-1〉에서 21~30세가 9년 후인 2007년에는 〈표 5-2〉에서 30~39세가 된다. 〈표 5-1〉에서 알 수 있듯이, 21~30세 가운데 상위 소득 40%에 속하는 비율은 29.4%였고, 〈표 5-2〉에서 31~40세의 상위 소득 40%에 속하는 비율은 56.1%로 연령이 높아짐에 따라서 상위 소득의 비율이 확대되었다. 이것을 좀 더 분석해 보면, 연령 코호트 가운데 상위 소득 40%에 속하는 비율이 〈표 5-1〉에서는 31~40세 연령 코호트였고, 〈표 5-2〉에서도 55%에 달해, 전체 경제활동인구 가운데 근로소득 상위에 속하는 연령 코

표 5-3 | 전체 소득 불평등, 세대 간 불평등, 세대 내 불평등 정도의 변화(1998년과 2007년)

		1998년			2007년		
		인구비	소득비	타일 지수	인구비	소득비	타일 지수
전체		1.000	1.000	.2762	1.000	1.000	.3312
세대 간(‰)				.0331			.0116
세대 내(‰)	-20	.018	.0096	.0007	.0107	.0041	.0017
	21~30	.218	.1873	.0243	.1569	.1110	.0585
	31~40	.309	.3451	.0815	.2860	.3191	.0685
	41~50	.263	.2952	.0958	.2612	.3039	.0924
	51~60	.136	.1277	.0440	.1868	.2047	.0904
	61+	.057	.0350	.0161	.0984	.0576	.0278

주: '세대 내' 연령 구분에서 2007년의 연령 구분은 〈표 5-2〉에서 제시된 형태로 이루어졌다.

호트가 여전히 40대임을 알 수 있다.

〈그림 5-1〉과 〈표 5-1〉, 〈표 5-2〉는 근로소득 불평등과 관련된 대강의 추세를 보여 주지만, 그것은 정확한 내용을 제시하지는 못한다. 〈그림 5-1〉은 평균을 중심으로 한 것이기 때문에, 분포를 제대로 반영하지 못했고 또한 각 세대의 인구 규모를 고려하지 않았다. 〈표 5-2〉와 〈표 5-3〉은 분포를 어느 정도 반영하고 있으나, 각 분위의 내의 소득 분포를 고려하지 않았다.

세대와 불평등 문제를 좀 더 정확하게 분석하기 위해서 불평등 정도를 측정하고 그것을 연령 코호트로 분해한다. 먼저 전체 불평등 정도의 추이를 살펴보고, 그다음 전체 불평등을 다시 세대 내 불평등inequality within cohort과 세대 간 불평등inequality between cohorts으로 분해해 살펴볼 필요가 있다. 〈표 5-3〉은 불평등 분해에 가장 많이 사용되는 불평등 측정 지수로서 타일 지수를 사용해 불평등을 세대 간과 세대 내 수로 분해한 결과다. 〈표 5-3〉에서 볼 수 있듯이, 1998년도 제1차 〈한국노동소득패널조사〉에서 밝혀진 점은 전체 불평등 가운데 세대 간 불평등은 전체 불평등의 약 12%로 그다지 크지 않았으며, 각 연령 코호트 내의 불평등에 의해서 나머지 88% 정도의 불평등이 설명된다는 사실이다. 세대 내 불평등에서는 41~50세에서 가장 불평등이 심한 것으로 나타났으며, 이 연령 코호트 내의 불평등이 전체 불평등의 약 3분의 1 정도를 설명하고 있는 것으로 밝혀졌다. 30대에서도 소득 불평등이 높아서, 다른 연령 코호트와 큰 차이를 보였다. 20대 < 30대 < 40대 순으로 근로소득 불평등이 높아지다가 40대에서 정점을 이루고 그 이후 근로소득 불평등이 약화되는 것으로 나타났다.

1998년 제1차 〈한국노동소득패널조사〉와 2007년 제10차 〈한국노동소득패널조사〉를 비교하면, 전체 불평등은 .2762에서 .3312로 20% 정도 증가했다. 이것은 기존의 다른 연구 결과들과 마찬가지로 한국 사회가 경험하고 있는 전반적인 불평등 심화 추세를 보여 준다(강신욱 외 2007; 통계청 2007; 신광영 2006b; 남기곤·정건화 1999). 그러나 '88만 원 세대' 논의와는 달리, 2007년 세대 간 불평등이 전체 불평등에서 차지하는 비중은 1998년에 비해서 오히려 감소했다. 2007년 전체 불평등에서 세대 간 불평등에 의해서 설명되는 부분은 3.5%에 불과한 것으로 나타났다. 반면에, 여전히 전체 불평등에서 세대 내 불평등이 차지하는 비중이 대단히 컸고, 그중에서도 특히 40대 내의 불평등이 전체 불평등에서 가장 큰 비중을 차지하는 것으로 나타났다. 이런 점은 비록 20대와 30대 간이나 20대와 40대 간의 평균 근로소득 격차가 크지만, 각 세대 내에서의 격차가 대단히 커서 세대 간 격차를 압도하고 있음을 보여 준다. 이런 결과는 〈표 5-2〉에서 하위 소득 20%를 구성하는 집단을 연령별로 본 결과와 일치한다. 즉, 하위 소득 20%는 매우 다양한 연령 코호트로 구성되어 있다는 것은 다른 세대에 비해서 20대만 치명적인 불이익을 받고 있는 것은 아니라는 점을 보여 주는 것이다.

결론적으로 일부 학자들에 의해서 세대 간 전쟁이라고 부른 세대 간 불평등 문제는 실제와는 매우 다르다는 것을 확인했다. 세대 간 불평등은 실제로 그다지 크지 않으며, 세대 내 불평등이 가장 중요한 불평등 요인이라는 것을 확인할 수 있었다. 그중에서도 가장 경제활동이 활발한 연령 코호트인 30대와 40대의 세내 내 불평등이 가장 심한 것으로 나타났다는 점에서, 세대 간 불평등은 상당히 과장되고 또한 왜곡되었다고 볼 수 있다.

그렇다면, 20대의 문제로 언급되는 청년 실업과 비정규직 고용 문제는 어떻게 이해할 수 있는가? 먼저 20대의 실업률이 높아서 1998년 9.4%와 2007년 8.6%로 나타났다(〈표 5-4〉와 〈표 5-5〉 참조). 1998년 20세 미만의 실업률이 39.0%로 가장 높았지만, 20세 이상만을 고려할 때, 두 시기 모두 청년 실업은 심각한 수준에 이르렀음을 알 수 있다. 그렇지만 1998년 20대였던 사람들의 경우 2007년 30대가 되었으며, 이들의 실업률은 3.4%로 낮아졌다. 이것은 외환 위기 당시 20대의 실업 문제가 어느 정도 해소되었다는 것을 의미한다. 비정규직 고용과 관련해서도, 20대의 비정규직 비율이 1998년 13.7%였고, 2007년 13.1%로 큰 차이를 보이지 않았다. 약간의 차이는 2007년에는 중간계급 비정규직 비율이 약간 줄고, 노동계급 비정규직 비율이 약간 높아졌다는 점이다. 비정규직 비율은 20대가 아니라 다른 세대에서 더 높게 나타났다. 1998년의 경우도 20대보다 40~50대에서 훨씬 높았고, 2007년에도 40대 이후의 비정규직 비율이 훨씬 더 높았다. 비정규직 문제는 20대보다 오히려 다른 연령 코호트에서 심각하다는 것을 알 수 있다.

20대보다 그 이후 연령 코호트의 문제를 살펴보기 위해 세대별 계급 분포를 살펴보았다. 여기에서는 피고용자 계급을 정규직과 비정규직으로 구분했다. 〈표 5-4〉와 〈표 5-5〉에서 알 수 있듯이, 20대의 경우 대부분의 취업은 대체로 중간계급이나 노동계급이 다수를 이루는 피고용자 형태로 이루어진다. 학교를 마친 후, 자기자본을 가지고 경우는 대단히 드물기 때문에 대부분의 경제활동은 피고용자의 형태로 이루어진다. 반면에 30대나 40대의 경우는 자발적으로 혹은 비자발적으로 자본가나 프티부르주아지로 경제활동을 하는 경우가 가능하다. 비자발적인 경우는 주로 조기퇴직이나 명예퇴직과 같은 해고를 통해서 피고용자 지위에서 프티부르주아지

표 5-4 | 1998년 연령 코호트별 계급 분포

		계급							합계
		자본가	프티부르주아지	중간계급 정규직	노동계급 정규직	중간계급 비정규직	노동계급 비정규직	실업자	
연령세대	-20	0	1	7	52	8	26	60	154
		.0%	.6%	4.5%	33.8%	5.2%	16.9%	39.0%	100.0%
		.0%	.1%	.6%	3.6%	4.7%	3.6%	18.5%	2.7%
	21~30	3	132	428	407	80	94	119	1,263
		.2%	10.5%	33.9%	32.2%	6.3%	7.4%	9.4%	100.0%
		2.7%	7.6%	35.2%	28.5%	47.3%	13.1%	36.6%	22.1%
	31~40	32	520	432	394	42	198	52	1,670
		1.9%	31.1%	25.9%	23.6%	2.5%	11.9%	3.1%	100.0%
		28.8%	29.9%	35.5%	29.6%	24.9%	27.6%	16.0%	29.3%
	41~50	50	550	239	352	26	226	40	1,483
		3.4%	37.1%	16.1%	23.7%	1.8%	15.2%	2.7%	100.0%
		45.0%	31.6%	19.7%	24.7%	15.4%	31.5%	12.3%	26.0%
	51~60	21	342	90	171	6	122	33	785
		2.7%	43.6%	11.5%	21.8%	.8%	15.5%	4.2%	100.0%
		18.9%	19.7%	7.4%	12.0%	3.6%	17.0%	10.2%	13.8%
	61+	5	195	20	51	7	51	21	350
		1.4%	55.7%	5.7%	14.6%	2.0%	14.6%	6.0%	100.0%
		4.5%	11.2%	1.6%	3.6%	4.1%	7.1%	6.5%	6.1%
합계		111	1,740	1,216	1,427	169	717	325	5,705
		1.9%	30.5%	21.3%	25.0%	3.0%	12.6%	5.7%	100.0%
		100.0%	100.0%	100.0%	100.0%	100.0%	100.0%	100.0%	100.0%

로 이동하는 경우로 대체로 영세 자영업자로 경제활동을 하게 된다. 〈표 5-4〉는 1998년 제1차 〈한국노동소득패널조사〉에서 나타난 연령 코호트별 계급 분포다. 청년 세대에서 자본가계급과 프티부르주아지의 비중은 매우 낮게 나타났다. 그러나 연령이 높아질수록 자본가의 비중과 프티부르주아지의 비중이 크게 높아졌다. 프티부르주아지의 비중은 나이가 증가함에 따라서 지속적으로 증가하는 추세를 보였다. 20대의 경우 11.5%에서 40대 38.1%를 거쳐서 50대에는 45.4%로 높아졌다. 프티부르주아지의 비율이 60대 이상의 경우에는 무려 59.3%로 높게 나타났다. 한국에서 프티부르주아지가 자영업자를 포함하고 있기 때문에, 조기퇴직 등으로 인해 연령이 높아질수록 프티부르주아지 비율이 계속해서 증가한 결과라고 볼 수 있다.[5] 그 결과 자영업자의 평균 연령은 정규직/비정규직 피고용자, 가

표 5-5 | 2007년 연령 세대별 계급 분포

		계급							합계
		자본가	프티부르주아지	중간계급 정규직	노동계급 정규직	중간계급 비정규직	노동계급 비정규직	실업자	
연령 세대	-20	1	4	5	16	2	24	15	67
		1.5%	6.0%	7.5%	23.9%	3.0%	35.8%	22.4%	100.0%
		1.4%	.3%	.4%	.7%	2.4%	2.8%	5.8%	1.1%
	21~30	1	39	291	428	29	98	83	969
		.1%	4.0%	30.0%	44.2%	3.0%	10.1%	8.6%	100.0%
		1.4%	2.5%	24.8%	19.3%	34.5%	11.3%	31.9%	15.6%
	31~40	8	288	493	755	35	143	60	1,782
		.4%	16.2%	27.7%	42.4%	2.0%	8.0%	3.4%	100.0%
		11.0%	18.5%	42.1%	34.0%	41.7%	16.6%	23.1%	28.6%
	41~50	27	474	239	572	12	267	41	1,632
		1.7%	29.0%	14.6%	35.0%	.7%	16.4%	2.5%	100.0%
		37.0%	30.4%	20.4%	25.8%	14.3%	30.9%	15.8%	26.2%
	51~60	30	425	122	341	4	206	38	1,166
		2.6%	36.4%	10.5%	29.2%	.3%	17.7%	3.3%	100.0%
		41.1%	27.2%	10.4%	15.4%	4.8%	23.8%	14.6%	18.7%
	61+	6	330	22	106	2	126	23	615
		1.0%	53.7%	3.6%	17.2%	.3%	20.5%	3.7%	100.0%
		8.2%	21.2%	1.9%	4.8%	2.4%	14.6%	8.8%	9.9%
합계		73	1,560	1,172	2,218	84	864	260	6,231
		1.2%	25.0%	18.8%	35.6%	1.3%	13.9%	4.2%	100.0%
		100.0%	100.0%	100.0%	100.0%	100.0%	100.0%	100.0%	100.0%

족 종사자나 고용주를 막론하고 가장 높다(김유선 2007, 33; 이명진·최문경 2005, 34).

〈표 5-5〉는 2007년의 연령 코호트별 계급 분포를 보여 준다. 여기에서 사용한 자료는 〈한국노동소득패널조사〉이기 때문에 〈표 5-4〉에서 20대, 30대, 40대, 50대는 〈표 5-5〉에서는 각각 30대, 40대, 50대, 60대가 되었다. 〈표 5-5〉의 연령 코호트 계급 분포는 〈표 5-4〉와 차이보다는 유사성을

5_장지연(2003)은 외환 위기 직후 한국의 45~54세 장년층과 55~64세 중고령층 임금 근로자의 임시직이나 자영업자로의 전환을 연구하면서, 장년층에 비해서 중고령층에서 정규직에 대한 대안으로 임시직이나 자영업자로의 전환이 크게 높다는 것을 밝히고 있다.

더 많이 가지고 있다. 2007년 모든 연령 코호트에서 프티부르주아지의 비율이 1998년에 비해서 낮기는 하지만, 두 표에서 공통적으로 연령이 높아질수록, 자영업 비율이 높아진다. 중간계급 정규직이 20대와 30대에서 높게 나타나는 것도 유사하다. 또한 20대에서 실업자 비율이 가장 높게 나타난 것도 유사하다고 볼 수 있다.

1998년 21~30세인 사람들, 즉 20대가 2007년 31~40세가 되면서, 어떤 변화가 세대 수준에서 일어났는가? 먼저 정규직 비율이 약간 높아졌다. 1998년 20대에서 중간계급 정규직과 노동계급 정규직의 비율은 66.1%였고, 2007년 30대에서 70.1%로 증가했다. 특히 노동계급 정규직 비율은 1998년 32.2%에서 2007년 42.4%로 크게 증가했다. 노동계급의 경우, 이것은 연령이 증가하면서 비정규직에서 정규직으로 고용 형태가 변했기 때문이다. 반면, 전체적으로 비정규직 비율은 약간의 감소를 보였다. 1998년 21~30세의 비정규직 비율은 13.7%였다. 2007년 30~39세 비정규직 비율은 10%로 1998년 21~30세에 비해서 3.7% 감소했다. 노동계급의 비정규직 비율은 20세 미만의 연령 코호트에서 35.8%로 가장 높았고, 20대에서 10.0%, 30대에서 8.0%로 줄어들다가 50대에서 17.7%로 높아졌으며, 60세 이상의 고령층에서는 무려 20.5%로 높게 나타났다. 이것은 비정규직, 고실업과 같은 문제가 '88만 원 세대'라 불리는 20대의 문제만이 아니라 오히려 청소년 세대보다 장년층과 고령층에서 더 심각한 문제라는 것을 알 수 있다.

'88만 원 세대'인 20대의 경우, 다른 연령 코호트에 비해서 중간계급의 비중이 가장 높게 나타났다. 20대의 경우 학력이 높기 때문에 전문직, 경영·관리직, 기술직 종사자의 비중이 높아서 나타난 현상이다. 반면에 20대의 비정규직 중간계급의 비율과 실업자의 비율이 다른 세대에 비해서 높게 나타났다. 20대의 중간계급 비정규직 비율은 6.3%로 연령 코호트 가운데 가장 높았고, 실업자의 비율도 9.4%로 대단히 높았다. 그러나 비정규

그림 5-2 | 1998년과 2007년 연령 코호트와 계급별 월평균 소득 궤적

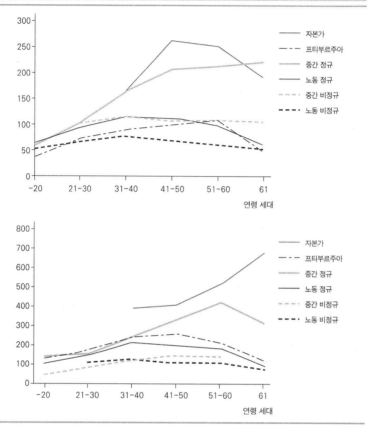

단위: 만 원

직 비율과 실업자 비율을 합한 비율은 20대보다 50대와 60대에서 더 높았다. 이런 점에서 청년 세대가 다른 세대에 비해서 노동시장에서 어려움을 더 많이 겪고 있다는 주장은 타당하지 않고 또한 청년 세대가 모두 동일하게 어려움을 겪고 있다고 볼 수도 없다. 사회적인 차원에서 20대의 문제는 사교육을 통한 치열한 입시 경쟁을 뚫고 대학에 입학했고, 취업 준비로 4년 이상을 보냈는데, 정작 대학을 졸업한 후 취업난을 겪으면서 생기는 소

모적인 교육제도와 청년 실업자 문제라고 볼 수 있지만, 경제 위기 이후 20대만의 독특한 문제라고 볼 수 없다.

〈그림 5-2〉는 연령과 계급에 따른 월평균 소득을 보여 준다. 여기에서 알 수 있는 것은 20대가 30대나 40대가 되는 경우, 계급에 따라 각기 다른 소득궤적을 보여 준다는 것이다. 20대가 문제가 되는 경우는 20대가 다른 연령 코호트에 비해서 불이익을 겪게 되고 그것이 지속적으로 이후까지 영향을 미치는 경우다. 경제활동 초기 과정의 저소득이 낮은 경력에서 생기는 문제라면 세대 그 자체는 큰 문제가 되지 않는다. 왜냐하면, 그것은 나이가 많아지면 해결되는 문제이기 때문이다. 오늘날 양극화의 문제는 계급 간 불평등이 심해지고 때문이다. 계급에 따라서 소득 프로파일이 크게 다르기 때문에, 생애 전 과정에서 경제적인 복지가 계급별로 크게 달라진다. 나이가 들수록 계급 간 소득 격차는 더욱 벌어지기 때문에 생애 과정으로서의 세대가 문제가 될 수 있다. 다시 말해서, 계급과 세대 간의 상호작용이 한국의 불평등 체제를 이해하는 데 중요한 고리가 된다고 볼 수 있다.

그러나 노동시장에서의 외부자인 비정규직의 경우는 연령 증가에 따른 소득 증가분은 대단히 적은 것으로 나타났다. 〈그림 5-2〉에서 하단 부분은 중간계급 비정규직과 노동계급 비정규직의 월소득 추이를 보여 준다. 두 가지 점에서 비교가 가능하다. 첫째는 계급 효과로서 중간계급의 월소득이 노동계급의 월소득보다 높다는 점이다. 중간계급 정규직 월소득은 노동계급 정규직 월소득보다 높고, 중간계급 비정규직 월소득은 노동계급 비정규직 월소득보다 상대적으로 높았다. 둘째는 노동시장의 내부자/외부자 효과로서 정규직 월소득이 비정규직 월소득에 비해서 높다는 점이다. 노동계급 정규직의 월소득과 중간계급 비정규직의 월소득을 비교하면, 노동계급 정규직의 월소득이 훨씬 높게 나타났다. 동일한 비정규직 내에서는 중간계급의 월소득이 노동계급 월소득에 비해서 약간 높았지만, 정규직과 비정규직을 비교하면, 계급효과는 사라진다. 이런 추세는 1998

년보다 2007년에 더욱 뚜렷하게 나타났다. 이것은 비정규직 근로소득의 경우 계급위치에 관계없이 노동시장에서의 위치에 따라서 더 큰 영향을 받는다는 것을 의미한다. 이런 점에서 계급과 무관하게 비정규직은 사회적으로 배제된 외부자로 볼 수 있을 것이다.

4. 맺음말

이 장에서는 세대 문제를 소득 불평등 문제와 관련해 살펴보았다. 불평등 체제가 개인들의 전체 생애에 걸쳐서 이루어지는 변화 과정과 밀접하게 연계되어 있다는 점에서 세대 문제는 사회학의 중요한 연구 과제라고 볼 수 있다. 그런 점에서 세대와 관련된 연구는 생애 과정 차원에서 다루어질 필요가 있다. 최근 일부 학자들에 의해서 다루어지듯이, 세대 문제를 특정 세대가 경험하고 있는 상황과 관련해 논의하는 것은 문제를 왜곡시킬 위험성을 지니고 있다. 최근 '88만 원 세대'라는 대중적인 담론을 통해서 외환 위기 이후 현재 20대가 겪고 있는 취업과 고용상의 문제가 많이 언급되고 있다. 이것은 이슈를 제기하는 데는 성공했지만, 한국의 불평등 문제나 고용문제가 전체 세대와 연관되어 있는 점을 제대로 드러내지는 못했다. 세대 문제는 전체 사회 수준에서 이루어지는 불평등 체제의 구조화 과정과 관련된 문제이며, 개인의 전 생애 과정에서 이루어지는 경제활동과 맞물려 이해되어야 한다.

이 연구에서는 경험적인 자료 분석을 통해서 최근 '88만 원 세대' 논의에서 이루어진 논의가 타당하지 않다는 점을 밝혔다. 〈한국노동소득패널조사〉 제1차 자료와 제10차 자료를 이용해 타일 지수를 분석한 결과, 세대 간 불평등은 약화되었으며, 반면에 세대 내 불평등이 심화되어 전체 불평등이 증가하는 것으로 나타났다. 세대 내 불평등은 모든 세대에서 크게 증가했다. 세대 내 불평등이 커지는 주된 이유는 계급에 따른 소득 격차가 연령 증가와 함께 더 커지고 있기 때문이다. 특히 40대와 50대에서 세대 내 불평등이 대단히 컸다. 1998년 20대가 2007년 30대가 되었을 때, 세대 내 불평등이 크게 증가했지만, 1998년 30대 내의 불평등에 비해서는 감소했다. 이것은 20대에서 나타나는 여러 속성들이 그대로 유지되는 것이 아니라 나이 증가에 따라서 새로운 패턴을 보여 준다는 것을 의미한다.

단적으로, 오늘날 한국 사회의 불평등 문제는 20대만의 혹은 20대와 다른 세대의 문제가 아니라 오히려 20대 이후 세대의 문제라고 볼 수 있으며, 특히 40대 이후의 문제라고 말 할 수 있을 것이다. 실업률은 20대에서 가장 높지만, 그들이 나이를 먹으면서 점차 실업률은 낮아졌다. 그러나 20대 이후에도 비정규직 비율은 꾸준히 높아지고, 소득이 낮은 프티부르주아지 비율도 급격히 높아진다. 40대 이후에는 상대적으로 소득이 낮은 비정규직, 프티부르주아지와 실업자 비율을 합하면, 40대 이후 전체 경제활동인구의 절반에 달하고 있다. 40대 이후 계급 간 월소득 격차가 확대되면서, 세대 내 계급에 따른 소득 불평등도 대폭적으로 증가한다. 이들은 동원할 수 있는 권력자원도 없고, 복지정책을 통한 국가의 지원도 없는 상태에서 노동빈곤층이 될 가능성이 높은 집단이다. 결과적으로 외환 위기 이후 계급 간 소득 격차가 더 커졌고, 연령이 높아질수록 계급 간 소득 격차는 더욱 벌어져서 계급 불평등은 증폭되고 있다.

전체 생애 과정에서 본다면, 연령 코호트에 따라서 계급 구성이 크게 다르게 나타났다. 20대의 계급 구성은 주로 중간계급과 노동자계급으로 이루어지고, 40대에는 계급 구성이 다양화되면서, 자본가계급, 프티부르주아지, 중간계급, 노동계급 등이 상대적으로 고르게 분포되었다. 50대 이후에는 프티부르주아지와 노동계급 비정규직의 증가가 지속적으로 이루어지면서, 프티부르주아지와 노동계급 비정규직이 주류를 이루는 변화를 보였다. 60세 이상의 경우 거의 80%가 경제 영역에서의 외부자에 속하는 프티부르주아지, 비정규직 노동자와 실업자로 이루어졌다. 이런 점은 한국에서 극단적으로 높게 나타나는 노인 빈곤과도 관련이 있다.

본 연구의 한계를 두 가지 점에서 지적하는 것이 이후의 논의를 위해서 필요하다. 먼저, 본 연구에서는 남성과 여성을 구분하지 않고 세대 불평등 문제를 다루었다. 성별 구분을 하면, 세대와 계급을 구분했을 때 사례수가 너무 적어서 통계적인 분석상의 어려움이 발생하기 때문에 성별 구분을 하지 않았다. 피고용자의 경우 남성과 여성의 임금은 큰 차이를 보인다는 점에서 본 연구는 나름대로 한계를 지닐 수 있다. 사례수가 많은 자료를 이용해 성, 세대, 계급을 구분해 분석한다면 좀 더 정확한 분석 결과를 얻을 수 있을 것이다. 그러나 사례수가 크고 또한 비교 가능한 양질의 자료가 드물기 때문에, 부득이 성별 구분을 하지 않았다. 이후 다른 자료를 통해서 성별 구분을 통한 세대, 계급과 불평등 문제가 다루어질 수 있을 것이다.

그다음으로 경제활동 의사를 포기한 실망 실업자나 일을 할 수 있는 기회를 사회적으로 박탈당한 고령 퇴직자들을 이 글의 분석에 포함시키기 않았다. 실업자를 분석에 포함시켰다는 점에서 기존의 소득 불평등 연구보다는 대상을 좀 더 확대시켰지만, 볼 수 있지만, 아직도 '사회 현실'과는 어느 정도 거리가 있다고 볼 수 있다. 특히 20대의 경우 부모와 같이 살면서 경제활동 참여 의사를 적극적으로 보이지 않는 비활동적인 인구가 많다는 점에서 여기에서 다루어진 20대가 오늘날 한국의 20대와 동일하다고 보기는 어렵다는 점에서 비경제활동인구를 포괄하는 후속 연구가 필요하다고 볼 수 있다.

| 6장 |

성별 임금격차 구조

차이와 차별

1. 문제 제기

이 장에서는 한국 사적 부문 남녀 피고용자들의 임금격차 구조를 분석한다. 탐색적인 차원에서 사적 부문에서 남성과 여성의 임금격차가 어느 정도 존재하는지 그리고 왜 그런 격차가 발생하는지를 경험적인 자료를 분석해 논의하고자 한다.

사적 부문에서 피고용자들의 임금은 노동력 공급과 노동력 수요에 따라서 결정된다고 전제된다. 노동력 공급은 일자리를 원하는 사람들에 의해서 이루어지고, 노동력 수요는 일할 사람을 채용하는 고용주에 의해서 결정된다. 성별 임금격차는 이런 과정에서 나타나는 결과라는 점에서 노동시장의 문제라고 인식되어 왔다. 그러나 노동시장 자체가 경제적인 차원에서 수요와 공급에 의해서만 움직이는 것이 아니라, 계급, 성, 인종 등에 따른 배제나 차별과 맞물려 움직이고 있다. 성별 임금격차는 성차별과 밀접하게 연관되어 있기 때문에, 성별 임금격차는 학술적인 쟁점일 뿐만 아니라, 법적 분쟁이나 정책적 쟁점으로도 다루어지고 있다(정형옥 2010; Jacobsen 2007; Eckes & Toutkoushian 2006; Gunderson 1989; Ashenfelter & Oaxaca 1987; Rubinfeld 1985).

성별 임금격차는 모든 사회에서 나타나는 보편적이고 또한 지속적인 현상으로 인정되지만, 격차의 크기는 사회마다 매우 다르다. 유럽 대륙과 스칸디나비아 지역에서는 상대적으로 성별 임금격차가 적은 반면, 남유럽과 영미권에서는 성별 격차가 높고, 동아시아에서 성별 격차는 더욱 크게 나타나고 있다(Gradin & Rio & Canto 2010; OECD 2010a; Blau & Kahn 1996b). 2007년 현재, 한국 여성의 평균임금은 남성 평균임금의 62%로 OECD 국가들 가운데 성별 임금격차가 가장 큰 것으로 나타났다(OECD 2010a, 274). 또한 장기적인 관점에서 본다면, 성별 임금격차는 점차 줄어들고 있는 추세를 보이고 있지만(OECD 2010b; 김영미 2009; 정진화 2007; 유경준 2001b; Stanley & Jarrell 1998; Gunderson 1989, 46-47), 산업화 수준이나 경제 수준과 성별 임금격차는 직접적인 상관관계를 보이고 있지는 않다. 한국의 경우 외환 위기 이후 격차는 줄어들지 않고 있고, 2004년 이후 성별 임금격차는 더 커졌다(금재호 2010, 50). 그리고 일본과 같이, 고도로 산업화된 사회에서도 아직도 성별 임금격차는 매우 크다. 일본의 경우에도 지속적으로 성별 임금격차는 줄어들고 있기는 하지만, 여전히 성별 임금격차가 크다는 사실은 성별 임금격차 문제가 단순히 경제적인 요인만으로 설명되지 않는다는 점을 잘 보여 준다.

본 연구는 2007년 〈경제활동인구조사〉 부가조사 자료를 이용해 성별 임금격차를 분석하고, 임금격차를 만들어 내는 요인을 두 가지(차이에 따른 격차와 차별에 따른 격차)로 분해한다. 구체적으로 오하카-블린더Oaxaca-Blinder 불평등 분해 방법을 이용해 전체 남녀 임금격차 중 차이에 의한 격차와 차별에 의한 격차를 밝혀내고자 한다. 먼저, 성별 임금격차에 관한 기존의 논의와 연구를 살펴본다. 성별 임금격차를 개인적인 속성에 기인하는 것으로 본 인적 자본론에서부터 가부장제 이데올로기로 보는 페미니즘 이론에 이르기까지 다양한 논의를 살펴보고, 기존의 이론적인 논의들이 제시하는 성별 임금격차를 만들어 내는 변수들을 추출한다.

그다음, 분석에 사용된 자료와 분석 방법으로서 오하카-블린더 불평등 분해 방법을 소개하고, 그에 기초한 경험적인 분석 결과를 제시한다. 다양한 선행 연구 결과를 고려한 분석 모형을 적용해 계량적인 분석을 시도했다. 분석 모형에는 임금에 영향을 미치는 공급 차원의 변수(인적 자본과 노동시간)와 수요 차원의 변수(고용 형태, 기업 규모, 직업, 산업) 그리고 노사관계 제도 변수(노조 유무)를 포함했다. 성별 임금격차를 변수의 분포 차이에 따른 격차(차이)와 변수가 임금에 영향을 미치는 계수의 차이에 따른 격차(차별)로 구분해, 전체 성별 임금격차의 상당 부분이 차별에 의한 격차이며, 차별의 대부분이 연령에 따른 차별적인 보상인 연령차별주의ageism와 성차별주의sexism에 기인하고 있음을 밝힌다.

마지막으로 본 연구가 지니는 함의와 한계를 다룬다. 구체적으로, 본 연구 결과는 한국의 성차별적 임금체계가 복합적인 속성을 지니고 있음을 보여 주며, 차별이 가부장제의 두 축인 성과 연령을 중심으로 나타나고 있음을 밝힌다. 또한 이론적인 차원에서 특정한 요인만을 강조하는 본질주의적인 접근이 지니는 한계에 대한 인식도 필요하다는 점을 논의한다. 다시 말해서, 성별 임금격차의 문제는 다양한 학문 분야에서 전개되는 각기 다른 접근보다는 종합적이고 총체적인 접근이 필요하다는 점을 강조한다.

2. 성별 임금격차에 관한 기존 연구

젠더 불평등은 경제활동 참가율, 직업에 따른 성별 구성 차이, 소득 격차 등 경제활동과 관련된 젠더 격차뿐만 아니라 가족이나 다른 사회적 영역에서의 젠더 격차를 모두 포함한다. 이 중에서 성별 임금격차 논의는 젠더 불평등의 한 영역인 임금에서 나타나는 젠더 격차에 관한 논의이다. 성별 임금격차에 관한 논의는 주로 경제학, 사회학과 여성학에서 많이 다루어졌고, 학문의 속성에 따라서 매우 다양하게 이루어졌다. 노동경제학의 경우 여성과 남성 임금격차의 원인을 주로 노동력 공급 차원의 개인적 속성에서 찾는다(김주영 2009). 공급 차원에서 성별 임금격차를 설명하는 경우는 대표적으로 개인의 인적 자본과 노동력 공급 동기를 중심으로 성별 임금격차를 설명하는 인적 자본론을 들 수 있다(Polachek 1985; 2004; 2006; Mincer & Polachek 1974; Becker 1971). 게리 베커는 생산성에 영향을 미치는 인적 자본(교육, 경력, 근속, 직무 훈련 등)에 대한 투자에 있어서 여성이 남성보다 적기 때문에 여성의 임금이 남성에 비해서 낮다고 주장한다(Becker 1971). 또한 남녀 임금격차의 원인으로 성적 직무 분리를 강조하는 사회학자들의 주장에 대해서, S. W. 폴라첵은 성적 직무 분리보다 전통적인 인적 자본론이 젠더 임금격차를 더 잘 설명하며, 성별에 따라 노동력 공급 동기가 다르기 때문에, 젠더 임금격차는 공급 차원의 개인적인 속성을 더 크게 반영하고 있다고 주장한다(Polachek 1987).

경제학 내의 제도적인 접근은 노동시장 구조, 노사관계, 임금구조 등과 같은 수요 차원의 요인을 강조한다(Blau & Khan 1994; 1996; 2006; Bergmann 1974). 이런 접근은 인적 자본의 중요성을 완전히 부정하는 것은 아니지만, 개인 차원을 강조하는 인적 자본론이 일반적인 임금 불평등과 성별 임금 불평등을 충분히 설명하지 못한다고 본다. 예를 들어, B. A. 베르그맨은 여성들이 집중되는 노동시장에서 노동력 공급이 과도하게 많이 이루어지기 때문에 여성들의 임금이 낮다는 과밀 가설crowding hypothesis을 제시했다(Bergmann 1974). 노동시장이 분절되어 있고 여성들이 저임금 노동시장으로 과도하게 몰려서, 노동 공급 과잉이 이루어지기 때문에 여성들의 개인적인 속성과 무관하게 여성들의 평균임금이 낮아진다는 것이다. 한국의 경우도 고학력 전문직의 경우 여성 비율이 낮고, 성별 임금격차도 낮으며, 격차도 주로 생산성(인적 자본) 차이에 기인하는 반면, 여성 비율이 높은 직종에서 성별 임금격차도 크고 격차도 주로 차별에 기인한다(임정준 2010; 신경수 2003; 2005).

분절 노동시장이나 성적 직무(직종)분리에 관한 사회학 논의도 노동시장 구조나 숙련 형성 제도, 최저임금제도와 같은 비시장적 제도를 중심으로 젠더 불평등을 설명하고자 한다(Grusky & Sørensen 1998; Peterson & Morgan 1995; Rubery 1995; Rubery & Fagan 1993; Bielby & Baron 1986). 이런 연구들은 노동시장으로 진입하는 단계에서 여성들이 저임금 직종이나 산업으로 집중되는 사실에 초점을 맞춘다. 동일한 직종이나 산업 내에서 남성과 여성의 임금격차가 적더라도, 직종이나 산업 간 임금격차가 큰 경우, 저임금 직종이나 산업으로 여성들이 집중된다면, 전체적으로 남성과 여성의 임금격차가 크게 나타난다는 것이다. 그러므로 한국에서 여성의 비율이 높은 서비스업이 확대되는 것은 성별 임금격차에 부정적인 영향을 미치게 된다(김영미·이성균 2010). 이런 접근은 개별 고용주 차원의 임금 차별보다 사회구조적인 수준에서 작동하는 성별 직무(직종)분리에 더 초점을 맞추고 있다.

성별 직무 분리가 일어나는 원인과 관련해, 폴라 잉글랜드는 남성에 비해서 여성 노동에 대한 낮은 평가가 핵심적인 원인이라고 보았다. 남성에 비해서 여성의 임금이 낮은 것은 여성 노동에 대한 저평가devaluation에 근거하고 있기 때문에, 결과적으로 여성의 비율이 높은 직업일수록 임금이 낮아져서, 성적 직무 분리가 젠더 임금격차의 주된 원인이 된다고 보았다(England 1992). 그렇다면, 여성 노동에 대한 저평가는 왜 일어나는가? 잉글랜드는 그 이유를 가부장제 이데올로기에서 찾고 있다(England 2006). 미국의 경우 성적 직무 분리는 여성들의 모성 역할과 직접 관련되어 있지 않다는 특징을 지니고 있다는 점에서 모성보다는 가부장제적인 이데올로기의 역할을 강조하고 있다. 이데올로기 변화가 단기간에 일어나지 않기 때문에, 여성들의 경제활동과 임금에 영향을 미치는 모성보호법이나 성차별 금지법과 같은 법과 제도적 차원의 변화가 20세기 후반 젠더 임금격차를 줄이는 데 더 기여했다(Chang 2000; Kelly & Dobbin 1998).

인적 자본이나 노동시장 구조에 덧붙여, 노사관계의 제도적 요인도 전체적인 수준에서 남녀 임금격차를 만들어 낸다. 노동조합의 임금 효과가 크고 또한 남성과 여성의 노조 가입률의 차이가 있기 때문에 전체적으로 노조의 임금 효과는 남성에게서 더 크게 나타난다. 그러므로 미국과 같이 노조 조직률이 하락하는 경우, 성별 임금격차가 줄어드는 효과가 나타나게 된다(Blau & Kahn 2006). 노동조합이 블루칼라 남성과 여성 간의 성별 임금격차를 축소시키는 효과를 지니고 있기 때문에, 전체 여성과 남성 간의 임금격차 축소 여부는 노동조합 내 여성의 비율에 달려 있다(Elvira & Saporta 2001). 또한 노조가 조직되어 있는 사업체에서 성별 임금격차가 더 적은 경우가 많지만, 그것도 산업에 따라서 다르다는 것이다. 한국의 경우, 개인적 조건이 같더라도 노조가 없는 경우보다 있는 경우에, 그리고 서비스업보다 제조업에서 임금이 높다는 것도 제도적인 요인들에 기인한다. 노조가 차별을 약화시키는 역할을 하고 있기 때문에 노조에 속한 여성은 노조에 속하지 않은 여성보다 차별을 적게 받는다. 성별 임금격차는 이런 제도와 젠더 간 상호작용에 영향을 받는다.

성 편향적인gender biased 기술 변화도 임금격차의 중요한 원인으로 간주되고 있다(Blau & Kahn 2006). 최근의 추세와 같이 기술 편향적인 테크놀로지 변화skill-biased technological change가 가속화되고 있고, 이에 필요한 교육 수준이 높아지고 있는 상황에서 이런 변화의 혜택이 기술과 지식을 보유한 남성들에게 더 많이 주어지게 된다. 더구나 교육에 대한 보상이 더 커지고 있기 때문에, 고학력 노동자나 숙련 노동자들의 경우 임금이 더욱 높아지게 된다. 이런 직종에 남성의 비율이 높아지는 경우, 전체적으로 남성과 여성의 임금격차는 더 커지게 된다는 것이다(Blau & Khan 2006, 48-49). 그러나 2000년대 들어서 컴퓨터와 통신 기술이 전 산업으로 확산되고 있음에도 불구하고, 성별 임금격차는 커지고 있지 않다는 점에서 기술 편향적 테크놀로지 변화 명제에 대한 반론도 제기되고 있다(Card & DiNardo 2002).

성별 임금격차와 차별을 둘러싼 다양한 이론적인 논쟁과 더불어 임금 차이를 만들어 내는 핵심적인 요인들에 대한 다양한 주장이 경험적 연구와 함께 제시되었다. 이런 주장들은 크게 임금 결정 요인을 공급 차원의 개인의 인적 자본(교육과 경력을 포함한 일반적 인적 자본과 근속연수와 같은 기업에 특수한 인적 자본)과 수요 차원의 요인들(노동시장 구조, 기업 조직, 직업, 산업)이나 제도적 요인들(노조, 최저임금제도)로 보고 있다. 과거 논의들이 주로 노동력 공급 차원에서 생산성과 관계가 있는 개인의 속성을 중심으로 논의가 이루어졌다면, 최근의 논의는 임금이 공급뿐만 아니라 수요에 의해서도 큰 영향을 받는다는 점에 주목한다. 수요 차원의 속성이라고 볼 수 있는 기업의 규모, 기업이 속해 있는 산업, 직업 등에 의해서도 임금이 영향을 받는다.

이론적인 논의에서 제기된 변수들 이외에 현실에서 다양한 변수들이 임금에 영향을 미치고 있다. 한국의 경우, 기업 규모에 따라서 임금수준이 현저하게 달라진다(정이환 2007; 황호영 1996). 2009년 10인 미만의 사업체에 근무하고 있는 남성의 비율은 30.1%였지만 여성은 43.1%로 남성보다 훨씬 높았다(금재호 2010, 63). 기업 규모뿐만 아니라 산업과 직업도 임금에 영향을 미치기 때문에, 순수한 임금 차별을 분석하기 위해 임금에 영향을 미치는 수요 차원의 요인들을 적극적으로 고려할 필요가 있다. 또한 피고용 형태도 임금에 영향을 미친다. 현실에서는 인적 자본론이나 페미니즘에서 강조하는 변수들뿐만 아니라 임금에 영향을 미치는 요소들이 다양하다.

성별 임금격차와 관련된 핵심적인 쟁점은 두 가지다. 하나는 성별 임금격차 가운데 어느 정도가 성차별에 기인한 것인가 하는 정도의 문제다. 성별 임금격차를 단순히 개인들의 인적 자본의 차이에 따른 격차(생산성 격차)와 인적 자본에 대한 차별적인 보상에 기인한 격차(보상 격차)로 구분하는 것은 정당화될 수 있는 격차인 차이와 정당화될 수 없는 격차인 차별을 구분하기 위한 것이다. 경험적인 연구에서 성별 임금 차별의 정도는 분석에 포함되는 변수들에 따라 달라지기 때문에, 생산성 격차와 보상 격차를 구분할 수 있도록 다양한 변수들을 고려하는 분석 모형을 구축하는 것이 중요하다.

다른 하나는 차별의 원인에 관한 것이다. 이론적으로 가부장제 혹은 여성 노동에 대한 저평가 등이 차별의 원인으로 제시되었지만, 이런 논의는 너무 일반적이고 추상적인 주장이기 때문에 좀 더 구체적인 논의가 필요하다. 가부장제 이데올로기로 임금 차별을 설명하는 것은 쉬운 설명일 수 있으나, 가부장제가 어떻게 차별의 원인이 되는지를 구체적으로 밝힐 수 있는 분석이 필요하다.

3. 자료 및 분석 방법

자료와 변수

본 연구에서 분석에 사용한 자료는 2007년 8월 〈경제활동인구조사〉 부가조사 자료다. 2007년도 자료를 사용한 이유는 2007년이 외환 위기가 발생한지 10년이 되는 해이자, 경제적으로 외환 위기에서 완전히 벗어난 해이다. 또한 2007년에 최초로 한국의 1인당 국민소득이 2만 달러를 넘어선 해이기도 했다. 그렇지만 사회 양극화가 심화되어 정치적으로 사회 양극화를 둘러싼 논쟁들이 본격화된 시기이기도 했다. 외환 위기 이후 사회 양극화가 일어나고 있다는 사실 자체에 대해 대체적인 동의가 이루어졌지만, 사회 양극화를 해소하기 위한 정책적 대응을 둘러싼 입장 차이가 논쟁의 형태로 크게 대두되었다. 그러므로 2007년 자료는 외환 위기 이후 이루어진 신자유주의적 경제개혁으로 인해 새롭게 형성된 노동시장의 특징과 임금결정 제도를 잘 드러낸다고 볼 수 있다.

특히 경제활동 부가조사 자료는 세 가지 점에서 임금 불평등과 관련해 매우 유용한 자료다. 첫째, 표본의 규모가 크기 때문에, 직업이나 산업 내의 임금 불평등을 분석하기에 적합하다. 이 조사 자료는 전체 표본 규모가 68,027명으로 사회학 내의 경험적인 연구에서 사용되는 기존의 전국 조사 자료보다 훨씬 큰 규모의 자료라고 볼 수 있다. 둘째, 노동력 공급자의 정보뿐만 아니라 노동력 수요 차원의 정보와 노조에 관한 정보를 제공하고 있어서 상대적으로 포괄적인 분석 모형을 이용한 분석이 가능하다. 셋째, 경제활동 부가조사 자료는 임금 자료를 만 원 단위로 조사하기 때문에 임금과 관련된 분석에 매우 유용한 자료다. 대부분 전국적인 서베이 자료는 임금을 급간interval으로 조사하고 있지만, 〈경제활동인구조사〉 부가조사는 실제로 받는 임금을 만 원 단위로 조사하고 있기 때문에 임금 측정 오차가 적다. 급간으로 임금을 조사하는 경우 대부분 각 급간의 중앙값을 임금으로 사용하기 때문에, 임금 측정에서 오차가 커서 분석 결과의 타당성이 떨어지게 된다.

본 연구에서는 현재 공공 부문에 종사하는 피고용자를 제외하고 사적 부문에 취업해 임금을 받는 15세 이상과 65세 미만의 피고용자만을 분석에 포함시켰다. 공공 부문의 임금 결정은 관료적이고 정치적으로 결정되기 때문에 분석에서 제외했다(신광영 2009). 또한 산업 분류에서 농업에 종사하는 응답자를 제외시켰다. 최종적으로 분석 포함된 사례는 23,221명이다. 본 연구에서는 기존의 여러 학문 분야에서 제시된 다양한 주장들을 고려해, 임금에 영향을 미치는 다양한 변수들을 동시에 분석에 포함시켰다. 그 이유는 이런 분석을 통해서 성별 임금 불평등을 만들어 내는 변수들의 영향력을 비교 평가하기 위한 것이다. 또한 기존의 여러 연구들(정진화 2007; 유경준 2001a)에서 공통적으로 분석에서 빠진 변수이지만, 임금에 영향을 미치는 중요한 변수인 노동시간을 분석에 포함시켰다. 분석에 사용된 주요 변수에 관한 정보는 〈부록 7-1〉(이 책의 214쪽)과 같다.

분석 방법

본 연구에서는 남성과 여성 임금격차 분석 방법으로 두 가지 분석 방법을 사용한다. 첫 번째 방법은 평균을 중심으로 남녀 격차를 분석하는 오하카-블린더 분해 방법을 사용한다(Blinder 1973; Oaxaca 1973). 오하카-블린더 분석 방법은 남성과 여성뿐만 아니라 다양한 집단 간의 격차 혹은 차이를 분석하기 위한 방법론으로 법적인 분쟁에서도 적용되고 있다(Ashenfelter & Oaxaca 1987). 임금격차 분해 방법은 평균임금 격차와 임금에 영향을 미치는 요인들의 평균값 차이와 요인들이 임금에 미치는 효과(계수)의 차이에 의한 격차를 구분하는 방법이다.

표준적인 오하카-블린더 분해는 남성과 여성의 임금 함수에 기초한다. 남성의 임금 함수는 다음과 같이 표현될 수 있다.

$$Yi = X_i' \beta_i + \epsilon_i \qquad (1)$$

여기에서 Y_i는 로그 임금이며, X_i는 임금에 영향을 미치는 요인 벡터이고, β_i는 X_i가 임금에 미치는 영향을 보여 주는 모수치 벡터이며, ϵ_i는 오차로서 $(0, \sigma_\epsilon)$의 정상분포를 가정한다. X_i는 공급 차원의 변수들로서 교육연수, 나이, 근속연수와 노동시간을 포함한다. 나이와 근속연수를 구분한 것은 여성의 경우 경력 단절로 인해 나이와 근속이 다른 방식으로 임금에 영향을 미치기 때문이다(김주영 2009). 남성과 여성의 임금격차는 다음과 같이 표현될 수 있다.

$$\overline{Y_m} - \overline{Y_f} = \overline{X_f'}\,(\widehat{\beta_m} - \widehat{\beta_f}) + (\overline{X_m} - \overline{X_f})\widehat{\beta_m} + (\overline{X_m} - \overline{X_f})'\,(\widehat{\beta_m} - \widehat{\beta_f})$$
$$= \mathrm{D} + \mathrm{E} + \mathrm{D*E} \qquad (2)$$

여기에서 $\overline{Y_m}$과 $\overline{Y_f}$는 각각 남성과 여성의 로그 평균임금이고, $\overline{X_m'}$와 $\overline{X_f'}$은 각각 남성과 여성 임금에 영향을 미치는 변수 벡터의 평균이며, $\widehat{\beta_m}$과 $\widehat{\beta_f}$은 각각 추정된 변수 벡터가 남성과 여성 임금에 미치는 영향력(보상 정도)을 보여 준다. 우측 첫 번째 부분(D)은 남성과 여성 간 보상의 격차에 해당하는 부분이며, 이는 전체 차이 중에서 차별에 해당하는 부분이다. 가정해서 여성이 남성과 동일하게 보상을 받는다고 한다면, 이 부분은 0이될 것이다. 여기에서 남성과 여성의 임금 비교 기준이 되는 준거집단은 남성이다. 두 번째 부분(E)은 임금에 영향을 미치는 요소들 차원에서 성별 분포의 차이를 나타낸다. 예를 들어, 남성과 여성에서 교육 수준, 연령, 근속연수의 분포에서 차이가 있을 수 있다. 그러나 보상은 동일하게 남성 수준($\widehat{\beta_m}$)으로 이루어지기 때문에 차별이 아니라 남녀 간 차이에 해당하는 부분이다. 물론 엄밀히 말해서 이 부분도 사회학적으로 볼 때, 단순한 차이는 아닐 수 있다. 예를 들어, 성별 근속연수의 차이나 학력 자체가 가부장제나 성차별적 고용 관행의 산물이라고 볼 수 있기 때문이다. 그러나 여기에서는 이것을 일단 개인들의 인적 자본의 차이라고 가정한다. 세 번째 부분

(D*E)은 두 가지 요소의 상호작용에 해당하는 부분이다. 분포의 차이와 보상의 차이 간의 상호작용 부분은 완전하게 차별이라고 볼 수는 없다. 여기에서는 상대적으로 순수한 차별의 정도를 추정하기 위해 분석 모형에 포함시켰다.

표준적인 오하카–블린더 분해 분석에 추가적으로 노동력 수요 차원의 요인들을 분석 모형에 포함했다. 이것은 다음과 같이 표현될 수 있다.

$$Yi = X_i' \beta_{1i} + O_i' \beta_{2i} + \epsilon_i \qquad (3)$$

여기에서 O_i는 임금에 영향을 미치는 노동력 수요 차원의 요인들로 피고용 형태, 산업, 직업, 기업 규모와 같은 구조적인 요인들과 노조와 같은 노사관계 제도적인 요인들을 포함한다. 여기에서 남성과 여성의 임금 격차는 다음과 같이 표현될 수 있다:

$$\overline{Y_m} - \overline{Y_f} = \overline{X_f}'(\widehat{\beta_{1m}} - \widehat{\beta_{1f}}) + (\overline{X_m} - \overline{X_f})'\widehat{\beta_{1m}} + \overline{O_f}'(\widehat{\beta_{2m}} - \widehat{\beta_{2f}}) + (\overline{O_m} - \overline{O_f})'\widehat{\beta_{2m}}$$
$$+ (\overline{X_m} - \overline{X_f})'(\widehat{\beta_{1m}} - \widehat{\beta_{1f}}) + (\overline{O_m} - \overline{O_f})'(\widehat{\beta_{2m}} - \widehat{\beta_{2f}})$$

$$(4)$$

이 수식의 우측에서 세 번째 부분은 수요 차원의 요인들과 제도적인 요인들에서 남성과 여성의 보상 수준의 차이를 의미하며, 차별이라고 볼 수 있는 부분이다. 그리고 네 번째 부분은 수요 차원의 요인들과 제도적인 요인들의 성별 분포 차이를 의미한다. 이 부분은 피고용 형태, 산업, 직업, 기업 규모, 노조에서 남성과 여성의 분포 비율이 같아지면 0이 된다. 다섯 번째 부분은 노동력 공급자 차원인 개인적인 요인의 차이와 개인적인 요인에 대한 보상의 차이 간의 상호작용이다. 이것은 개인적인 요인이 같아지거나 혹은 보상의 차이가 사라지면 0이 된다. 여섯 번째 부분은 수요 차원

요인들의 '성별 차이'와 그 요인들에 대한 '성별 보상의 차이' 사이의 상호 작용이다. 남녀별로 피고용 형태별, 산업별, 직업별, 기업 규모별, 노조 가입 유무별 분포가 동일하거나 혹은 피고용 형태, 산업별, 직업별, 기업 규모와 노조 가입 여부에 따른 성별 보상의 차이가 사라진다면, 이 부분은 0이 된다.

두 번째 방법은 부트스트래핑bootstrapping 추정 방법을 사용해 표본 추정치의 정확성을 검토한다. 부트스트랩 추정 방법은 분석 표본을 모집단으로 가정하고 다시 n개의 자료를 표본으로 구성해 모수치를 추정하는 통계적인 기법이다. 이런 방법을 계속해서 점 추정치의 분포를 만들고 추정치와 신뢰구간을 추정하는 것이다. 이처럼 부트스트래핑 방법을 사용하면, 오하카-블린더 분해 분석을 통해서 얻은 모수parameter 추정치와 추정치의 오차를 구할 수 있다.

4. 분석 결과

〈그림 6-1〉은 2007년 〈경제활동인구조사〉 부가조사 자료에서 나타난 남성 월평균 임금과 여성 월평균 임금의 커넬 밀도 분포kernel density distribution 다. 위 그림은 남성과 여성을 분리하지 않고 커넬 밀도 분포를 그린 것이고, 아래 그림은 남성과 여성을 분리해 커넬 밀도 분포를 그린 것이다. 성별로 분리한 커넬 밀도 분포를 보면, 남성보다 여성의 소득 분포가 왼편으로 치우쳐 있어서 여성의 임금이 낮은 쪽으로 치우쳐 있는 것을 알 수 있다. 또한 여성의 임금 분포 봉우리가 남성보다 높게 나타나서 여성의 임금이 남성의 임금보다 특정 임금 수준에 더 집중되어 있음을 알 수 있다. 반면에 남성의 임금이 여성의 임금에 비해서 더 오른쪽, 즉 고소득 쪽으로 분

그림 6-1 | 로그 월평균 임금의 커널 밀도 분포

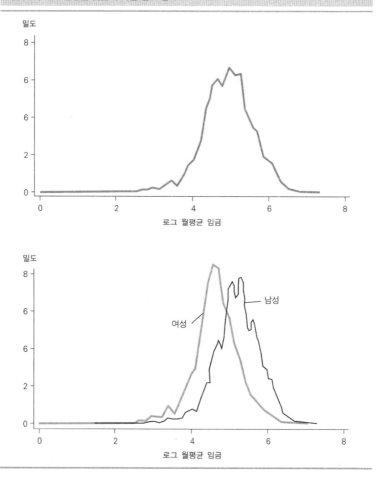

포되어 있고, 여성 임금에 비해서 더 넓게 분포되어 있는 것을 알 수 있다. 이것은 남성의 월평균 임금 불평등이 여성보다 크다는 것을 의미한다.

　여성과 남성의 임금격차의 구조를 좀 더 자세하게 살펴보기 위해서 임금 10분위별 분포상의 성별 구성을 살펴보았다. 〈표 6-1〉은 임금 10분위 내에서의 성별 분포를 보여 준다. 여기에서 알 수 있는 점은 여성은 낮은

표 6-1 | 성별 10분위 임금 분포

단위: %

소득 분위	1	2	3	4	5	6	7	8	9	10
남성	24.9	26.1	30.6	39.5	49.7	66.6	68.8	78.6	82.5	87.1
여성	75.1	73.9	69.4	60.5	50.3	33.4	31.2	21.4	17.5	12.9

임금 분위에 몰려 있는 반면, 남성은 높은 임금 분위에 몰려 있다는 사실이다. 낮은 임금 집단인 1분위와 2분위 임금 집단에서 여성의 비율이 70% 이상인 반면, 높은 임금 부문인 상위 9분위와 10분위에서 여성의 비율은 각각 17.5%와 12.9%로 매우 낮았다. 중간 소득 분위인 5분위에서 성별 분포는 거의 균형을 이루었다. 그러므로 한국에서 남성과 여성의 평균임금 격차가 큰 이유 무엇보다도 여성들이 낮은 임금 분위에 몰려 있는 반면, 남성들은 상대적으로 높은 임금 분위에 몰려 있기 때문에 나타난 결과라고 볼 수 있다.

여성이 저임금에 집중되어 있는 현실을 좀 더 잘 드러내는 것은 성별 저임금 비율의 차이다. OECD에서 통상적으로 적용되는 저임금의 기준인 중위 임금median wage의 50% 이하를 저임금이라고 정의하면, 2007년 피고용자의 저임금은 73만 원 이하의 임금이며, 전체 피고용자의 14%가 저임금을 받고 있는 것으로 나타났다. 이를 성별로 나눠 보면, 남성의 저임금 비율은 6.3%에 불과하지만, 여성의 저임금 비율은 무려 23.9%에 달하는 것으로 나타났다. 여성 피고용자 4명 중 1명 정도가 저임금을 받고 있는 것이다. 차상위 저임금 취득자까지 고려한다면, 근로 빈곤 여성의 비율은 대단히 높다고 볼 수 있다.

그렇다면, 왜 이렇게 남성과 여성의 임금 분포가 차이를 보이는가? 성별 임금격차의 구조를 좀 더 구체적으로 알아보기 위해, 노동력 공급자의 특성(교육, 나이, 근속연수, 노동시간), 노동력 수요와 관련된 변수들(고용상의 지위, 기업 규모, 산업, 직업)과 노사관계 제도 변수(노조 가입 여부)가 임금에

표 6-2 | 임금 회귀분석 결과

변수	모형 1	모형 2	모형 3	모형 4	모형 5	모형 6
상수	2.044***	2.199***	2.145***	4.098***	3.920***	2.071***
개인적 속성						
교육	.068***	.056***	.041***			.018***
나이	.076***	.074***	.069***			.065***
나이*나이	-.001***	-.001***	-.001***			-.001***
근속연수	.047***	.042***	.028***			.023***
노동시간	.007***	.005***	.004***			.005***
성						
남성=1		.348***	.337***		.443***	.308***
여성(=0)						
고용상의 지위						
정규직			.614***			.478***
임시직			.278***			.263***
일용직(=0)			-			-
기업 규모						
1~4				-	-	-
5~9				.153***	.127***	.075***
10~29				.295***	.263***	.122***
30~99				.433***	.389***	.167***
100~299				.457***	.399***	.155***
300+				.752***	.652***	.287***
노조						
무노조						-
비가입 대상						.034**
미가입						.112***
노조원						.110***
직업						
경영전문직				1.030***	.941***	.571***
기술직/준전문직				.722***	.620***	.366***
사무직				.555***	.566***	.307***
판매서비스직				-.229***	.314***	.216***
기능직				.511***	.385***	.273***
장치관리/조립				.461***	.330***	.133***
단순노동(=0)				-	-	-
산업						
광업/제조업				.084***	.095***	.088***
전기/가스/수도업				.434***	.370***	.141***
건설				.186***	.067***	.255***
도소매/음식/숙박업				.073***	.071***	.098***
운수/통신				.173***	.089***	.032
금융/부동산/사업서비스				.148***	.132***	.159***
교육/보건/오락				-.144	-.025	.029*
개인서비스(=0)				-	-	-
조정된 R²	.441	.502	.585	.394	.478	.644
N	23,221	23,221	23,221	23,221	23,221	23,221

주: * p<.05, ** p<.01, *** p<.001

미치는 영향을 단계적으로 분석했다. 노동력 공급자의 특성에서 노동시간을 제외한 변수들은 인적 자본론에서 강조하는 변수들이다. 그 이외의 변수들은 구조적 변수들과 제도적 변수들이다.

〈표 6-2〉는 2007년 농림어업 종사자를 제외한 사적 부문 피고용자들의 임금에 대한 회귀분석 결과다. 〈표 6-2〉의 모형 1은 개인적인 속성(교육, 나이, 근속연수, 노동시간)을 중심으로 한 모형으로 교육, 나이, 근속연수와 노동시간 모두가 유의미하게 임금과 관련이 있다는 것을 보여 준다. 개인적인 속성에 의해서 설명되는 임금의 분산은 전체 임금 분산의 44.1%로 높은 편이다. 모형 2는 모형 1에 성을 추가한 것으로, 회귀분석 결과는 남성이 여성보다 다른 개인적인 속성과 임금과의 관계를 통제한 후에도 34.8% 더 높은 임금을 받았다는 것을 보여 준다. 그리고 모형 2에 의해서 설명되는 임금 분산도 전체 분산의 50.2%에 달해 설명력이 매우 높다고 볼 수 있다. 모형 3은 고용상의 지위를 추가적으로 구분해 분석한 것이다. 여기에서는 일용직을 기준으로 했을 때, 고용 형태에 따라 일용직과의 임금격차가 대단히 크게 나타나고 있음을 알 수 있다. 또한 동일한 조건에서 정규직과 일용직 간의 임금격차는 남성과 여성의 임금격차의 두 배 정도에 달하고 있음을 알 수 있다.

〈표 6-2〉의 모형 4는 구조적 변수(기업 규모, 직업, 산업)와 임금 사이의 관계를 분석한 것이다. 모형 4의 분석 결과는 기업 규모, 직업과 산업에 따라서 임금이 유의미하게 다르다는 사실이다. 그리고 개별 피고용자들이 일하고 있는 기업의 규모와 그들의 직업과 산업만으로 개별 피고용자들의 임금 분산이 39.4% 정도 설명될 수 있다는 것을 보여 준다. 이것은 구조적인 속성만으로도 개인들의 임금이 상당 부분 설명된다는 것을 의미한다. 모형 5는 구조적 변수에 성을 추가한 모형이다. 이 경우 구조적 변수가 임금에 미치는 효과를 통제했을 때, 남성은 여성에 비해서 44.3% 더 높은 임금을 받는다는 것을 보여 준다. 모형 6은 개인적인 속성과 구조적인 속성

이외에 제도적인 속성으로서 노조의 효과를 고려한 모형이다. 그 결과, 개인적인 속성의 효과는 크게 줄어들었고, 남성과 여성의 임금격차도 줄어들었으며, 고용 형태에 따른 차이도 줄어들었다. 또한 구조적인 속성에 따른 차이도 역시 대부분 줄어들었다. 한 가지 흥미로운 점은 노조가 있는 경우, 노조 가입 대상이 아니거나 노조에 가입하지 않은 경우에도 노조의 효과를 누린다는 점이다. 노조가 있는 기업에서 일하지만, 노조에 가입 자격이 없는 피고용자나 혹은 노조에 가입할 자격은 있지만 노조에 가입하지 않은 피고용자도 무노조 기업의 피고용자에 비해서 각각 3.4%, 11.2%의 임금 프리미엄을 누리는 것으로 나타났다. 그리고 모형 6에서 남성은 여성에 비해서 30.8% 임금 프리미엄을 누리는 것으로 나타났다. 이것은 역으로 여성이 여기에서 제시된 개인적 속성, 구조적 속성, 제도적 속성이 동일함에도 불구하고 남성에 비해서 30.8% 더 낮은 임금을 받는다는 것을 의미한다. 즉, 적어도 〈표 6-2〉의 모형 6에서 고려한 여러 가지 요소들이 동일함에도 불구하고 여성이 임금 차별을 받고 있다고 볼 수 있다. 물론, 여기에서 고려한 요소들이 완벽하다고 볼 수 없다는 점에서 다른 요소들이 고려된다면, 남성과 여성의 격차는 30.8%보다 더 줄어들 수 있을 것이다. 그러나 모형 6의 설명력을 보여 주는 결정 계수 .644는 대단히 큰 수치라는 점에서 그리고 우리가 고려할 수 있는 임금에 영향을 미치는 거의 대부분의 변수들이 고려되었다는 점 그리고 조정된 R^2값이 .644로 대단히 높다는 점에서, 여성이 겪는 임금 차별은 대체로 30% 내외에 달한다고 추정할 수 있을 것이다.

〈표 6-3〉은 남성과 여성을 분리해 분석한 결과다. 〈표 6-2〉에서는 여성에 비해 남성이 누리는 혜택만이 고려되고 있지만, 〈표 6-3〉에서는 임금에 영향을 미치는 요소들의 영향이 남성과 여성에서 다르다는 것을 가정한다. 먼저, 교육과 나이가 임금에 미치는 효과를 살펴보면, 교육과 나이 단위 증가에 따른 임금 상승폭이 여성보다 남성에서 더 큰 것을 알 수 있

표 6-3 | 남성과 여성 표본 회귀분석 결과

변수	남성	여성
상수	1,860*	2,425***
개인적 속성		
교육	.020***	.017***
나이	.093***	.044***
나이*나이	-.001***	-.001***
근속연수	.018***	.029***
노동시간	.002***	.009***
고용상의 지위		
정규직	.479***	.462***
임시직	.271***	.265***
일용직(=0)	-	-
기업 규모		
1-4		
5-9	.087***	.054***
10-29	.144***	.114***
30-99	.157***	.204***
100-299	.173***	.139***
300+	.303***	.247***
노조		
무노조	-	-
비가입 대상	.063***	-.002
미가입	.048***	.212***
가입	.071***	.193***
직업		
전문직/경영직	.495***	.586***
준전문직	.331***	.344***
사무직	.269***	.266***
판매서비스직	.188***	.205***
기능직	.267***	.182***
장치관리/조립	.116***	.090***
단순노무직	-	-
산업		
광업/제조업	.183***	-.020
전기/가스/수도업	.212***	.062
건설	.264***	.165***
도소매/음식/숙박업	.193***	.023
운수/통신	.075***	.096**
금융/부동산/사업서비스	.170***	.169***
교육/보건/오락	.083***	-.030
개인서비스(=0)	-	-
조정된 R^2	.619	.547
N	13,053	10,168

주: * p<.05, ** p<.01, *** p<.001

다. 교육은 약간의 차이가 있으나, 나이의 효과는 대단히 큰 차이를 보인다. 여성의 경우 나이 효과가 남성에 비해서 낮은 이유는 경력 단절로 인해 나이 증가에 따른 임금 효과가 낮은 반면, 남성은 근속연수가 길어서 가족수당이나 호봉과 같은 임금 혜택을 누리기 때문이다. 반면에, 근속연수와 노동시간의 증가에 따른 임금 증가폭은 남성보다 여성에서 더 큰 것으로 나타났다. 대부분의 여성이 경력 단절로 인해 남성보다 낮은 임금을 받고 있지만, 경력 단절이 없는 일부 고임금, 고학력 여성들이 근속에 따른 상대적인 임금 효과를 누리고 있기 때문이다(금재호 2010, 57-60; 김주영 2009).

고용상의 지위에 따른 임금격차는 남성과 여성에서 차이가 거의 없었으나, 노동시간이 임금에 미치는 효과는 남성보다 여성에서 더 큰 것으로 나타났다. 단위 노동시간 증가에 따른 임금이 남성보다 여성에서 더 컸다. 반면, 기업 규모에 따른 임금격차는 여성보다 남성에서 더 큰 것으로 나타났다. 300인 이상의 대기업에 근무하는 남성의 경우 1~4명의 소기업에 비해서 30% 정도 더 임금이

표 6-4 | 개인 변수들을 중심으로 한 로그 임금 오하카-블린더 분해 결과

	계수	표준오차	95% 신뢰 구간	
남성 임금	5.184523	.0052258	5.174280	5.194765
여성 임금	4.625342	.0059411	4.613698	4.636987
성별 임금격차	.5591804	.0079124	.5436724	.57468885
자질 격차	.2469676	.0067817	.2336757	.2602594
차별	.3635448	.0068753	.3500695	.3770202
상호작용	-.051332	.0053336	-.0617857	-.0408783

높지만, 여성의 경우는 25% 정도였다. 직업에 따른 임금격차는 성별 차이가 크지 않았으나, 산업에 따른 차이는 큰 것으로 나타났다. 가장 두드러진 차이는 노조 효과로서 여성에서 노조의 효과가 남성보다 훨씬 더 큰 것으로 나타났다. 노조 프리미엄이 여성에서 더 큰 이유는 대부분의 여성이 노조에 가입되어 있지 않은 상태에서 노조에 가입되어 있는 소수 여성들이 누리는 임금혜택이 상대적으로 크기 때문이다.

〈표 6-4〉는 〈표 6-3〉의 분석에 근거한 계수 추정치와 평균을 중심으로 남성과 여성의 임금격차를 노동력 공급 차원의 인적 속성 혹은 자질의 분포 차이에 근거한 격차와 인적 속성이나 자질에 대한 보상의 차이, 즉 차별discrimination에 의한 격차로 분해한 결과다. 로그 남성 임금과 여성 임금의 격차는 0.55918이며, 0.55918을 오하카-블린더 분해 방법을 이용해 공급 차원의 분포 차이에 따른 격차와 차별에 따른 격차 그리고 두 격차 요소 간의 상호작용에 따른 격차로 분해했다. 남녀 인적 속성의 차이(교육, 나이, 근속연수, 노동시간 등)에 따른 격차는 약 .2470으로 전체 격차의 약 44.2%를 차지하고 있다. 나머지를 모두 차별에 따른 격차라고 본다면, 차별적인 요소는 전체 성별 임금격차의 65% 정도를 차지하고 있다고 볼 수 있다. 이것은 임금에 영향을 미치는 변수들이 개인적인 변수들이라는 가정하에서 추정된 성차별이다. 그리고 자질 격차와 자질에 따른 차별적인 보상 간의 상호작용에 따른 부분은 음의 값을 보여 주었다. 즉, 상호작용을 통해서 격

표 6-5 | 공급 차원 변수들과 수요 차원 변수들을 동시에 고려한 로그 임금격차 오하카-블린더 분해 분석 결과

	계수	표준오차	95% 신뢰 구간	
남성 임금	5.184523	.0052274	5.174277	5.194768
여성 임금	4.625342	.0059439	4.613692	4.636992
성별 임금격차	.5591804	.0079156	.5636662	.5746946
자질 격차	.2642888	.0096681	.2453395	.283238
차별	.3290399	.0072169	.314895	.3431848
상호작용	-.0341482	.0090518	-.0518895	-.016407

차가 줄어들었다는 것을 의미한다.

이미 임금 회귀분석에서 살펴본 것처럼, 임금에 영향을 미치는 요인은 공급 차원의 개인적인 요인들뿐만 아니라 수요 차원의 요인들이나 제도적인 요인들이 있다. 인적 자본 이외에 성별 직종 분리 현상에 속하는 산업이나 직업에 따른 성별 분포의 차이나 노동조합 가입 차이도 성별 임금격차를 만들어 내는 데 기여하고 있다. 이런 점을 고려해 성별 임금격차를 분포의 차이에 따른 격차와 보상의 차이에 따른 격차 그리고 두 가지 격차의 상호작용으로 분해한 결과가 〈표 6-5〉에 제시되어 있다. 〈표 6-5〉의 결과는 〈표 6-4〉와 약간의 차이를 보인다. 분포의 차이에 따른 임금격차가 .2469676에서 .2642888로 약간 늘었다. 직업과 산업에서 성별 분포가 다르고 노조 가입률에서도 성별 분포가 다르기 때문에 나타난 결과다. 그 결과 차별에 따른 격차는 .3635448에서 .3290399로 약간 줄어들었다. 이것은 전체 성별 임금격차 가운데 약 59% 정도가 차별로 인한 격차라는 것을 의미한다. 격차 분해 방법에서도 이미 다루어진 바와 같이(오하카-블린더 임금 분해 방정식 (4) 참조), 전체 격차 가운데 분포의 차이에 따른 격차와 보상 격차의 상호작용 부분을 어떻게 처리하느냐에 따라서 차별에 따른 격차의 크기는 달라진다. 보상 격차와 상호작용에 따른 격차를 모두 차별에 해당하는 것으로 본다면, 차별에 해당하는 격차는 전체 격차의 53% 정도로 줄어든다. 대체로 최저 53%에서 최고 59% 정도의 임금격차가 여성 차별에

표 6-6 | 오하카-블린더 임금격차 분해 부트스트랩 추정치

	관찰값	표준오차	95% 신뢰 구간	
자질 차이	.2627582	.0102345	.2426989	.2828175
차별	.3264273	.0068237	.3130531	.3398015
상호작용	-.0300051	.0081425	-.0459642	-.014046

의한 것이라고 볼 수 있다.

〈표 6-6〉은 부트스트랩 방법을 이용한 임금격차 분해 추정치다. 이것은 오하카-블린더 추정치가 표본에 따라 다를 수 있다는 것을 인정하고, 분석에 사용한 표본이 가능한 표본 가운데 하나라는 가정에서 전체 표본 분포를 가정해 새로이 추정치를 구한 것이다. 부트스트랩 분석 결과 전체 임금격차 가운데 58.8% 정도가 차별에 따른 격차로 밝혀졌다. 이것은 능력의 차이에 따른 정당한 격차가 41.2%라는 것을 의미한다. 이 경우에도 마찬가지로 상호작용을 어떻게 처리하느냐에 따라서 차별의 정도는 달라질 수 있다. 상호작용 부분을 차별에 따른 격차 부분으로 본다면, 전체 임금격차에서 차별에 따른 격차는 53% 정도로 줄어들었다. 이상의 논의를 종합을 하면, 전체 남성과 여성 임금격차 가운데 최소 53%에서 최대 59% 정도의 임금격차가 차별에 의한 임금격차라고 추정할 수 있을 것이다.

〈표 6-4〉에서 〈표 6-6〉까지의 분석은 전체 성별 임금격차를 분포의 차이에 따른 격차와 보상의 차이에 따른 격차로 구분해 분석했다. 〈표 6-7〉은 블린더-오하카 분해 분석 결과를 세분화해 변수별로 전체 격차에 기여하는 정도를 분석한 것이다. 이것은 노동력 공급 차원과 수요 차원의 변수들을 중심으로 분포의 차이에 따른 임금격차와 변수들의 보상 차이에 따른 임금격차를 좀 더 세분해 차별의 원인을 분석하기 위한 것이다. 〈표 6-7〉에서 남성과 여성 간의 분포의 차이에서 가장 큰 차이를 만들어 내는 변수는 정규직 비율이었고, 그다음이 근속연수였다. 이런 격차는 남녀 간 정규직 비율과 근속연수가 같아지면 사라질 격차다.

〈표 6-7〉의 중간에 있는 차별(계수 차이)은 임금에 미치는 계수의 성별 격차를 보여 준다. 남성과 여성의 계수 차이는 나이에서 1.88568로 가장 크게 나타나고 있다. 나이 제곱 계수인 -.834817을 고려하면, 나이가 임금에 미치는 효과는 1.050863으로 가장 크게 나타났다. 이것은 남성과 여성 간 나이 증가에 따른 임금 증가의 차이가 대단히 크다는 것을 의미한다. 그리고 나이에 대한 보상의 격차는 전체 격차보다 두 배 정도로 커서 나이 증가에 따른 임금 증가에서 남성과 여성 간에 결정적인 차이가 있다는 것을 보여 준다. 단적으로 남성과 여성 사이에 대단히 다른 임금체계가 존재하고 있다고 볼 수 있다. 이런 점은 중년 여성들에 대한 차별에 포함되어 있는 나이차별과 성차별의 복합적인 결과라고 볼 수 있다. 중년 여성들의 경우 중년 남성만큼 나이 증가에 따른 임금의 증가가 이루어지지 않는다. 반면 근속연수와 노동시간 증가에 따른 임금 증가는 남성보다 여성에서 유의미하게 더 높은 것으로 나타났다. 나이 증가에 따른 임금 상승은 자연적으로 주어지는 것이며, 근속연수와 노동시간 증가는 노력에 의해서 이루어진다는 점에서 흥미로운 결과라고 볼 수 있다. 나이가 임금에 미치는 효과가 대단히 크다는 점은 연령을 중심으로 사회가 조직되어 있어서 나이 증가에 따른 임금 증가가 크게 나타나는 연령차별주의가 존재한다는 사실을 보여 준다. 그러나 연령차별주의는 남성에게만 적용되고, 여성에게는 적용되지 않아서 성차별주의도 임금 결정 과정에 동시에 존재한다고 볼 수 있다. 연령차별주의와 성차별주의는 한국의 가부장제적 임금체계의 핵심적인 두 축이라고 볼 수도 있을 것이다.

성별 직종 분리를 간접적으로 보여 주는 직업과 산업에 따른 성별 임금 차별 효과는 직업보다는 산업에서 더 크게 나타났다. 개인 서비스업에 종사하는 사람들과 광업·제조업, 도소매·음식·숙박, 교육·보건·오락 산업에 종사하는 사람들의 임금격차를 성별로 살펴보면, 그 격차가 여성보다 남성에서 훨씬 더 컸다. 이것은 다른 조건이 같은 경우, 이런 산업에 취업

표 6-7 | 오하카-블린더 임금격차 세부 분해

요소	계수	표준오차	요소	계수	표준오차
분포 차이			정규직	.0072594	.0087755
개인 속성			임시직	.0029296	.0083646
교육	.0166354	.0019571	일용직	-	-
나이	.0808302	.0078354	노조 지위		
나이2	-.0684586	.0074053	무노조	-	-
근속연수	.0770872	.0036250	유노조 미자격	.0037318	.0013129
노동시간	.0435038	.0023022	유노조 비가입	-.0079753	.0013242
고용상 지위			유노조 가입	-.0086784	.0015094
정규직	.1036793	.0046632	기업 규모		
임시직	-.0572183	.0033061	1-4	-	-
일용직	-	-	5-9	.0061644	.003109
노조 지위			10-29	.0064535	.0036849
무노조	-		30-99	-.0095846	.0037835
유노조 미자격	-.0000336	.0002657	100-299	.0024222	.0016938
유노조 미가입	.0018531	.0006535	300+	.0032042	.0015004
유노조 가입	.0189000	.0019107	직업		
기업 규모			전문/경영직	-.0115955	.0034673
1-4	-	-	기술직/준전문직	-.0011102	.0022531
5-9	-.000595	.0003045	사무직	.0008057	.0045946
10-29	.0015878	.0006502	판매서비스	-.0055236	.0068705
30-99	.0013327	.0010925	기능직	.0032900	.0010395
100-299	.0045853	.000803	장치관리/조립	.0013185	.0012883
300+	.0192565	.0018946	단순노동	-	-
직업			산업		
전문/관리직	.003971	.0026176	광업/제조업	.0370908	.0049749
기술직	.153254	.0016895	전기/가스/수도업	.0003099	.0002163
사무직	-.0151416	.0016615	건설	.0023365	.00087
판매서비스	-.0492448	.0035344	도소매/음식/숙박	.504002	.0076285
기능직	.0251416	.0033477	운수/통신	-.0004439	.0008136
장치관리/조립	.0128581	.003164	금융/부동산/사업서비스	.0002023	.0043422
단순노동	-	-	교육/보건/오락	.0277903	.0068375
산업			개인서비스	-	-
광업/제조업	-.0021052	.0022134	상수	-.5648765	.0755085
전기/가스/수도업	.0003232	.0004749	상호작용		
건설	.0221307	.0042638	개인 속성		
도소매/음식/숙박	-.0036792	.0029244	교육	.0024411	.0023186
운수/통신	.0066346	.0023143	나이	.0900914	.0094108
금융/부동산/사업서비스	.0007992	.0008419	나이2	-.0688272	.0082414
교육/보건/오락	.0043298	.0029873	근속연수	-.0276492	.0033246
개인서비스	-	-	노동시간	-.0340010	.0022825
보상 차이(계수 차이)			고용상 지위		
개인 속성			정규직	.0039533	.0047801
교육	.0310935	.0295024	임시직	-.0014115	.0040304
나이	1.88568	.1284763	일용직	-	-
나이2	-.834817	.0664396	노조 지위		
근속연수	-.0299974	.0035273	무노조	-	-
노동시간	-.2688401	.0138367	노조 유미 자격	.0009525	.0003941

요소	계수	표준오차
노조원	-.0119974	.0021041
기업 규모		
1-4	-	-
5-9	-.0003751	.0002548
10-29	.0004178	.0002897
30-99	-.0003107	.0002819
100-299	.0011404	.0008064
300+	.0043783	.0020535
직업		
전문/경영직	-.0006149	.0004442
기술직/반전문직	-.0005607	.0011389
사무직	-.0002193	.0012509
판매서비스	.0042197	.005249
기능직	.0118444	.0037104
장치관리/조립	.0037386	.0036509
단순노동	-	-
산업		
광업/제조업	.0212085	.0030243
전기/가스/수도업	.0007821	.0005347
건설	.0132057	.0048572
도소매/음식/숙박	-.027212	.0042009
운수/통신	-.0014484	.0026535
금융/부동산/사업서비스	5.74e-06	.0001234
교육/보건/오락	-.0164685	.0040813
개인서비스	-	-

한 남성이 여성보다 임금에서 훨씬 큰 이점을 누리고 있다는 것을 의미한다. 그리고 전체적으로 성별 임금 차별의 3분의 1 정도가 직업과 산업 차원에서 연유하는 것으로 나타났다. 성별 직종 분리가 임금 차별에 미치는 효과는 직업보다 산업에서 더 뚜렷하게 존재한다고 볼 수 있다. 그러나 상호작용까지를 포함해 차별을 다루는 경우, 직업에서는 기능직에서, 산업에서는 광업·제조업, 도소매·음식·숙박, 교육·보건·오락 그리고 건설업에서 남녀가 차이가 컸다. 상호작용 값은 차이와 차별의 상호작용 결과이기 때문에, 모두 차별에 해당한다고 보기는 힘들다는 점을 고려하면, 적어도 한국에서 직업보다는 산업에서 성별 임금 차별이 두드러진다고 볼 수 있을 것이다.

5. 맺음말

본 연구는 2007년 〈경제활동인구조사〉 부가조사 자료를 이용해 한국의 사적 부문 성별 임금격차 구조를 밝히기 위해 성별 임금격차를 차이(분포의 차이)에 따른 격차와 차별(보상의 차이)에 따른 격차로 구분해 분석했다. 성별 임금격차가 매우 포괄적인 쟁점이라는 점에서 다양한 논의가 등장했기 때문에, 본 연구에서는 여러 이론들이 강조하는 변수들을 포괄하는 분석 모형을 사용했다. 성별 임금 차별은 가부장제 사회에서 교육, 노동시장, 기업 조직, 직업, 산업과 노동조합 등 복합적인 요인들의 결과물이기 때문에, 가능한 한 이런 점을 충분히 고려하는 분석이 필요하다는 인식하에서 가능한 한 여러 차원의 변수들을 분석에 포함한 것이다.

본 연구에서 이루어진 경험적인 분석을 통해 밝혀진 것은 크게 네 가지다. 첫째, 일반적인 회귀분석을 통해 동일한 조건에서 여성의 임금이 남성의 임금에 비해서 30% 정도 낮은 것으로 나타났으며, 남성 평균임금과 여성 평균임금의 차이 가운데 50% 이상이 차별의 산물이라고 볼 수 있다. 성별 임금격차와 임금 차별의 정도는 임금에 영향을 미칠 수 있는 변수들을 더 많이 고려할수록 적어진다. 본 연구는 개인적인 속성에서부터 피고용형태, 기업 규모, 직업과 산업 및 노사관계에 이르기까지 포괄적으로 변수들을 고려해 오하카–블린더 임금격차 분해 분석을 시도했기 때문에, 상당히 신뢰할 수 있는 결과라고 볼 수 있다.

둘째, 한국에서 차별에 의한 성별 임금격차를 만들어 내는 주된 요인은 나이인 것으로 밝혀졌다. 즉, 나이 증가에 따른 임금 증가에서 남성과 여성이 대단히 큰 차이를 보여 주는 것으로 나타났다. 이것은 한편으로 동일한 조건에서 나이가 많은 사람이 나이가 적은 사람보다 높은 임금을 받는다는 연령차별주의가 임금 결정에 내포되어 있지만, 여성에게는 이런 나이 증가에 따른 임금 증가가 이루어지지 않아서 성차별주의도 동시에 존재한다는 것을 의미한다. 그 결과 한국의 중년 여성들이 가장 큰 임금 차별을 받고 있다고 볼 수 있다. 이런 점은 한국의 가부장제 임금체계가 연령차별주의와 성차별주의를 핵심적인 요소로 하고 있다는 것을 의미한다. 즉, 성과 연령의 연계nexus에 기초한 사회적 수준의 가부장제가 임금체계에서 잘 드러나고 있다고 볼 수 있다.

셋째, 나이에 대한 보상과는 다르게 근속연수와 노동시간에 대한 보상은 여성에게 유리한 것으로 나타났다. 나이에 따른 보상이 상대적으로 자연적으로 증가하는 보상이라면, 근속연수와 노동시간에 대한 보상은 노력에 대한 보상이다. 그리고 나이에 대한 보상이 근속연수와 노동시간에 대한 보상에 비해 월등하게 크기 때문에 결과적으로 연령에 기초한 성차별적인 임금이 성별 임금격차에서 가장 큰 비중을 차지한다고 볼 수 있다.

넷째, 성적 직무(직종) 분리를 간접적으로 보여 주는 직업과 산업에 따른 차이는 변수들의 분포 차이에 따른 임금격차의 절반 정도 그리고 변수들에 대한 보상에서의 차이, 즉 차별에 의한 차이의 3분의 1 정도인 것으로 나타났다. 전자는 여성이 남성과 동일하게 직업과 산업에 분포된다면 사라질 차별이고, 후자는 직업과 산업에 따른 임금격차가 남성과 여성에서 동일하게 이루어진다면 사라질 부분이다.

본 연구의 성차별적 임금 분석에서는 임금에 영향을 미치는 공급 차원, 수요 차원과 제도적 차원을 포괄하는 다양한 요소들이 고려되었지만, 좀 더 정확한 성차별에 대한 분석이 이루어지기 위해서는 고용주-피고용자 통합 자료matched data가 필요하다. 개인들의 임금은 노동력 공급 차원인 개인들의 능력이나 자격과 관련된 요소들뿐만 아니라 노동력 수요 차원인 기업, 지역, 산업 등의 속성에 따라서도 영향을 받는다. 본 연구에서 수요 차원의 요인들이 고려되었으나, 기업의 경영 성과나 이윤율에 따라서 일에 대한 보상이 달라진다는 점에서 노동력 수요 차원의 특성이 더 많이 고려될 필요가 있다. 〈경제활동인구조사〉 부가조사 자료에서 기업에 대한 구체적인 정보가 부족했기 때문에 수요 차원에 대한 충분한 고려가 이루어지지 못했다.

또한 여성들의 인적 자본을 포함한 자질에서 큰 변화를 보이고 있기 때문에 성별 임금격차를 통시적으로 분석하는 것도 필요하다. 특히 여성들의 교육 수준이 높아지고, 전문직 진출이 증가하고 있기 때문에, 성별 임금격차를 만들어 내는 요인에서 큰 변화가 있다고 볼 수 있다. 노동경제학에서 이런 시도가 이루어지고 있지만, 이런 시도는 사회학과 여성학에서 제기되는 이론적인 논의를 충분히 담아내지 못하고 있다(금재호 2010). 향후 이런 변화를 고려한 성별 임금격차에 대한 시계열적인 분석이 사회학에서도 이루어질 필요가 있다.

여성의 경제활동 참가가 지속적으로 증가하면서, 성별 임금격차와 차별 문제는 젠더와 관련된 핵심적인 쟁점이 되었다. 성별 임금격차와 차별에 관한 논의는 여러 학문 분야에서 동시에 이루어지고 있는 점이 특징이다. 노동경제학에서부터 페미니즘에 이르기까지 다양한 학문 영역에서 성별 임금격차와 차별의 문제가 다루어져 왔다. 이것은 차이와 차별의 문제가 그 만큼 복잡하고 다양한 접근을 통해서만 밝혀질 수 있다는 것을 의미한다. 상대적으로 사회학에서 성별 임금격차와 차별 문제가 많이 다루어지지 않았지만, 앞으로 이런 문제들에 대한 이해를 높이는데 사회학이 더 크게 기여할 수 있는 여지는 많다고 생각된다.

7장

기혼 여성의 경제활동 참가가
가구소득 불평등에 미치는 영향

1. 문제 제기

20세기 들어서 산업자본주의 사회에서 나타난 가장 두드러진 변화 중의 하나는 여성들의 교육 수준이 높아지면서 여성들의 경제활동 참가가 꾸준히 증가하고 있는 점이다(Evans & Kelly 2007; Kelly 2001; Kerckhoff 2001; Rosenfeld 1996). 서구의 경우 여성의 경제활동 참가율이 1950년대에 30~50%에 불과했지만, 2000년대 들어서 70% 내외에 달하고 있다. 한국에서도 여성 경제활동 참가율은 꾸준히 증가해 1984년 37.7%에 2006년 50%로 높아졌다. 특히 기혼 여성들의 경제활동 참가율은 더욱 빠르게 증가해 2005년 현재, 53.6%로 미혼 여성들의 경제활동 참가율 49%를 상회하고 있다(한국여성개발원 2006; 유경준 2001a). 남성과 여성의 임금격차도 줄어들어 1972년 남성 평균임금의 45.1%에 불과하던 여성 평균임금이 1999년 63.1%로 높아졌고, 2005년에는 66.1%로 더욱 높아졌다(노동부 2006).

여성들의 경제활동 참여 증대는 여성에 대한 차별과 억압의 사회적 기제 가운데 하나인 남성과 여성의 분업 체제를 약화시키고 경제적 영역에서의 양성 평등을 증진시킨다는 점에서 중요한 사회적 성과다. 그렇다면 남성과 여성 간의 불평등을 완화시키고 있는 여성의 경제활동 참여 증대가 곧바로 전체 사회적인 수준의 불평등의 약화로 귀결되는가? 반드시 그렇지는 않다. 개인 수준에서의 남녀 불평등의 축소가 사회적 불평등의 축소를 자동적으로 보장하지 않는 것은 개인 소득을 통합하는 가족이라는 제도 때문이다. 이 연구는 현대사회의 불평등 구조를 이해하기 위해 가족이나 가구를 불평등 논의의 출발점에 위치시켜야 하며, 가족과 노동시장 사이의 관계를 조명할 필요가 있음을 논의하고자 한다.

가족은 가족 구성원들의 소득을 합법적으로 통합하는 유일한 제도일 뿐만 아니라 소비생활의 기본단위이기도 하다. 또한 계급 이동에 영향을 미치는 자녀 교육에 대한 투자도 가족 전체의 가용한 물질적 자원에 의해서 결정된다. 특히 사교육이나 해외 어학연수와 같은 추가적인 교육투자가 발달한 한국과 같은 곳에서는 자녀 교육에 동원할 수 있는 경제적 자원이 자녀의 학업 성취에 큰 영향을 미친다. 교육투자뿐만 아니라 자녀들의 일상적인 여가 활동이나 문화생활도 가족의 물질적 자원의 규모에 의해서 제약을 받는다. 현대사회에서 언어적·문화적 능력을 의미하는 문화 자본의 형성도 가족을 단위로 이루어지며(Passerson 1986; Bourdieu 1977; 1984), 가족 외부에서 이루어지는 다양한 형태의 문화 자본 형성도 가족의 지불 능력에 영향을 받는다(Alice 2001; Katsillis & Runbinson 1990). 따라서 가족 간 경제적 불평등은 '세대 내' 생활 기회의 불평등뿐만 아니라 자녀들의 교육과 직업 획득에 직접적으로 영향을 미쳐 '세대 간' 사회이동을 제약하는 불평등의 재생산을 야기한다. 가족소득 불평등이 높은 국가에서 부모-자식 소득 상관성이 높게 나타나는 경향성(Esping-Anderson 2007; Cancian & Reed 1998; Wolfson 1986)은 세대 내 가족소득 불평등이 경제적 지위의 상속을 강화시킨다는 사실을 경험적으로 보여 주고 있다. 배우자 선택이 비숫한 교육 수준이나 계급-계층 간에 이루어지기 때문에, 여성들의 경제활동 참여 증가는 가구소득의 불평등을 증폭시킨다는 것이다.

가족의 물질적 자원이 소득을 올리는 가족 구성원들의 소득의 합에 의해서 결정된다고 할 때, 남성 가장이 가족의 생계를 전적으로 담당하는 사회에서는 남성 가장 간의 소득 불평등이 곧 가족 간의 소득 불평등이었다. 그러나 기혼 여성의 경제활동 참여율이 50%를 상회하는 사회에서 부인들의 경제활동은 가족 간 소득 불평등에 영향을 미치는 중요한 요인이 된다. 가족의 경제활동 형태가 남성 1인 소득 가구 모형에서 맞벌이 2인 소득 가구 모형으로 변화하는 추세 속에서 기혼 여성들의 경제활동이 가족의 소득 분포에 미치는 영향을 규명하는 것은 근대적 불평등의 구조와 그것을 장기적으로 재생산하는 동학을 이해하는 데 중요한 함의를 갖는다.

그러나 여성의 경제활동 참여 증가가 가구소득 불평등에 미치는 영향에 대한 연구결과들은 동일하지 않다. 여성들의 경제활동 참여 증대가 가족소득 불평등에 미치는 영향에 관한 초기 연구들은 여성들의 경제활동 참여가 가족소득 불평등 완화에 기여한다고 보았다. 초기 저소득 가구의 여성들에서 경제활동 참여가 많이 이루어지면서 여성들의 경제활동 참여가 가구소득 불평등을 약화시켰다는 것이다(Lehrer & Nerlove 1984; Treas 1983; Mincer 1974; Miller 1966). 또한 유럽 12개국을 대상으로 한 국제 비교 연구는 여성의 경제활동 참여율이 높은 국가일수록 가구소득 불평등이 낮다는 것을 보여 주고 있다(Boca & Pasqua 2003). 그러나 다른 연구들은 여성들의 경제활동 참가로 인해 가족소득 불평등이 심화되고 있다는 반대 주장을 제기하고 있다(Esping-Anderson 2007).

본 연구는 경제 위기 이후 한국 기혼 여성들의 경제활동 참여 증가가 가족소득 불평등에 어떻게 영향을 미쳤는가를 분석하고자 한다. 한국노동연구원에서 수집한 〈한국노동소득패널조사〉를 이용해 유배우자 기혼 가구를 중심으로 1998년부터 2005년까지 기혼 여성들의 경제활동 참여가 증가하면서 소득 불평등 구조가 어떻게 변했는가를 분석한다. 이를 통해 왜 기혼 여성의 경제활동 참여 증가, 남녀 평균임금 격차의 감소와 같은 개인 수준에서의 긍정적 지표들에도 불구하고 부부 합산 소득의 불평등은 오히려 증가세를 보이고 있는지를 밝히고자 한다. 이 글의 구성은 다음과 같다. 먼저, 다음 장에서는 가족소득 불평등에 관한 기존 연구들을 검토하고, 기혼 여성들의 경제활동이 가족소득 불평등에 미치는 영향을 매개하는 구조적 조건들을 가설적인 모형을 통해 제시한다. 기혼 여성들의 경제 활동의 불평등 효과와 관련한 기존 연구들은 주로 선택적 결혼assortative mating과 남편-부인의 소득 연관이 가족소득 불평등에 미치는 영향에 주목하고 있다. 우리는 여기에 더해 기혼 여성들의 노동시장 상황, 특히 여성들의 소득 불평등 정도가 가족소득 불평등에 미치는 영향에 주목한다. 제3절에서는 남편-부인의 경제활동 양상이 경제 위기 이후 어떻게 변화했는지 살펴보았다. 1998년과 2005년 사이 소득 분위별 남편과 부인의 경제활동 참여율과 참가 방식의 변화를 분석한다. 제4절에서는 가족소득 불평등을 남편소득으로 인한 불평등 기여분과 부인소득으로 인한 불평등 기여분으로 분해하는 방법에 관해서 논의한다. 제5절에서는 한국노동연구원의 〈한국노동소득패널조사〉에 근거해 가족소득 불평등을 분해한 결과를 제시한다. 남편소득의 불평등이 전체 가족 불평등에서 부인소득의 불평등보다 더 큰 비중을 차지하지만, 이는 계속해서 줄고 있다는 점과 남편소득의 불평등보다 부인소득 불평등이 훨씬 크다는 점을 보여 준다. 마지막으로 제6절 결론에서는 본 연구에서 나타난 분석 결과가 지니는 사회학적 함의와 향후 연구 과제를 논의했다.

2. 일, 가족, 불평등:
기혼 여성의 경제활동이 가족소득 불평등에 미치는 영향

가족소득 불평등의 추이를 다루는 기존 연구들은 크게 두 가지 인구학적 변동에 주목해 왔다. 하나는 혼인 관계의 불안정성 증가로 한부모 가족이 증가하고 있는 가구 구성상의 변화다. 특히 편모 가구가 전체 가구의 15~20%를 차지하는 북미와 북유럽 국가들에서는 한부모 가족의 증가가 소득의 원천이 하나인 가족과 맞벌이 가족 간의 소득 격차를 증가시켜 가족소득 불평등을 증가시키는 요소가 될 수 있다는 사회적 우려 속에서 활발한 연구가 이루어져 왔다(Martin 2006; Lerman 1996; Gottshalk & Danziger 1993; Treas & Walther 1978). 예컨대 로버트 러만은 1971년에서 1989년 사이 미국 가족소득 불평등 증가분의 47%가 가구 구성상의 변동에 기인한 것임을 밝혔다(Lerman 1996). 이런 한부모 가족의 증가는 1990년대 후반까지도 미국의 아동 빈곤율의 증가를 설명하는 주요한 요소로 추정되고 있다(Iceland 2003). 그러나 한국의 경우 한부모 가족의 비율은 2005년 현재, 전체 가구 중 8% 정도로 상대적으로 낮은 편이며 1985년과 비교해서도 큰 차이가 없어 가족소득 불평등 증가에 유의미한 영향을 미칠 정도로 근본적인 변화 양상을 보이고 있지는 않다(한국여성개발원 2006, 75).[1]

다른 하나는 1970년대 이후 기혼 여성들의 경제활동이 폭발적으로 증가하고 있는 현상이다. 이에 따라 기혼 가구의 경제활동의 지배적인 패턴은 홑벌이에서 맞벌이로 변화되어 가고 있다. 이런 변화가 가족소득 불평

1_그러나 핵가족, 확대가족이 아닌 기타 가족(미혼 가구, 독거 가구 등)의 비율이 1985년 14%에서 2005년 29%로 두 배 가까이 증가했다. 향후 한국의 가구 구성 변화의 동학에 대한 자세한 연구가 필요한 대목이다.

등에 어떤 영향을 미칠 것인가? 미국의 경우 1960년대부터 1980년대까지의 자료를 대상으로 하는 연구들은 부인들의 경제활동 증가가 주로 저소득층에서 이루어졌기 때문에 여성의 경제활동 참가는 저소득 가정의 소득개선으로 이어져 전체 가족소득 불평등 약화에 기여했다는 데 대체로 합의하고 있다(Lehrer & Nerlove 1984; Treas 1983; Mincer 1974; Miller 1966). 유럽에서 대체적으로 여성들의 경제활동 참가율이 높으면 높을수록, 가구소득 불평등은 더 낮으며, 이런 관계는 20세기 후반 더욱 강화되었다(Boca & Pasqua 2003, 223-224). 여러 연구들(Davies & Joshi 1996; Björklund 1992; Maxwell 1990; Treas 1987; Beston & Gagg 1984; Danziger 1980)에서 밝혀진 대로 시계열 분석 결과도 여성들의 경제활동 참가 증대와 가구소득 불평등의 약화가 관계가 있는 것으로 밝혀졌다. 비록 여성의 임금이 남성에 비해서 낮지만, 여성들의 경제활동 참가가 증가함으로써 가구소득 불평등이 약화되었다는 것이다.

그러나 1980년대 이후 많은 나라들에서 정도의 차이는 있으나 여성 경제활동 참가율도 증가 추세를 보이고 또한 가구소득 불평등이 심화되고 있어서, 여성 경제활동 참여가 반드시 가구소득 불평등 약화에 기여하는 것은 아니라는 주장도 등장했다(Esping-Anderson 2007; Cancian & Reed 1998; Wolfson 1986). 양성 평등 가치의 확산, 성별 분업 체계의 약화, 여성의 학력 신장 등으로 중간계급 여성의 경제활동 참가가 점차 높아지면서 노동계급 맞벌이 가족과 중간계급 맞벌이 가족의 소득이 더 큰 격차를 보이게 된다는 것이다. 이런 경향성은 현대 혼인 형태에 특징적인 교육적 동질혼 educational homogamy이 증가하는 추세와 맞물려 계급-계층 동질혼이 강화되는 유유상종 효과로 인한 가족소득 불평등의 증가를 낳고 있다고 주장도 제기되었다(Aslaksen & Wennemo & Aaberge 2005; Blossfeld & Drobnic 2001; Mare 1991; Hout 1982). 이렇듯 서로 엇갈리는 연구 결과는 여성들의 경제활동 증가가 가족소득 불평등에 미치는 영향이 특정한 제도적 조건

(짝짓기 방식이나 경제활동에 참여하는 사회집단의 속성)에 따라 달라질 수 있다는 것을 함의한다.

만약 남성과 여성의 결혼이 개방적이며 무작위로 이루어져 남편과 부인의 교육, 경제적 지위 간의 상관관계가 0인 사회라면 기혼 여성들의 경제활동의 증가는 가족소득 불평등에 아무런 체계적인 영향을 미치지 않을 것이다. 그러나 결혼이 교육 수준이나 계급에 따라 이루어진다면, 기혼 여성들의 경제활동 증가는 소득 불평등에 큰 영향을 미칠 것이다(Esping-Andersen 2007; Aslaksen & Wennemo & Aaberge 2005; Blossfeld & Drobnic 2001; Mare 1990; Hout 1982). 특히 고학력층에서의 교육적 동질혼의 증가는 불평등 체제에 큰 변화를 가져올 것이다. 근대 산업사회에서 보편적으로 나타나고 있는 현상이 동질혼이다.[2] 더구나 65개 국가를 대상으로 교육적 동질혼에 대한 국제 비교 연구를 수행한 스미츠 등(Smits & Ultee & Lammers 1998)의 분석 결과에 따르면 한국은 일본, 홍콩, 타이완과 더불어 교육적 동질혼 경향성이 가장 강한 나라 중 하나다. 이렇듯 유유상종하는 혼인 관습이 지배적인 사회에서 기혼 여성들의 경제활동 증가가 가족소득 불평등에 어떤 영향을 미칠지는 단순하게 예측하기 힘들다. 가족을 단위로 하는 소득 불평등의 관점에서 볼 때 중요한 것은 혼인 형태의 폐쇄성 그 자체가 아니라 동질혼 경향성이 남편-부인의 노동 공급 및 경제적 지위의 동질성으로 이어지는가 하는 점이기 때문이다. 그렇게 본다면 기혼 여성

2_근대 산업사회에서 교육적 동질혼이 증가하는 이유를 슈와츠·메어는 다음과 같이 정리하고 있다. 첫째는 공교육 및 고등교육이 확대되면서 교육기관이 결혼 적령기의 남녀가 만나는 결혼 시장의 기능을 하고 있기 때문이며, 둘째는 성 역할이 점차 평등화되면서 배우자에 대한 기대나 선호가 대칭적으로 변화하고 있기 때문이며, 셋째 교육 집단 간의 경제적 격차가 확대되면서 경제적 선택의 결과로 교육적 동질혼이 강화되고 있기 때문이라는 것이다(Schwartz & Mare 2005).

의 경제활동 증가는 다음 두 가지 조건에 따라 가족소득 불평등을 완화시키는 결과를 낳을 수도 있고, 강화시키는 결과를 낳을 수도 있다. 첫째는 어떤 소득 계층의 여성들이 경제활동에 참여하는가. 그리고 둘째는 그 여성들이 참여하는 노동시장의 소득이 어떤가 하는 점이다. 각각의 조건에 따라 소득 불평등 상황이 어떻게 달라지는지 간단한 모의실험을 통해 살펴보자.

유배우자 가구를 대상으로 부부소득의 합산을 가족소득의 대리 변수로 볼 때, 가구 간 소득 불평등은 ① 남편소득 분포의 불평등, ② 부인소득 분포의 불평등, ③ 남편과 부인의 소득 연관에 의해 결정된다(Treas 1987). 다른 조건이 동일할 때 각각의 요소가 증가할수록 가족소득 불평등은 증가하게 된다. 〈그림 7-1〉은 기혼 남성들 간의 소득 불평등은 동일한 가운데 기혼 여성들의 경제활동이 가구소득 불평등에 상이한 영향을 미칠 수 있는 다섯 가지 가상적 상황을 모의 실험한 결과다.[3] 이 모형들은 남편소득 분포가 동일하더라도 부인과 남편소득의 상관관계가 높을수록 그리고 부인소득 분포의 불평등이 높을수록 가족소득 불평등이 증가한다는 것을 보여 주고 있다.

모든 모형에서 소득 분산계수cv[4]로 측정된 남편의 소득 불평등cv_h는 .33으로 동일하다. 이때 부인들의 경제활동이 가구소득 불평등을 완화시

3_모의실험은 남편과 부인으로 이루어진 1천 개의 가족을 가상적으로 구성해 남편-부인의 소득 분포와 상관관계 변화에 따라 부부 합산 소득의 분포가 어떻게 달라지는지 살펴본 것이다. 구체적으로 남편소득의 평균과 분산, 부인소득의 평균과 분산, 그리고 남편소득과 부인소득의 상관계수를 각각의 모형을 반영하도록 고정한 뒤 다변량 정규 분포를 따르는 남편-부인 케이스를 1천 개로 설정해 부부 합산 소득을 계산했다.

4_소득 분산계수는 분산을 평균으로 나눠 표준화시킨 분산 값이다.

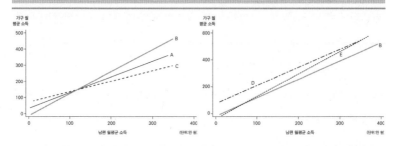

그림 7-1 | 남편소득과 부인소득의 분포 및 상관관계 변화가 가계소득 불평등에 미치는 영향

	남편소득 분산계수 CVh	부인소득 분산계수 CVw	남편-부인 상관계수	부인-부부 상관계수	부부소득 분산계수 CVc	부인소득으로 인한 분산계수 변화 (CVc-CVh)/CVh
A	.33	.38	0	.5	.33	0
B	.33	.38	.8	.9	.36	9%
C	.33	.38	-.8	-.5	.26	-21%
D	.33	.27	.8	.9	.34	3%
E	.33	.49	.8	.9	.38	15%

A: 남편과 부인의 소득 상관관계 0.

B: 남편과 부인의 소득이 높은 정의 상관관계.

C: 남편과 부인의 소득이 높은 부의 상관관계.

D: B형에서 부인의 소득 분산계수 감소.

E: B형에서 부인의 소득 분산계수 증가.

키고 있는지 혹은 악화시키고 있는지는 부인들의 소득이 제외된 경우와 포함된 경우의 가구소득 불평등을 비교하는 가상적 방법counterfactual method을 통해 파악할 수 있다.[5] 만약 부인들이 경제활동을 전혀 하지 않는다고 가정하면 가구소득 불평등은 .33으로 동일할 것이다. 이를 기준점으로 부인들의 경제활동이 가구소득 불평등을 완화시키고 있다면 부인소득을 합

5_가상의 방법은 기혼 여성의 경제활동이 가구소득 불평등에 미치는 영향을 분석하는 데 빈번하게 사용되는 방법이다. 예로는 Esping-Anderson(2007), Cancian & Reed(1998), Danziger(1980) 참조.

산했을 때 가족소득의 불평등이 줄어들 것이고 반대의 경우라면 가족소득 불평등이 증가할 것이다. 〈그림 7-1〉의 그래프들은 각각의 모형들에서 나타나는 남편소득과 가족소득의 상관성을 선형적 관계로 요약한 것이다. 남편소득-가족소득의 기울기가 완만하면 완만할수록, 즉 남편소득이 증가함에 따라 가족소득이 증가하는 정도가 적으면 적을수록 부인의 경제활동이 가족소득을 균등화하는 효과를 갖는다고 볼 수 있다.

먼저 모형 A, B, C는 기혼 여성들의 소득 불평등은 .38로 동일한 반면, 남편소득과의 상관관계가 상이한 세 가지 경우를 보여 주고 있다. 모형 A는 남편과 부인이 무작위로 짝지어져 두 소득의 상관관계가 0인 경우다. 이 경우 가족소득의 불평등은 .33으로 변화가 없다.

모형 B는 남편소득과 부인소득의 상관계수가 .8로 강한 정의 상관관계를 보이는 경우인데, 이는 동질혼이 존재할 뿐만 아니라 고소득 남편을 둔 부인들이 노동시장으로부터 이탈opt-out하는 대신 참여하고 있는 유유상종(Aslaksen & Wennemo & Aaberge 2005)의 상황을 재현한 모형이라고 볼 수 있다. 이때 부인들의 경제활동 참여는 가족소득 불평등을 9% 가량 증가시키고 있다.

모형 C는 반대로 남편소득과 부인소득이 강한 부의 상관관계를 보이는 경우다. 이는 동질혼이 존재하더라도 저소득층 여성들이 주로 경제활동에 참여하고 있는 상황을 재현한 모형이라고 할 수 있다. 이 경우, 부인들의 경제활동은 가족소득 불평등을 21% 감소시키고 있다. 즉, 저소득층 여성들의 경제활동이 상대적으로 활발하다면 부부 합산 소득의 분포는 부인들의 경제활동이 더해졌을 때 훨씬 균등한 상태가 될 것이다.

한편 남편소득과 부인소득의 상관관계가 동일하더라도 기혼 여성들의 노동시장 상황에 따라 가족소득 불평등은 달라질 수 있다. 이 점은 기혼 여성의 경제활동 증가의 효과를 측정하는 기존 연구들에서 상대적으로 간과되어 왔던 문제의식인데, 남편-부인 소득의 동질성이 높다 하더라도 기혼 여성 노동시장의 일자리 분포가 불균등하고 소득 불평등이 높은 경우에 가족소득 불평등에 더 부정적인 영향을 미치게 될 것이다. 이 점을 모형 D 와 E의 비교를 통해 살펴보자. 유유상종 효과가 있다 하더라도 부인들 간 의 소득 불평등이 낮은 모형 D의 경우 가족소득 불평등의 증가분은 미미 하다. 반면에 부인들 간의 소득 불평등이 큰 모형E의 경우 가족소득 불평 등은 큰 폭으로 증가하고 있다.

여기서 핵심적인 점은 기혼 여성들의 소득 불평등 동학을 이해하기 위 해서는 개인 소득 불평등의 동학을 이해하는 것만으로는 부족하다는 점이 다. 남녀의 직업 선택의 차이와 여성에 대한 차별로 인해 남녀의 일자리 분 포는 매우 비대칭적이며 따라서 남성과 여성의 노동시장은 상당히 이질적 인 공간이기 때문이다. 여성 노동시장의 가장 큰 질적 차이 가운데 하나는 단속적 경제활동 비율이 높다는 점이다. 특히 양육에 대한 공적 부조가 취 약해 양육의 비용이 사적으로 지워지는 사회에서 여성들은 결혼 혹은 출 산으로 인한 경력 단절을 경험할 확률이 높으며, 일단 경력 단절을 경험한 여성들은 노동시장 재진입시 서비스 하위직이나 단순 근로 등 저임금 직 종으로 하향 이동할 가능성이 높다. 이는 학력에서 남녀 격차를 급속하게 따라잡은 여성들의 성취가 노동시장에서의 성취로 이어지지 않고 있는 이 유이기도 하다. 따라서 기혼 여성들의 노동시장은 경력을 지속적으로 유 지해 온 소수의 경력직-고소득 근로자들과 경력 단절 후 노동시장에 재진 입 했거나 혹은 원래부터 비경력직에 있었던 다수의 비경력직-저소득 근 로자들로 양분될 가능성이 높다(Hakim 1995). 한국의 경우 금재호(2002), 황수경(2003b) 등이 이런 경향성을 여성 노동시장의 이중 구조화 혹은 '생 존자-탈락자 양극화'라 개념화하며 1980년대 이후 한국 여성 노동시장의 가장 큰 변화 양상이라 지적한 바 있다. 여성 노동시장의 이중구조 그 자체 는 경제활동에서 양성 평등이 확산되는 과정에 불가피하게 나타나는 현상 이라고도 볼 수 있다. 문제는 한국의 경우 양극화된 일자리들의 질적 차이가 지속적으로 확대되고 있다는 점이다. 기혼 여성들이 집중되어 있는 하위 서비스직의 일자리들은 경제 위기 이후 확산된 기업들의 노동시장 유연화 전략에 따라 대규모로 비정규직화되었으며 그 결과 하위 서비스직의 소득 상황이 급속하게 악화되었다. 남녀 직업 분포의 차이와 기혼 여성들에 상대적으로 집중되어 있는 하위 서비스직의 경제적 악화는 기혼 남성들 사이에서보다 여성들 사이에서 소득 불평등이 더 빠르게 증가하고 있을 가능성을 암시한다. 이 경우 한국의 가족소득 분포는 모형 E에 가까운 형태가 될 것이다.

3. 경제 위기 이후 유배우자 기혼 가구의 경제활동 변화

앞 절의 모의실험은 기혼 여성들의 경제활동이 증가하더라도 어떤 소득 계층의 여성들이 경제활동에 참여하느냐에 따라 그리고 기혼 여성 노동시장의 불평등 정도에 따라 가족소득 분포에 미치는 영향이 상이할 수 있음을 보여 주었다. 이런 분석 틀을 바탕으로 경제 위기 이후 증가한 한국 기혼 여성들의 경제활동이 가족소득 불평등에 어떤 영향을 미치고 있는지를 제3절과 제4절에 걸쳐 살펴볼 것이다.

실증적인 분석을 위해 가구 단위의 층화표집 표본인 〈한국노동소득패널조사〉 1998년부터 2005년까지의 원자료가 이용되었다. 〈한국노동소득패널조사〉는 한국노동연구원이 1998년부터 5천 가구를 대상으로 매년 반복적인 조사를 통해서 수집한 자료다. 가족을 소득 불평등의 단위로 삼을 경우 가족의 범위가 문제가 된다. 근대적 가족 형태인 핵가족이 보편화되면서 1가구 1가족이 지배적이나 확대가족, 한 가구에 둘 이상의 가족이 거주하는 경우 혹은 최근 '기러기 가족'의 사례들에서 보이듯이 한 가족이

그림 7-2 | 기혼 부부(남편 연령 < 66세) 경제활동 구조 변화

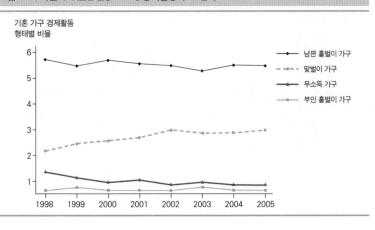

둘 이상의 가구에 거주하는 경우도 없지 않으므로 이전소득까지 포함한 가족소득의 불평등에 대한 본격적인 연구는 가족 구성의 다양성에 대한 엄밀한 고려가 필요할 것이다. 그러나 기혼 여성들의 경제활동이 가족소득 불평등에 미치는 영향에 초점을 맞춘 이 연구는 분석의 대상을 유배우자 가구로 한정했다. 구체적으로는 가구주가 기혼이고 배우자와 같은 가구 내에서 동거하고 있는 경우에 한정해 가구주와 배우자를 추출해 부부 자료를 구성했다. 한 가구 내에 부부가 복수로 존재하는 경우 가구주 부부 외에 다른 부부들은 분석에서 제외되었다. 그 결과 1차년도(1998년)에는 3,896쌍의 부부가 8차년도(2005년)에는 3,451쌍의 부부가 파악되었다.

소득은 월평균 소득으로 측정되었다. 경제활동을 하지 않는 경우는 소득이 0이며 따라서 기혼 여성들의 다수는 월평균 소득이 0이다. 이때 무급 가족 종사자는 경제활동인구에서 제외했다. 부부소득은 남편과 부인의 월평균 소득의 합으로 측정되었다.

이 절에서는 기혼 여성들의 경제활동 변화와 소득 불평등 변화를 중심으로 경제 위기 이후 한국 기혼 여성들의 노동시장이 어떻게 변화해 왔는

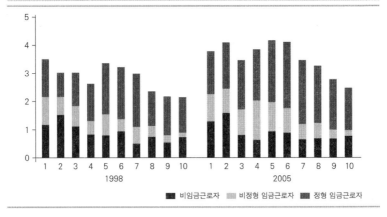

그림 7-3 | 남편소득 분위별 기혼 여성들의 경제활동 참여율 변화

■ 비임금근로자　■ 비정형 임금근로자　■ 정형 임금근로자

지 살펴볼 것이다. 먼저 기혼 여성들의 경제활동 참가가 증가하면서 유배우자 기혼 가구 중 맞벌이 가구의 비중은 점점 늘어나고 있다.

　남편 연령이 65세 이하인 유배우자 기혼 가구의 경제활동 상황을 요약한 〈그림 7-2〉를 보면 1998년에서 2005년 사이 맞벌이 가구 비율이 22%에서 30%로 상당히 빠르게 증가했음을 알 수 있다.[6]

　그렇다면 어떤 소득 계층의 여성들이 경제활동에 주로 참여하고 있는가. 〈그림 7-3〉은 65세 이하 기혼 여성들을 상대로 남편소득 분위별 경제활동 참가율의 1998년 상황과 2005년 상황을 비교하고 있다. 우선 남편소득이 증가함에 따라 부인들의 경제활동 참가율이 낮아지는 일반적 경향성이 관찰된다. 1998년과 2005년 모두 남편소득이 중하위 계층인 여성들의

6_경제활동을 하고 있다고 응답한 기혼 여성들의 상당 비율은 무급 가족 종사자인데 〈그림 7-1〉은 무급 가족 종사자를 경제활동인구에서 제외하고 작성한 것으로, 무급 가족 종사자를 포함할 경우 맞벌이 비율은 1998년 36%에서 2005년 40%로 증가했다.

경제활동이 중상위 계층 여성들의 경제활동보다 활발하다. 1998년과 2005년을 비교하면 모든 소득 분위에서 부인들의 경제활동이 증가하고 있으나 남편소득이 중하위 집단인 기혼여성들의 경제활동이 좀 더 많이 증가한 것으로 보인다.

그러나 부인의 경제활동을 종사상 지위에 따라 비임금 근로자non-wage earner, 정규직 임금 근로자standard wage earner, 비정규 임금 근로자non-standard wage earner로 나누어 보면, 중하위 소득 계층 여성들의 경제활동 증가의 상당 부분이 비정규직 임금 근로의 증가에 기인한 것임을 알 수 있다. 비정규 임금 근로는 임금 근로자 가운데 고용 형태가 비정규직이거나 종사상 지위가 임시·일용이거나 근로시간 형태가 시간제인 경우이며 〈그림 7-3〉의 막대그래프에서 가운데 엷은 회색으로 표시된 부분이다.[7] 〈그림 7-3〉에서 남편소득이 2분위와 8분위 사이에서 기혼 여성들의 경제활동 참여가 전체적으로 크게 증가했음을 알 수 있다. 남편소득이 상위 9분위와 10분위인 경우에도 여성들의 경제활동이 늘어서 전반적으로 여성들의 경제활동 참가율이 높아졌지만, 상대적으로 중간 소득 계층의 기혼 여성들의 경제활동 참여가 크게 늘었다.

〈그림 7-4〉는 남편소득 분위별 기혼 여성들의 경제활동 참여 방식을 보여 준다. 경제활동을 하고 있는 기혼 여성들을 100으로 놓고 볼 때 비정규 임금 근로자들이 남편소득 분위별로 어떻게 분포되어 있는지 그리고

7_〈한국노동소득패널조사〉에서 자기 기입식 문항의 한계로 비정규직 혹은 비정규 근로가 과소 추정되는 경향성이 있다는 것은 여러 연구들을 통해 지적된 바 있다. 따라서 〈그림 7-3〉과 〈그림 7-4〉도 이를 감안해 해석되어야 하겠지만, 비정규 근로의 규모보다는 규모 변화에 초점을 두고 해석하면 크게 무리가 없을 것이다. 비정규직 고용은 고용의 안정성이 보장되지 않는 임시직 고용, 기간제 고용, 간접 고용, 파견 근로, 일용직 고용을 모두 포함한다.

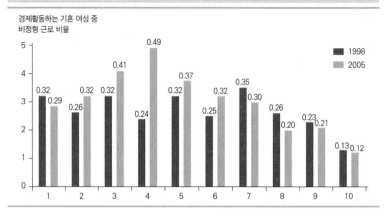

그림 7-4 | 남편소득 분위별 경제활동을 하는 기혼 여성 중 비정규직 근로자 비율의 변화

경제활동하는 기혼 여성 중
비정형 근로 비율

그 분포가 1998년과 2005년 사이에 어떻게 달라졌는지 보여 준다.

남편소득이 7분위 이상인 집단들에서는 비정규 근로자의 비율이 줄어든 반면, 중하위 소득 집단인 2분위에서 6분위 사이에서는 비정규 근로자의 비율이 뚜렷하게 증가했음을 알 수 있다. 중하위 소득 집단의 여성들의 경제활동 참여는 양적으로 증가했으나 그 질적 내용은 취약한 상황이라 하겠다. 이는 앞서 논의한 바와 같이 경제 위기 이후 기업들이 추구해 온 노동시장 유연화 전략의 결과 중하위 소득 계층의 기혼 여성들이 집중되어 있는 하위 서비스직의 일자리들이 급속하게 비정규직화되면서 나타나고 있는 현상으로 이해된다.

그러나 여성 노동시장 상황이 온통 비관적인 것만은 아니다. 1990년대 이후 경력직 특히 전문직과 준전문직에서 여성 비율은 빠른 속도로 증가하고 있으며, 그 결과 고임금 여성들의 비율도 빠르게 증가하고 있다. 임금근로자를 대상으로 한 〈임금구조기본통계조사〉를 이용한 분석에서 황수경은 소득 상위 20% 계층에 속하는 근로자 가운데 여성의 비율이 1997년에는 26.5%였으나, 불과 4년 뒤인 2001년에는 38.9%로 10%p 이상 증가했다고 보고하고 있다. 그뿐만 아니라 남녀 근로자의 성별 임금격차는 지속적으로 감소하고 있으며 특히 소득 상층에서 남녀 격차가 더욱 빠른 속도로 줄어들고 있다(황수경 2003b, 188). 또 같은 자료에서 소득 최하위 10%에 속하는 여성들의 상대임금이 1981년 66%에서 2001년 78%로 완만하게 개선되는 동안, 최상위 10%에 속하는 여성들의 상대임금은 1981년 38%에서 2001년 65%로 급증했다고 보고하고 있다(황수경 2003b, 191). 여성 노동시장의 일자리들이 다양해지고 경력직의 비율이 증가하고 있으며 경력직 내 남녀 격차가 완화되고 있는 것은 대단히 고무적인 현상이다. 문제는 여전히 대다수 여성들이 종사하고 있는 하위 서비스직의 근로조건의 개선 속도가 경력직 근로조건의 개선 속도를 못 따라잡고 있다는 점이다. 여성 노동시장 내 일자리의 양극화 그리고 하위 서비스직의 근로조건의 정체(혹은 악화)는 일하는 여성들 내부의 경제적 불평등의 심화로 귀결될 수밖에 없다.

이런 여성 노동시장의 변화는 선택적 결혼이 강한 한국과 같은 상황에서 남편과 부인의 소득 연관이 강화되는 빈익빈 부익부의 결과로 나타날 수 있다. 〈그림 7-5〉는 맞벌이 부부를 대상으로 1998년과 2005년 사이 남편소득 분위별 부인소득의 중앙값이 어떻게 변화했는지를 보여 준다.[8] 2000년 기준의 실질임금으로 변환된 부인들의 소득을 남편소득 분위별로 살펴보면 남편소득이 6분위 이하인 중하위층 부인의 소득 증가분은 전반적으로 미미한 반면, 7분위 이상인 중상위층 부인의 소득은 큰 폭으로 증가했음을 알 수 있다. 분포의 양 끝에 있는 부인들의 소득 변화는 더욱 두

8_부인들의 월평균 소득은 소비자물가지수(CPI)를 디플레이터로 이용해 실질임금으로 변환한 것이다. 기준 연도는 2000년이다.

그림 7-5 | 남편소득 분위별 부인들의 소득 중위값 변화

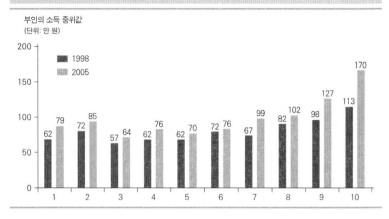

부인의 소득 중위값
(단위: 만 원)

드러진다. 최하위 10%에 해당하는 남편을 둔 부인들의 소득 중앙값은 1998년 62만 원에서 2005년 79만 원으로 약 27% 증가한 반면, 최상위 10%에 해당하는 남편을 둔 부인들의 소득 중앙값은 1998년 113만 원에서 2005년 170만 원으로 무려 50%가 증가했다. 당연히 부인들 내 소득 불평등도 증가해 소득10분위 남편을 둔 부인들과 1분위 남편을 둔 부인들의 소득 비율은 1998년 1.8배에서 2005년 2.2배로 증가했다.

지금까지 살펴본 바에 따르면 1998년 이후 기혼 여성들의 경제활동 참여는 점진적으로 증가해 왔으며 중하위 소득 계층의 부인들의 경제활동 참여가 전반적으로 더 활발할 뿐만 아니라 중상위 소득 계층의 여성들에 비해 상대적으로 좀 더 빠른 속도로 증가하고 있다. 그러나 중하위 소득 계층 여성들의 경제활동 증가의 상당 부분은 비정규직의 증가에 기인한 것이다. 중하위 소득 계층 여성들의 일자리 상황의 악화는 이 소득 계층 여성들의 늘어난 경제활동이 실제 소득의 호전으로 이어지지 않는 이유가 되고 있다. 경제 위기 이후 여성 노동시장은 상위 경력직과 하위 단순 서비스직이 동시에 증가하는 이중 구조화 경향성을 보이고 있으며 그에 따라 여

성들 내부의 소득 불평등도 증가하고 있는 추세다. 이때 이 연구의 관점에서 중요한 것은 남편과 부인의 경제적 동질성이 증가하고 있느냐 하는 점이다. 부인들의 소득을 남편소득 집단별로 나누어 본 결과 상위 소득 계층의 남편을 둔 여성들의 소득이 하위 소득 계층의 남편을 둔 여성들의 소득에 비해 상대적으로 더 빠르게 증가하고 있음을 발견했다. 즉, 유유상종 현상이 더욱 강화되고 있다는 것을 의미한다.

4. 가구소득 불평등의 소득 원천별 분해

앞 절에서 살펴본 기혼 여성 노동시장의 변화는 경제 위기 이후 증가된 기혼 여성들의 경제활동이 가족소득 불평등을 균등화하기보다는 강화시키는 쪽으로 영향력을 미쳤으리라 짐작케 한다. 이 장에서는 그 영향력의 방향과 정도를 분석하고자 한다. 부인들의 소득 활동이 가족소득 불평등에 어떻게 얼마나 기여하고 있는가 하는 질문은 가족소득을 소득 원천별로 나눈 후 가족소득의 불평등을 각 소득 원천의 기여분으로 분해하는 방법을 통해서 확인할 수 있다. 이와 관련해 앤터니 샤록스는 가족소득 불평등을 상호 배타적으로 정의된 소득 원천, 즉 근로소득, 재산소득, 이전소득 등의 기여분으로 분해하는 소득 불평등의 원천별 요인 분해 방법을 제시했는데, 이 연구에서는 샤록스의 불평등 분해 방법을 이용해 부부소득 불평등에 대한 남편소득과 부인소득 불평등의 기여도를 분석한다(Shorrocks 1984).[9]

부부소득의 불평등은 소득 분산계수 cv로 측정하며 I라고 표시한다. 이 I에 대한 각 소득 원천의 절대적 기여분을 S_f로 표시하면 다음 식에서 볼 수 있는 것처럼, I는 S_f의 총합으로 표시될 수 있다.

$$I = \sum_{f=1}^{F} S_f, \quad 1 = \sum_{f=1}^{F} s_f$$

이때 S_f를 I로 나눈 소득 원천의 상대적 기여분을 S_f로 표시하면 상대적 기여분의 총합은 1이 된다. s_f는 다양한 방식으로 정의될 수 있으나 이 연구에서는 샤록스의 정의에 따라 s_f를 개별 소득 원천 y_f를 부부소득 y에 회귀분석한 회귀계수로 정의한다. 따라서 s_f는 다음과 같이 정의된다.

$$s_f = \frac{\rho_f \sigma_f}{\sigma}$$

이때 ρ_f는 f요소와 전체 소득 간의 상관계수, σ_f는 f요소의 표준편차, σ는 전체 소득의 표준편차를 의미한다.

한편 시간 t와 $t+1$ 사이의 가족소득 불평등의 증가분 $\triangle I$는 각 소득 원천의 절대적 증가분의 총합으로 정의될 수 있는데, 이는 다음과 같이 정의된다.

$$\Delta I \equiv I(t+1) - I(t) = \sum_{f=1}^{F} \Delta S_f = \sum_{f=1}^{F} \Delta \left[\rho_f \chi_f \sqrt{I \times I_f} \right]$$

이때 ρ_f는 f요소와 전체 소득 간의 상관관계, χ_f는 f요소의 소득 평균을 전체 소득 평균으로 나눈 소득비이며 I는 전체 소득 불평등, I_f는 f요소의 소득 불평등이다. 이를 상대적 증가율 %$\triangle I$로 변환시키면 다음과 같

9_샤록스의 소득 원천별 분해 방법에 대한 자세한 소개 및 증명은 Jenkins(1995) 참조.

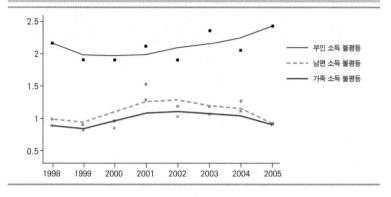

그림 7-6 | 소득 분산계수(CV)로 측정된 기혼 남성과 여성의 소득 불평등 변화

부인 소득 불평등
남편 소득 불평등
가족 소득 불평등

은 식이 된다.

$$\%\Delta I \equiv \frac{I(t+1)-I(t)}{I(t)} = \sum_{f=1}^{F} s_f \%\Delta S_f$$

이 식을 통해 남편과 부인의 소득 분포의 변화가 t 시기와 $t+1$ 시기의 가족소득 불평등 증가율에 각각 얼마만큼 기여했는지 파악할 수 있다.

분석에 앞서 부부소득 불평등의 각 요소인 남편과 부인의 소득 불평등 그리고 가족소득 불평등이 1998년 이후 어떻게 변화했는지 살펴보자. 〈그림 7-6〉은 남편 연령이 65세 이하인 모든 부부들을 대상으로 남편, 부인, 가족소득 불평등을 소득 분산계수로 측정한 뒤 각각의 산포도와 함께 그 연도별 추이를 평활 곡선으로 그린 것이다.[10]

10_산포도에서 남편소득 불평등 지수는 원, 부인 지수는 네모꼴, 가족 지수는 X표로 표시되어 있다. 평활 곡선(smoothing curve)은 LOWESS(Locally weighted scatterplot smoothing)

표 7-1 | 부부소득 불평등의 소득 원천 분해

	(I) 부부소득 불평등	(σ_h) 남편소득 표준편차 (평균)	(σ_w) 부인소득 표준편차 (평균)	(ρ_h) 남편소득- 부부소득 상관관계	(ρ_w) 부인소득- 부부소득 상관관계	(s_h) I에 대한 남편소득의 기여분	(s_w) I에 대한 부인소득의 기여분
1998년	.90	108.86 (109.52)	49.08 (22.58)	.91	.41	.75 (82.91%)	.15 (17.09%)
2005년	.92	163.01 (173.25)	117.40 (48.11)	.82	.59	.60 (78.27%)	.32 (21.73%)

부인들의 경우 소득이 없는 전업 주부들이 많기 때문에 소득 불평등이 남편들에 비해 전반적으로 매우 높다. 중요한 것은 부인들 내부의 소득 불평등이 1999년 이후 지속적으로 상승하고 있는 추세라는 점이다. 반면 남편들의 소득 불평등은 2001년에 정점을 찍은 후 어느 정도 감소하고 있는 추세다.

남편, 부인의 소득 불평등과 남편-부인 소득 연관의 혼합물인 가족소득 불평등은 전 기간에 걸쳐 남편소득 불평등보다 다소 낮게 나타나고 있다. 제2절의 논의를 고려한다면 이는 부인소득이 더해졌을 때 소득 불평등이 완화되고 있다는 뜻이다. 그러나 부인들의 경제활동이 가족소득 분포를 좀 더 균등하게 만드는 효과는 앞서 우려했던 것처럼 점차 약화되고 있으며 2005년에 이르러서는 거의 사라진 것으로 보인다. 2001년 이후의 추이를 보면 남편소득 불평등은 점차 감소하고 있는 데 반해 이것이 가족소득 불평등의 완화로 이어지지 못하고 있음을 알 수 있다.

이런 전반적인 추세를 염두에 두고 좀 더 계량적인 분석을 위해 관찰 기간의 첫해인 1998년과 마지막 해인 2005년의 부부소득 불평등을 소득 원천별로 분해한 결과가 〈표 7-1〉에 제시되어 있다. 앞서와 마찬가지로

곡선이다.

표 7-2 | 부부소득 불평등 변화율의 소득 원천별 분해

	연도	부부	남편	부인
각 요소의 절대적 기여분(S_f)	1998	.90	.75	.15
	2005	.92	.60	.31
각 요소의 상대적 기여분(s_f)	1998	1.00	0.83	0.17
	2005	1.00	0.78	0.22
각 요소 기여분의 % 변화($100*s_f\%\triangle S_f$)	1998~2005	2.22%	-16%	18%

불평등은 모두 소득 분산을 평균으로 나눈 분산계수로 측정된 것이며 남편 연령이 65세 이하인 전 부부를 대상으로 한 것이다. 부부소득 불평등이 1998년 .90에서 2005년 .92로 소폭 증가하는 동안 남편소득 불평등은 .99에서 .94로 감소했으며 부인소득 불평등은 2.17에서 2.44로 증가했다. 이 기간 동안 남편소득과 부부소득의 상관계수는 .91에서 .82로 감소한 반면, 부인소득과 부부소득의 상관계수는 .41에서 .59로 증가했다. 이는 앞서 〈그림 7-5〉에서 확인했던 것처럼 고소득층 부인들의 소득이 증가하고 이 소득 계층의 부부 합산 소득에 대한 부인들의 기여분이 커진 결과물로 이해할 수 있다. 이런 변화의 결과 1998년에는 부부소득 불평등의 83%가 남편소득에 의한 것이었으나 2005년에는 그 설명력이 78%로 줄어들었다. 동전의 양면인 부인소득의 측면에서 보자면 부부소득 불평등에 대한 부인소득의 설명력이 1998년 17%에서 2005년 22%로 증가한 것이다.

〈표 7-2〉는 1998년에서 2005년 사이에 2% 증가한 부부소득 불평등의 증가분을 소득 원천별로 분해해 남편과 부인의 소득 분포의 변화가 부부소득 불평등의 변화에 각각 얼마나 기여했는지 분석한 것이다. 마지막 열에 정리된 각 요소의 상대적 기여분의 변화를 보면 남편들의 소득 분포는 부부소득 불평등을 감소시키는 방향으로 변화해 왔음을 알 수 있다. 만약 다른 조건이 동일하다면 부부소득 불평등을 -16% 완화시킬 수 있었던 남편소득 분포의 변화는 그러나 그 반대 방향으로 작용하는 부인소득 분포의 변화의 효과에 상쇄되어 실현되지 못했다. 이 시기 부인들의 소득 분

포는 부인들 내부의 소득 불평등의 증가 그리고 부부 합산 소득과의 상관성 증가로 부부 합산 소득을 18% 증가시키는 방향으로 발전해 왔다.

이상의 결과는 경제 위기 이후 기혼 여성들의 경제활동의 증가 그리고 그에 따른 맞벌이 부부의 증가가 가족 간 소득 불평등의 악화로 귀결되고 있음을 보여 준다. 중하위 소득 계층 여성들의 경제활동이 상대적으로 활발함에도 불구하고 이 같은 현상이 나타나고 있는 것은 기혼 여성 내 계층별 노동 공급의 변화보다는 여성 노동시장의 소득 양극화가 빠르게 진전되고 있는 데 기인한 것으로 보인다. 경제 위기 이후 소수의 고숙련 전문직 여성들의 고용 상황이 상대적으로 빠르게 개선되는 데 반해 다수의 저숙련 단순직 여성들의 고용 상황은 답보 상태에 있거나 오히려 악화되었다. 이런 여성 노동시장의 이중구조 문제는 여성 개인들이 노동시장에서 겪는 차별과 기회 구조의 왜곡이라는 측면에서 문제가 될 뿐만 아니라 위 분석에서 드러난 바와 같이 사회적 불평등을 지속적으로 재생산하는 단위인 가족 간의 불평등을 악화시키고 있다는 점에서 더욱 심각한 문제를 노정하고 있다. 이는 사회적 불평등을 완화하고 불평등 재생산의 고리를 약화시키고자 하는 시도들이 여성 노동시장의 이중구조 문제에 주목해야 함을 의미한다.

5. 맺음말

여성들의 경제활동 참가가 가족소득 불평등을 약화시킬 것인가 아니면 강화시킬 것인가에 관한 다양한 견해들이 제시되었다. 초기 1970년대와 1980년대에는 여성 경제활동 참가가 가구소득 불평등을 약화시킨다는 주장과 연구 결과들이 많았지만, 1990년대 이후 여성 경제활동 참가의 증가로 가구소득 불평등이 증가한다는 연구 결과들이 지배적이었다. 실제로 가족소득 불평등은 복잡한 동학을 내포한다. 가구소득 불평등은 노동시장 내 소득 분포와 동시에 가족 구조와 혼인 형태, 구성원의 경제활동 참여 결정 방식 등 가족 동학에 영향을 받는다는 점에서 사회마다 큰 차이를 보인다.

이 장에서는 〈한국노동소득패널조사〉를 이용해 외환 위기 이후 가구소득 불평등을 중심으로 여성의 경제활동 참가와 가구소득 불평등 간의 관계를 분석했다. 분석 결과는 크게 세 가지로 요약할 수 있다. 첫째, 여성의 경제활동 참가가 증가하면서 가구소득 불평등도 감소했다. 1998년 이후 여성들의 경제활동 참가가 빠르게 증가하면서 가구소득 불평등이 증가했으나, 2001년 이후 약간 줄어들었다. 그러나 부인소득의 불평등은 지속적으로 증가하고 있는 반면, 남편소득의 불평등은 2001년을 정점으로 하락 추세를 보이고 있다. 이것은 여성들의 경제활동 참가가 증가했으나, 여성들 내에서 고용 형태(정규직과 비정규직)와 직종(전문직과 비전문직)에 따른 소득 불평등이 커지면서 전체적으로 가구 불평등이 크게 줄어들지 않았다.

둘째, 남편의 소득이 높을수록, 부인의 소득도 높은 경향을 보이고 있어서, 남편과 부인의 소득을 합친 가구소득 불평등은 더 커진 것으로 나타났다. 한국 사회에서 배우자 선택이 교육 수준이 비슷한 남녀 간에 이루어지는 동질혼이 매우 높기 때문에 이런 속성이 나타났다고 볼 수 있다. 노동시장 참여와 가구소득 불평등 사이에 중요한 매개 고리로 결혼 방식이 중요한 역할을 하고 있기 때문에, 교육과 계급에 따른 동질혼이 가구 불평등을 심화시키는 중요한 요인으로 작용하고 있다고 볼 수 있다. 그리고 부인소득과 남편소득의 상관관계가 더 커지고 있어서 이런 추세는 더욱 강화될 것으로 기대된다.[11]

셋째, 남성들 내의 불평등은 줄어들고 있는 반면, 여성들 내의 불평등은 남성에 비해서 더 클 뿐만 아니라 더 커지고 있어서 여성들 내 경제적

이질성이 심화되고 있다는 점을 보여 준다. 남성과 여성 간의 격차는 줄어들고 있지만, 여성들 내의 격차는 커지고 있어서 젠더 불평등에 대한 논의와 더불어 남성과 여성 내의 임금 불평등이나 계급 불평등 문제가 좀 더 심도 있게 논의될 필요가 있다는 것을 함의한다.

이 연구는 탐색적인 연구의 성격을 지니고 있다. 가족, 노동시장과 소득 불평등 간에 체계적인 논의가 이루어지기 위해서는 가족의 계급이나 계층적 성격과 여성의 노동시장 참여 이유와 방식과 더불어 좀 더 장기적인 추세 등이 더 분석될 필요가 있다. 여기에서 다루어진 것은 남편의 소득 수준에 따른 여성의 소득만을 다루고 있어서, 좀 더 사회학적인 연구가 되기 위해서는 가족 구성의 계급적 혹은 계층적 성격이 분석될 필요가 있다.

그리고 여성들의 경제활동 참여 이유나 방식에 대한 규명도 필요하다. 경제활동에 참여하는 여성들의 경우, 여성의 학력뿐만 아니라 가족의 경제적 상태에 따라서 참여 여부와 방식이 달라지기 때문에, 전체 가구소득에도 영향을 미치기 때문이다. 저소득 가구의 여성들은 경제적인 이유로 경제활동에 참여하지만, 고소득 가구의 여성들은 오히려 자발적으로 경제활동을 중단하는 경우도 있다. 여성 경제활동 참가의 증가가 어떤 집단에서 어떤 이유로 이루어지는지를 밝히는 것이 가구소득 불평등에 대한 이해를 한층 더 높일 것이다.

마지막으로 여성 경제활동 참가와 가구소득 불평등에 미치는 영향은

11_여성들의 경제활동 참가로 가구소득 불평등이 크게 증가하는 경우는 대만에서 두드러진다. 한국과 일본의 경우 아직까지 여성의 경제활동 참가가 가구소득 불평등에 기여하는 바는 크지 않지만, 대만의 경우는 현저하게 가구소득 불평등을 증가시키는 효과를 가져와 여성들의 경제활동 참가로 남성과 여성 간의 불평등은 줄어들지만, 사회 전체적으로 소득 불평등은 크게 증가시키는 결과를 낳았다. 이에 대한 논의는 Shin(2010)을 볼 것.

노동시장 제도, 국가와 노조의 노동시장정책, 젠더 레짐의 성격에 따라서도 달라질 수 있다. 북구의 경우 여성의 경제활동참가율이 대단히 높을 뿐만 아니라 여성 경제활동 참가가 가구소득 불평등 약화에 기여하고 있는 점은 사회민주주의적인 특성을 보이는 경제체제에서 유래한다(Björklund 1992). 이런 점은 여성 경제활동 참가가 가구소득 불평등에 미치는 영향에 대한 이해를 높이기 위해서는 비교사회학적 접근이 필요하다는 것을 함의한다.

부록 7-1 | 2007년 경제활동부가조사 자료 주요 변수의 속성

단위: %

변수	전체	남성	여성	여성/전체(%)	여성/남성(%)
종속변수					
월 임금(만 원)	171.57	210.95	121.01	-	57.36
개인변수					
학력(수학 연수)	12.94	13.37	12.40	-	92.74
나이(세)	49.50	40.30	38.46	-	95.34
노동시간(시간)	42.76	44.97	39.92	-	88.77
근속시간(년)	4.43	5.61	2.92	-	52.05
노조 가입					
무노조		70.31	82.38	47.7	
유노조 무자격		7.48	5.69	38.3	
유노조 비가입		5.73	4.86	39.8	
노조 가입		16.85	7.07	24.6	
산업					
제조업		28.7	18.3	33.1	
전기/수도		.7	.2	18.1	
건설		15.8	2.4	10.5	
도소매/숙박		13.6	29.6	62.9	
운수/통신		9.1	2.1	15.5	
금융/부동산/사업서비스		17.2	16.7	43.1	
교육/보건/오락		10.0	24.6	65.7	
개인 서비스		5.0	6.2	49.3	
직업					
경영전문직		13.5	12.8	42.5	
기술공/준전문직		13.3	8.8	34.1	
사무직		15.2	20.9	51.7	
판매서비스직		7.4	31.4	76.7	
기능직		17.7	3.8	14.5	
장치관리직		19.3	5.0	16.9	
단순노무직		13.6	17.2	49.5	
고용상의 지위					
정규직		63.7	41.2	33.5	
임시직		23.2	44.9	60.1	
일용직		13.1	13.9	45.3	
기업 규모					
1~4		15.3	27.4	58.2	
2~9		17.1	18.2	45.3	
10~29		22.9	21.5	41.4	
30~99		20.8	20.1	42.2	
100~299		10.3	7.0	33.8	
300+		13.5	5.7	24.8	

8장

소득 불평등 연구의 함의

1. 인식론적 토대

우리가 감각기관을 통해서 경험하는 임금과 소득 불평등은 대단히 지엽적
이고 부분적이다. 우리는 전국에 흩어져 사는 다른 사람들의 임금과 소득
을 알지도 못하고, 하루 수입이 얼마나 되는지도 모른다. 우리는 단지 자신
과 주위의 친구나 친척들 그리고 매체를 통해서 알게 되는 임금이나 소득
에 관한 뉴스 그리고 영상으로 보도되는 빈민들의 쪽방촌이나 부유층의
호화 주택에 관한 뉴스 등을 통해서 빈부 격차가 커지고 있음을 짐작할 뿐
이다. 그리고 학계에 종사하는 사람들은 통계청에서 발표하는 〈근로자임
금실태조사〉나 〈도시가계조사〉와 같은 서베이 조사나 연구 목적으로 실
시된 전국적인 조사에 의존해 불평등 실태를 파악한다. 이 둘 사이에는 큰
간극이 존재한다. 통계청 조사나 전국 서베이 조사에서 재벌가와 같은 한
국의 부자들은 조사 대상에서 빠진다. 빼고 싶어서 빼는 것이 아니라 표본
에 잡히지 않을 뿐만 아니라 표집이 되더라도 접근이 불가능해 인터뷰 조

사를 할 수가 없기 때문이다(신광영 2005).

그럼에도 불구하고 2000년대 들어서 많은 시민들이나 학자들이 공통적으로 빈부 격차가 심해지고 있다거나 혹은 불평등이 심해지고 있다고 생각한다. 2006년부터 대두된 사회 양극화 담론은 이런 배경에서 등장했다. 사회 양극화는 학술적인 용어라기보다는 시사적인 용어다. 문자 그대로의 의미라면 사회 양극화는 소득이 두 개의 봉우리 즉 빈곤층과 부유층으로 나눠지는 것을 의미하지만, 소득 분포는 그런 형태로 급격하게 바뀌지는 않았다. 사회 양극화는 문자 그대로의 의미보다는 불평등이 심화되고, 빈곤층이 급증하는 현상을 지칭한다. 일본에서는 사회 양극화 대신에 격차 사회라는 표현으로 불평등 심화와 빈곤층 증가를 다루고 있다.

우리가 논의하는 불평등이 너무도 자명한 사실인 것 같지만, 불평등은 정치적·경제적·사회적·문화적 산물이라는 점에서 가장 복잡한 연구 주제 가운데 하나다. 이 책에서는 주로 2000년대 한국의 소득 불평등 구조, 소득 불평등 추이와 불평등에 영향을 미치는 요인들을 경험적으로 분석했다. 소득 불평등을 만들어 내는 주요 요인들 가운데서도 임금과 소득을 집중적으로 분석했다. 현대사회에서 불평등의 내용과 요인이 중층적이고 복합적이라는 점에서, 이 책에서 제시된 분석은 제1장 〈그림 1-1〉(이 책의 24쪽)에서 제시된 종합적인 불평등 구조 분석 틀 가운데 일부분에 집중되었다고 볼 수 있다. 구체적으로, 토지와 주택을 포함한 자산 불평등을 물론이고, 소득 가운데서도, 금융소득이나 이전소득과 같은 소득을 포함한 소득 불평등이 이 책에서 다루어지지 않았다. 그 대신 주로 경제활동을 통해서 얻는 근로소득만이 분석되었다는 점에서 이 책은 종합적인 불평등 분석을 위한 시작에 불과하다.

이 책에서 이루어진 불평등 분석은 비판적 실재론의 관점을 배경으로 하고 있다. 비판적 실재론은 실증주의나[1] 사회 구성주의를 모두 비판하면서 20세기 후반 등장한 과학철학의 흐름이다. 20세기 초반 등장한 실증주의는 20세기 후반 학계에서 사라졌다. 그리고 다양한 포스트-실증주의는 실증주의를 부정하고 지나치게 실재의 사회 구성적 속성만을 강조해, 과학에서 멀어졌고, 방향을 상실했다. 실증주의는 관찰과 실험을 통해서 경험적 자료를 얻고, 자료 분석을 통해서 어떤 규칙성이나 법칙을 찾아내고자 한다. 그러나 오늘날 실증과 반증이 과학적 방법의 핵심이라는 실증주의 과학철학 이론은 더 이상 유지되기 힘들게 되었다(Suppe 2000; Kuhn 1962; Toulmin 1953; Quine 1953). 또한 포스트모더니즘과 인식론적인 맥락을 같이 하고 있는 다양한 사회적 구성주의social constructivism는 실재가 존재하지 않으며, 언어를 통해서 구성된 사회적 산물로 인식한다(Berger & Luckermann 1966). 사회 구성주의는 구조주의적 인식론을 거부하면서 현상의 배후나 근저에 놓여 있는 구조를 거부하고, 경험의 문제를 행위자들의 언어와 의미의 문제로 대체했다. 이것은 한편으로 경험주의를 비판하고 있지만, 다른 한편으로 경험의 문제를 행위자들의 주관적인 경험으로 본다는 점에서 '언어적 경험주의'에 다다랐다. 행위자들이 지니고 있는 상식적 지식이 사회를 구성하는 토대라고 보고 있기 때문에, 구조주의적 문제의식은 완전히 사라진다. 그리고 더 중요한 것은 과학적 논의를 전면적으로 거부하면서, 과학에서 멀어져 갔다는 점이다.[2] 시장경제, 계급 구조,

---

1_칼 헴펠(Carl Hempel)은 경험에 의한 자료를 체계화하는 것을 과학이라고 불렀다. 자료는 연구자가 구성하지만, 자료는 연구자 외부에 존재하며, 연구자의 주관적인 의도나 의미 부여와 관계없이 외부에 존재하는 자료를 수집해 그 안에서 법칙을 사후적으로(a posteriori) 발견하는 것이 과학적 작업이라고 본다. 법칙의 발견은 현상에 대한 설명뿐만 아니라 예측을 가능케 한다는 점에서 설명과 예측의 대칭성(symmetry)을 강조한다. 헴펠은 스스로 논리실증주의 철학이 과학철학으로 실패했다는 점을 1969년 일리노이 대학 심포지엄에서 공개적으로 선언했다(Suppe 2000을 참조).

2_1996년 포스트모던 문화 연구 학술지인 *Social Text*에 게재되어 소칼 논쟁(Sokal debate)

노동시장, 기업, 노사관계 등은 이런 제도에 참여하고 있는 행위자들의 역할과 의미로 이런 제도가 기능한다는 점에서 사회 구성주의 주장은 부분적으로 타당하지만, 이들은 개인의 인식을 넘어서 개인의 속성으로 환원시킬 수 없는 발현적 속성emergent property을 지니고 있고, 개인들이 인지하지 못하는 경우에도 특정한 방식으로 행위자들에게 영향을 미치고 있다는 점을 간과하고 있다. 실재는 단순히 언어를 매개로 구성된 것이 아니다. 언어를 매개로 인식되던 인식되지 않던 간에 개인들을 특정한 방식으로 사고하게 하고 행동하게 한다. 다시 말해서, 개인들의 의식과 행동을 특정한 방식으로 지배하는 외재적 존재로 작동한다.

점증하는 불평등은 여러 다른 층위들에서 존재하는 구조들에 근거한 기제가 작동해 발생된 산물이다. 심층구조는 자본주의 경제에 기반을 둔 계급 구조이다. 자본주의 경제구조는 오늘날 세계 자본주의로 확대되었다. 계급 관계도 일국에 한정된 것이 아니라 전 지구적으로 또 동시적으로 확대되었다. 또한 눈에 보이지 않은 초국적 금융자본의 움직임에 따라서

의 도화선이 된 뉴욕대학교의 물리학자 앨런 소칼(Alan Sokal)의 "Transgressing the Boundaries: Towards a Transformative Hermeneutics of Quantum Gravity"는 양자의 중력이 사회적 구성물이라는 주장을 담은 논문으로, *Social Text*의 특집 "Science War"를 구성하는 하나의 논문으로 게재되었다. 소칼은 곧 Lingua Franca라는 학술지에 그 논문은 의도적으로 편집자의 입장에 맞는 용어와 내용으로 양자의 중력을 사회적 구성물임을 주장하는 논문이며, 그것은 꾸며 낸 것이라고 폭로했다. 그는 포스트모던 이론가들이 수학과 물리학을 잘 모르면서 인용하는 문장을 중심으로 논문을 써서 논문 심사도 거치지 않고 출판했다는 점을 스스로 폭로해 포스트모더니즘 이론가들의 이론과 학문 윤리를 둘러싼 많은 논쟁을 불러일으켰다. 이것은 과학을 부정하는 해체주의가 문학을 넘어서 사회과학까지 대두되는 것에 대한 문제 제기였다는 점에서 포스트모더니즘의 사회 구성주의적 관점이 지닌 치명적인 약점을 드러낸 논쟁이었다. 구체적인 논쟁에 관해서는 Franca ed(2000)를 참조할 것.

그리고 세계 상품 시장의 변화에 따라서 산업구조가 바뀌고 또 일자리와 임금도 달라진다. 우리가 인지하지 못하는 경우에도 자본주의 경제 틀 내에서 우리는 일상을 살아간다.

가부장제적인 젠더 관계도 심층구조를 이루고 있는 또 다른 중요한 요소다. 가부장제에 기초한 젠더 관계는 전체 인구 중에서 남성과 여성의 경제활동 참여 방식과 보상 체계에 영향을 미친다. 또한 가부장제는 직업을 성적으로 분리시킬 뿐만 아니라 여성을 비정규직으로 남성을 정규직으로 분리 배치시키는 방식으로 작동한다. 또한 연령을 중심으로 하는 사회적 관계의 틀이 모든 조직과 전체 사회 수준에서 일과 사람을 배치시키는 데 무의식적으로 영향을 미친다. 연령차별주의라고 불리는 연령에 따른 위계 서열적인 조직은 어느 정도 약화되고 있기는 하지만, 여전히 남성과 여성 간의 불평등을 만들어 내는 견고한 구조적 원리로 작동하고 있다. 남성과 여성 간의 관계는 결혼과 가족을 통해서 또 다른 방식으로 불평등에 영향을 미친다.

이런 구조들은 제도 및 정책과 맞물려 있고, 정치 상황에 따라서 제도와 정책이 바뀌면서 구조의 효과를 강화시키기도 하도 변형시키기도 한다. 구조적인 요소들이 모든 자본주의사회들에서 존재하는 것이라면, 정치적 상황에 따른 제도와 정책은 사회별로 또한 정치적 상황에 따라서 매우 다른 양상을 보인다. 그러므로 노사관계 제도와 여성 정책이나 가족 정책을 포함한 복지 정책과 조세정책에 따라서 구조의 영향력은 국가별로 크게 달라진다.

2. 한국의 소득 불평등 구조

한국의 소득 불평등 구조의 변화는 지난 40여 년 한국의 정치적·경제적·
사회적 변화와 밀접하게 맞물려 있다. 한국 자본주의 발전의 결과로 국민
총생산은 1960년대 중반 이후 지속적으로 증가했다. 두 차례 1997년 외환
위기와 2008년 금융 위기로 국민총생산의 마이너스 증가가 이루어지기도
했지만, 동아시아 신흥공업국들과 함께 놀라운 경제성장을 보여 주었다.
그러나 성장의 과실은 대기업에 집중되었고, 군사정권에 의해서 주도된
수출 주도형 산업화가 이루어지면서 노동운동은 탄압되었고 노동자들의
임금 인상 요구는 철저하게 억제되었다. 성장의 과실은 소수 재벌 기업들
로 집중되었다. 한 세대 내에 국내 중소 기업체가 세계적인 초국적 기업으
로 성장할 수 있었지만, 그 기업에서 일하는 노동자들은 기업 성장의 혜택
을 전혀 누리지 못하고 있었다. 이는 1987년 이후 민주화를 계기로 노동운
동이 분출하는 원인으로 작용했다. 해방 이후 일어난 전체 파업보다 더 많
은 파업이 1987년 여름에 발생했다. 저임금에 분노하는 노동자들이 노조
도 없는 재벌 기업들에서 파업을 일으키면서, 1987년 여름은 이 들불처럼
일어났다. 이를 계기로 노동소득분배율이 급격히 높아지면서, 한국의 소
득 불평등도 크게 약화되었다.

그러나 1996년 세계화의 한 사례인 한국의 OECD 가입 1년 후 발생한
외환 위기를 계기로 30대 재벌의 절반 정도가 사라졌고, 국제통화기금에
의해 주도된 신자유주의 구조조정으로 실업자와 비정규직 종사자가 급증
하면서, 다시 불평등이 급격히 심화되기 시작해, 한국의 소득 불평등 수준
은 1980년대 이전 수준으로 다시 되돌아갔다. 상대적 빈곤율은 더 큰 폭으
로 높아져서 7가구당 1가구가 빈곤 가구라는 것을 의미하는 수준인 15%
를 상회하게 되었다.

그러나 위와 같은 변화는 신자유주의 경제개혁 혹은 신자유주의 세계

그림 8-1 | 불평등과 빈곤 추이(1990~2010년)

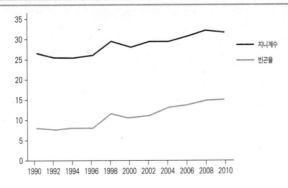

자료: KOSIS(국가통계포털)의 〈소득분배지표〉에서 작성.

화의 산물만은 아니다. 경제적인 요인뿐만 아니라 인구구성의 변화와 가족 구조의 변화와 같은 복합적인 사회 변화가 만들어 낸 결과물이다. 좀 더 구체적으로 외환 위기에 따른 노동시장의 변화 및 인구 고령화와 결혼과 가족의 변화가 동시에 이루어지면서 한국에서 소득 불평등이 급격히 심화되었다. 고령화로 인해 한국인의 평균 수명이 길어짐에 따라 소득이 없거나 소득이 적은 노령 인구가 증가하는 것은 노인 빈곤의 증가뿐만 아니라 저소득 가구의 증가를 의미하며 이는 곧바로 불평등의 심화로 연결된다. 또한 이혼율의 급증으로 인해 여성 가장 가구나 여성 독신 가구의 증가는 '새로운 빈곤층'이라고 불리는 빈곤층의 증가로 이어졌다.

불평등을 약화시킬 수 있는 경우는 두 가지다. 하나는 불평등 심화에 대해서 적극적으로 대응하는 정당이 강하거나 집권했을 경우이고, 다른 하나는 노동조합이 강력해 적어도 비정규직 고용 증대나 근로 빈곤층의 발생을 막을 수 있는 경우다. 서구와 같이 진보적인 정당들이 친노동-친복지를 정당정치의 핵심적인 이념으로 내세우는 경우, 불평등은 크게 높아지지 않았다. 또한 노동조합이 강력한 경우, 노동자들 내부의 분화가 심하지 않아서, 노동자들 내의 임금 불평등은 크지 않다. 한국의 경우, 두 가지 다 취약해, 노동시장의 양극화와 사회 양극화를 막지 못했다. 노동조합 조직률이 낮고, 기업별노조 체제하에서 단체교섭의 적용 범위가 매우 제한적이어서 노동조합이 불평등 심화 추세에 별 영향력을 행사하지 못했다. 오히려 대기업 노조들의 경우, 비정규직과 거리를 두는 일까지 벌어져, 노동시장 양극화를 방조하거나 노동시장 양극화에 기여한 부분도 있다.

그럼에도 불구하고, 일차적으로 노동시장에서 불평등 심화와 근로 빈곤의 확대를 저지할 수 있는 집단은 조직 노동이다. 과거에 비해서 노동조합운동이 활성화되었고 민주노총도 합법적인 지위를 획득했지만, 한국의 조직 노동은 조직적 취약점을 지니고 있다. 90% 정도의 노동자가 노조에 속하지 않았고, 노동조합도 대기업 중심으로 조직되어 있어서 노동조합의 역할은 제한적일 수밖에 없다. 이런 이유로 노조운동은 상대적으로 발달되어 있는 시민운동과 연대하지 않으면 정치적·사회적 영향력을 행사하기 어려운 상황이다.

현재 한국의 피고용자 임금 불평등 수준은 OECD 최고 수준이다. 산업별로 보면, 제1차 산업 내에서는 불평등이 줄어들고 있지만, 제2차 산업과 제3차 산업에서 임금 불평등이 증가해 전체 피고용자 임금 불평등으로 이어지고 있다. 특히 고용 비율이 가장 높은 서비스산업에서 불평등이 심화되고 있다. 저임금 노동이 주류를 이루고 있는 단순 서비스업과 고학력 전문직 노동이 중심을 이루는 생산자 서비스업에서 격차는 더 벌어지고 있다. 제2차 산업 내 불평등이 전체 불평등에서 차지하는 비중은 19~23% 정도인 반면, 제3차 산업 내 불평등의 비중은 75~76%에 달하는 것으로 밝혀졌다. 제3차 산업 가운데서도 특히 사업 서비스와 사회 서비스산업 내의 임금 불평등이 전체 임금 불평등에서 상당히 큰 비중을 차지하고 있는 것으로 나타났다. 서비스산업이 계속해서 커지고 있는 상황에서 서비스산업 내의 불평등 심화는 우려할 만한 상황이다. 그러나 소득 분해 분석 결과,

산업의 순수 효과는 8% 정도에 불과하고, 나머지는 근속연수와 고용 형태의 효과가 절반 정도 되는 것으로 나타났다. 나머지는 교육 수준과 성별 효과로 판명되었다. 이는 산업에 따라서 근속연수, 고용 형태, 교육 수준과 성별 분포가 상당히 다르다는 것을 의미한다. 그리고 산업 간 불평등보다 산업 내 불평등이 더 큰 것으로 나타났다. 산업 내 근속연수, 고용 형태, 교육 수준과 성에 따른 불평등이 대단히 큰 것으로 나타났다.

세대 간 격차는 어떤가? '88만 원 세대론' 이후 세대 문제가 계속해서 등장하고 있다. 특히 18대 대선을 계기로 세대 문제는 또 다시 첨예한 정치적 이슈로 대두되었다. 여기에서는 세대와 소득 불평등 간의 관계를 분석했다. 여기에서 밝혀진 점은 세대 문제를 독립적으로 특정 세대가 경험하고 있는 상황과 관련해 다루는 것은 문제 제기 차원에서는 설득력이 있을 수 있으나, 한국 사회 불평등 문제를 이해하는 데는 여러 가지 문제점이 있다는 것이다.

먼저, 경험적 분석을 통해서 드러난 점은 2000년대 들어서, 세대 간 불평등은 약화되었으나, 모든 세대에서 세대 내 불평등은 크게 증가했다는 사실이다. 세대 내 계급 간 소득 격차가 연령 증가와 더불어 증가하고 있는 것으로 나타났다. 불평등 문제는 20대와 다른 세대 간의 문제가 아니라 20대 이후의 전 세대의 문제다. 20대의 경우 실업률이 높지만, 연령이 증가하면서 실업률은 낮아진다. 대신 연령이 증가하면서, 소득이 낮은 프티부르주아지 비율과 비정규직 비율이 계속해서 높아지고, 세대 내 계급 불평등이 커지고 있다. 40대 이후 경제활동을 하는 사람들의 절반 이상이 프티부르주아지와 비정규직이다. 이들은 더 연령이 높아지면, 노인 빈곤층이 될 수 있다는 점에서 한국의 높은 노인 빈곤율 문제는 이미 65세 이전 빈곤 장년층에서 시작되고 있음을 알 수 있다.

성별 임금격차는 어떤가? 자료 분석 결과 남성과 여성의 임금격차는 30% 정도로 나타났고, 여기에 정당한 격차(차이)와 부당한 격차(차별)를 구분해 30%의 격차 가운데 절반은 여성 차별의 결과라는 것이 통계적인 분석을 통해서 밝혀졌다. 성별 임금격차와 임금 차별의 정도는 임금에 영향을 미칠 수 있는 변수들을 더 많이 고려하면 할수록 격차의 정도는 작아지게 된다. 본 연구는 임금에 영향을 미치는 매우 포괄적으로 변수들을 고려해 성별 임금격차를 분석했기 때문에, 여기에서 제시된 결과는 상당히 신뢰할 수 있는 결과다.

그리고 차별에 의한 성별 임금격차를 만들어 내는 주된 요인은 나이로서, 나이가 증가함에 따른 임금 증가가 남성과 여성에서 대단히 큰 차이를 보여 주고 있다. 이는 한편으로 동일한 조건에서 나이 많은 사람이 나이 적은 사람보다 높은 임금을 받는다는 점에서 연령차별주의가 임금 결정에 작동하고 있지만, 여성에게는 이런 나이 증가에 따른 임금 증가가 이루어지지 않는다는 점에서 성차별주의sexism도 동시에 존재하고 있다는 점을 보여 준다. 성과 연령의 연계nexus에 기초한 사회적 수준의 가부장제가 임금체계에서도 잘 드러나고 있다고 볼 수 있다. 기존 사회학 연구에서 강조하고 있는 성적 직무 분리의 효과는 전체 차이의 3분의 1 정도인 것으로 나타났다. 이는 여성이 남성과 동일하게 직업과 산업에 분포된다면 사라질 부분이다.

마지막으로 여성의 경제활동 참가가 증가하면서, 맞벌이 부부가 늘고 있고, 여성의 소득이 가구소득에 큰 비중을 차지하게 되면서, 경제활동 참가가 가구소득 불평등에 얼마나 영향을 미치는지를 분석했다. 이는 노동시장에서 개인의 임금이나 소득을 중심으로 불평등을 분석하는 것이 사회 불평등 분석에 충분하지 않다는 전제에서 출발한 것이다. 여성들의 경제활동 참가율이 높아지면서, 여성들 내에서 고용 형태(정규직 대 비정규직)와 직종(전문직 대 비전문직) 간 소득 불평등이 커지면서 전체 가구소득 불평등이 크게 줄지 않고 있다. 남편소득 불평등은 줄고 있으나, 부인소득 불평등은 늘고 있어서 전체적으로 불평등이 줄어들지 않고 있는 것이다.

한국에서 유사한 교육 수준이나 계급끼리 결혼을 하는 동질혼의 비율이 높기 때문에 남편의 소득이 높을수록, 부인의 소득도 높아지는 경향을 보이고 있다. 그 결과, 남편과 부인의 소득을 모두 합친 가구소득 불평등은 더 커진 것으로 나타났다. 부인소득과 남편소득의 상관관계가 더 커지고 있다는 점에서 이런 추세는 더 강화될 것으로 예상된다.

이것이 함의하는 바는 여성은 더 이상 동질적인 사회적 범주가 아니라는 점이다. 남성 대 여성이라는 페미니즘의 접근은 여성을 너무 단순화할 뿐만 아니라 단일한 범주로 다루고 있다. 여성 내에서 계급 불평등이 남성 내 계급 불평등보다 더 커지고 있다는 현실에서 여성을 전체적으로 동질적인 사회적 범주로 다루는 것은 적어도 불평등 분석에서는 타당하지 않다고 볼 수 있다.

3. 정책적 함의

우리가 정책적 함의를 논의 할 때, 정책적 함의가 의미하는 바는 불평등을 해부해 나타난 결과가 불평등을 약화시키기 위한 행위를 하는 주체들에게 주는 함의이다. 그러므로 정책은 국가의 차원뿐만 아니라 기업이나 노조 혹은 시민 단체의 차원에서도 중요한 문제다. 그리고 당연히 정책적 함의는 불평등을 약화시키는 것이 규범적으로 좋다는 점뿐만 아니라 현실적으로 사회 갈등을 줄이고 민주주의의 발전시키며, 개인들이 더 인간다운 삶을 누리를 수 있는 데 도움이 될 것이라는 점을 받아들이는 주체에게만 해당된다.

약한 노조와 노동시장 불평등

거시적인 차원에서 볼 때, 한국의 노동소득분배율은 노동자 수에 달려 있는 것이 아니라 노동자들의 힘에 달려 있다고 볼 수 있다. 노동조합 조직률이 OECD 국가들 가운데 가장 낮은 현실에서 노동조합을 통해서 노동소득분배율을 높이는 것은 한계가 있다. 오히려 정규직 노동조합원과 정규직 비조합원 그리고 비정규직 노동자들 사이에 불평등이 심화되는 경향까지 보인다는 점에서 현재와 같은 기업별노조 체제하에서 노동조합을 통한 불평등 약화 가능성은 매우 희박하다.

그 대신, 프랑스의 경우와 같이 임금 교섭의 적용 범위를 확대하는 방안이 좀 더 현실적인 정책이라고 볼 수 있다. 프랑스의 노조는 한국과 비슷하게 낮은 10% 미만의 낮은 노조 조직률을 보이고 있을 뿐만 아니라 동일 기업 내에 복수 노조가 존재해 대단히 분절된 노조 조직을 보여 준다. 그럼에도 불구하고, 프랑스 노조는 사회적인 영향력이 크다. 주된 이유는 단체교섭의 적용 범위가 90%에 이르기 때문이다. 노조에 가입되지 않은 노동자들의 노동조건과 임금에 영향을 미치기 때문이다. 임금 교섭의 적용 범위를 기업 수준을 넘어서 전체로 확대하는 것은 현실적으로 많은 문제를 해결하는 데 기여할 수 있다. 현실적으로 비정규직 문제를 개별 사업장에서 해결하는 것은 불가능하다. 그러므로 국가 차원에서 노사정 대타협을 통해서 접근하면서, 총연맹이나 산별 연맹 수준에서 이루어지는 임금 교섭에서 비정규직 문제를 포함한 미조직 노동자들의 노동조건이나 임금 인상에 대해서 조직 노조가 개입하는 것이 필요하다. 산별이나 총연맹 수준에서 이루어진 단체교섭 결과를 노조가 조직되어 있지 않은 사업장까지 확대하는 것이다.

피할 수 없는 고령화와 가족 구조 변화

현재 진행되고 있는 인구구조의 변화와 가족 구조의 변화는 보편적인 추세다. 다만 한국의 경우는 그 속도가 매우 빠르다는 점을 특징으로 하고 있다.[3] 그러므로 그만큼 빠르게 대응하지 못하면, 문제를 해결할 수 없거나 더 많은 비용을 지불해야 해결이 가능하다는 점에서 시급한 현안이라고 볼 수 있다. 고령화에 따른 불평등 심화는 근로 임금이 사라지는 노년기에 다양한 사회적 임금social wage 형태의 복지제도를 확충함으로써 노인 빈곤을 막고 불평등을 완화시킬 수 있다.

이것은 이혼 등으로 인한 가족해체나 여성 가장 가구에서 발생하는 빈곤을 완화시키기 위한 경우에도 마찬가지다. 부모의 이혼 증가로 인해 나타나는 할머니나 할아버지와 같이 사는 손자나 손녀로 이루어진 조손 가구에서 어린아이들은 제대로 돌봄이나 교육을 받지 못하고 있다. 또한 이혼으로 발생하는 여성 가장 가구의 경우, 빈곤 가구 비율이 대단히 높다. 가족 구조의 변화로 인한 빈곤 가구의 증가를 막기 위해서 정부가 이혼을 한 성인들을 대상으로 하는 직업교육과 직업 알선과 같은 적극적 노동시장 정책을 통한 개입이 필요하다. 그리고 이들 가구들의 경우, 자녀 교육에서도 어려운 현실을 피하기 어렵기 때문에, 여성 가장 가구의 자녀 교육 지원을 위한 교육 복지가 제도화되어야 할 것이다.

3_한국의 고령화 속도는 OECD 국가들 중에서 가장 빨라서 65세 이상 인구가 7%에서 14%로 늘어나는데, 프랑스 115년, 미국 73년, 독일 40년, 일본 24년 걸렸지만, 한국은 18년밖에 걸리지 않았다. 그리고 65세 이상의 인구가 전체 인구 중 20%가 넘는 초고령 사회로 진입하는 데 걸린 시간은 프랑스 39년, 미국 21년, 독일 37년, 일본 12년이 걸렸지만, 한국은 8년밖에 걸리지 않을 것으로 기대한다(통계청 2011, 9).

서비스 사회화에 따른 근로 빈곤 대책

제조업이 줄어들고 서비스산업이 절대적으로 큰 비중을 차지하는 서비스 사회로의 변화가 낳고 있는 문제점은 지속적인 소득 불평등의 증가다. 제조업이 줄어드는 탈산업화가 진행되면서, 제3차 산업인 서비스산업이 압도적으로 커지고 있다. 임금수준이나 작업환경 차원에서 서비스산업 자체가 워낙 이질적이기 때문에 서비스산업의 발달은 불평등 심화를 가져온다. 간병이나 청소와 같은 돌봄 노동 서비스부터 금융, 의료, 법률 서비스와 같은 전문적인 서비스에 이르기까지 일의 내용이 매우 다양하고 일에 대한 보상의 수준도 매우 다르다.

먼저, 서비스산업 내에서 근로 빈곤을 양산하는 저임금 서비스 노동의 증가를 막는 것이 필요하다. 최저임금의 상향 조정과 더불어 일정 수준의 임금을 보전할 수 있는 근로 장려 세제Earned Income Tax Credit, EITC와 같은 제도가 필요하다. 그리고 금융이나 법률 서비스에 종사하는 사람들이 누리는 천문학적인 수입에 대한 적정 과세와 더불어 세제 혜택이나 현금 지원 그리고 서비스 지원을 통한 저임금 노동자 지원이 동시에 이루어질 필요가 있다. 현재와 같은 근로소득세 면제 제도만 가지고는 근로 빈곤의 확대를 막을 수도 없고, 서비스산업 종사자 증가에 따른 불평등 심화를 막을 수도 없다.

서비스 사회로의 전환에서 젠더가 또 하나의 중요한 이슈다. 서비스업 중에서 여성들이 감정 노동이나 돌봄 노동에 종사하며 이들의 임금이 대부분 저임금이기 때문이다. 서비스산업의 팽창이 여성 저임금 노동의 확대로 이어진다면, 여성의 근로 빈곤과 저임금 노동은 줄어들지 않을 것이다. 특히 비혼 여성이나 이혼 여성들이 감정 노동이나 돌봄 노동으로 진출하게 되는 경우, 서비스산업 내에서 게토화가 이루어질 수 있다(김경희 2006). 그러므로 서비스 노동의 질 향상과 고급화가 절대적으로 필요하다.

장년 근로 빈곤과 노인 빈곤

세대와 계급 논의에서 나타난 문제는 나이가 많아질수록 소득이 낮은 비정규직과 프티부르주아지가 많아져서 세대 내 불평등이 커지고, 근로 빈곤이 확대된다는 점이다. 청년 세대의 실업과 비정규직 고용만이 문제가 아니라 장년 세대의 비정규직과 불안전 고용도 문제인 것이다. 장년기 저소득으로 인해 노년기에 충분히 대비하지 못하기 때문에 준비되지 않은 노년기는 빈곤의 덫에 빠지기 쉽다. 그러므로 장년기 소득 획득이 제대로 이루어질 수 있도록, 조기퇴직이나 명예퇴직으로 인해 40대 중후반부터 자영업자가 되는 상황을 막아야 한다. 한국의 근속연수는 미국보다도 더 낮다.[4] 종신 고용은 고사하고 '사오정'이나 '오륙도'와 같이 40대와 50대 퇴직이 대다수를 차지한다. 1980년 남자 기대 수명 61.8세에서 2006년 75.7세로 늘었지만, 퇴직 연령은 외환 위기를 계기로 오히려 줄어들었다. 명예퇴직을 한 이후 상용직으로 재취업을 하는 것은 대단히 어렵고, 주로 비정규직 취업이나 자영업으로의 진출이 나타나고 있다. 2011년 1인 자영업체가 전체 자영업체의 88%를 차지하고 있고, 2~4인 이하가 8.2%를 차지해, 영세 자영업자가 전체 자영업의 92.2%를 차지하고 있다. 그리고 이들 중 1인 자영업체의 62.5%가 소멸 된다(통계청 2012c, 13). 성공 가능성이 대단히 낮다. 또한 자영업자들은 상용 노동자들에 비해서 훨씬 더 열악한 경제

4_2010년 한국의 평균 근속연수는 5.0년이었다. 서구에서 가장 노동시장에 대한 규제가 낮은 수준인 대표적인 신자유주의 시장경제인 미국의 경우 근속연수는 5.1년이었다(Copeland 2010, 2). 같은 해 영국은 9.3년, 스웨덴 10.8년, 독일 11.4년, 프랑스 11.8년, 덴마크 8.5년으로 유럽 국가들에서 근속연수가 미국의 두 배 정도에 달했다(OECD.Stat, 2013/01/09). 다시 말해서, 고용 안정 혹은 고용 지속이 유럽에서 높게 나타났고, 미국에서 낮게 나타났다. 한국의 경우는 미국과 비슷한 수준을 보여 한국의 노동시장이 대단히 유연하다는 것을 보여 준다.

적 조건을 지니고 있다.[5]

장년 고용 불안과 노인 빈곤 문제를 해결하기 위해서는 조기퇴직이나 명예퇴직을 막고 정년연장제도가 필요하다. 이것은 다른 한편 청년 취업을 저해할 수도 있지만, 현재와 같이 베이비부머 세대 규모가 청년 세대보다 더 크다는 점을 고려하면, 일자리를 둘러싼 세대 간 경쟁을 나타나지 않을 것이다. 청년 세대보다 수가 더 많은 베이비부머가 계속해서 퇴직을 하고 있는 상태이기 때문에 그런 일을 발생하지 않는다. 적어도 기업이 현재 수준의 고용을 유지하는 한, 청년 취업이 위협받지는 않을 것이다.

젠더 임금격차와 성차별

남성과 여성의 임금격차는 OECD 국가들 가운데 한국에서 가장 크다. 그리고 그 격차의 절반 이상이 차별의 산물이다. 임금에 영향을 미치는 다양한 요인들을 거의 다 통제한 후에도 여전히 격차의 절반은 여전히 남는다. 이것은 차별의 산물이라고 볼 수 있다. 차별을 철폐하는 것은 동일노동 동일임금의 원칙을 성별에 관계없이 적용할 때만 가능하다. 남성이 하는 일과 여성의 하는 일이 같은 경우에 같은 보상을 주도록 법적, 제도적 장치를 마련하는 것이 필요하다.

5_다음은 한국은행이 2012년 9월 13일 총액한도대출을 통한 영세 자영업자 금융 지원 방안으로 낸 보도자료에서 제시된 자영업자와 상용 근로자의 비교다.

자영업자와 상용 근로자의 채무 상환 능력 비교		단위: %
	자영업자	상용 근로자
은행권 대출 비중(금액 기준)	62.2	72.6
15% 이상 대출 비중(건수 기준)	2.4	1.6
금융부채/가처분소득	159	79
금융부채/금융자산	81	38
총부채/총자산	20	17

* 자료: 2011년 가계금융조사; 한국은행 (2012. 1)

여성이 다수인 직종에 여성이 집중되는 경우에도 저임금을 받게 되는 경향이 있다. 여성들은 저임금 직종에 그리고 남성들은 고임금 직종으로 분리시키는 성별 직종 분리 현상은 성별 임금격차를 낳는 구조적 요인이다. 그러나 최근 이런 경향은 크게 약화되고 있다. 여성들이 고임금 전문직으로 진출하는 비율이 높아지면서, 점차 이런 경향은 약화될 것으로 기대된다. 그러므로 교육 기회와 취업시 여성에 대한 차별이 사라진다면, 여성과 남성의 평균임금 격차는 현재보다는 상당히 줄어들 것으로 기대된다.

전문직이 아닌 경우 문제가 되는 것은 연령에 따른 임금 상승이 여성에게는 적용되지 않는다는 점이다. 결혼이나 출산으로 인해 경력이 단절되거나, 임금이나 승진에 불이익을 받기 때문이다. 결혼이나 출산으로 인한 업무 능력의 저하를 막기 위해 추가적인 직무 훈련 제도를 기업이 제도화시키도록 하거나, 여성 고용과 승진에 대한 평가를 통한 세제 혜택도 효과가 있을 것이다. 더 나아가 여성 차별과 관련된 법적 분쟁에서 남성 중심적인 판결에서 벗어나는 것도 필요하다.

맞벌이 부부 증가와 부부소득 합산 과제 제도

동질혼이 지배적인 한국 사회에서 향후 맞벌이 부부가 늘어나고 있기 때문에 개인소득 불평등보다 가구소득 불평등이 훨씬 더 커질 것으로 기대된다. 과거 여성의 경제활동 참여는 주로 남편의 소득이 낮은 가구에서 남편소득을 보충하기 위해 여성의 경제활동 참여가 많이 이루어졌지만, 여성의 고학력화와 더불어 고학력 여성들의 경제활동 참여가 급격히 늘고 있다. 그 결과, 고소득 남성과 여성의 결혼으로 고소득 가구가 늘고 있다.

한편으로 평균적인 소득에서 남성과 여성 간의 격차가 줄어들고 있지만, 가구소득 불평등은 오히려 늘어나고 있다. 이것은 한편으로 개인을 중심으로 하는 불평등 해소 대책이 필요하지만, 다른 한편으로 가구를 중심으로 하는 불평등 해소 대책이 필요함을 의미한다. 가구는 가구원들의 소득을 모아서 가구 단위의 지출을 하기 때문에, 가구의 소비나 교육투자에서도 큰 차이를 보인다.

여성 경제활동 참여의 증가는 새로운 가구소득 불평등 구조를 낳고 있다는 점에서 불평등 약화를 위해서는 부부소득 합산 과세 제도의 도입이 필요하다. 현재와 같이 개인소득에만 과세를 하는 경우 불평등은 더욱 심해질 것이다. 그리고 조세제도는 단순히 소득에만 한정되는 것이 아니라 자녀 교육 지원이나 복지제도와 연관시키는 조세-복지 연계 제도가 필요하다. 그렇지 않으면, 현재와 같이 불평등이 심한 한국 사회가 더욱 불평등이 심한 사회로 바뀔 것이다. 즉, 동질혼 추세가 약화되지 않는 한, 가구소득 불평등은 심화될 것이기 때문이다.

불평등과 관련해 여성은 단일한 사회적 범주가 아니다. 여성 내 계급 분화가 빠르게 이루어지고 있고, 여성의 고임금 전문직 진출이 빠르게 늘어나고 있는 상황에서 여성을 동질적인 단일한 범주로 보는 것은 적어도 가구소득 불평등과 관련해 타당하지 않다. 남성이 계급적으로 동질적이지 않은 것처럼, 여성도 계급적으로 동질적이지 않은 사회적 범주가 되었다. 향후 이런 추세는 더욱 강화가 될 것이라는 점에서 젠더 이슈와 관련해 새로운 접근이 논의될 필요가 있다.

향후 연구 과제

여기에서 집중적으로 다룬 것은 소득 불평등이다. 그중에서도 노동시장 소득 불평등이 중심적으로 다루어졌다. 소득은 무엇보다 상대적으로 측정이 용이한 점과 개인이나 가족의 소비와 직결된다는 점에서 경제적으로 중요한 요소이고 불평등의 근간을 이루고 있다. 〈그림 1-1〉(이 책의 24쪽)의 전체적인 불평등 연구 틀에서 A에서 B로 이어지는 구조적 변화가 고용과 보상에 영향을 미치는 연결 고리와 C → D → E로 이어지는 복지제도와 조세제도가 불평등에 미치는 연결 고리에 관한 연구는 이 연구에서 제대로 다루어지지 못했다.

그러므로 유량으로서의 소득이 스톡으로서의 부와의 관계 분석이 필요하다. 이것은 계급에 따라서 그리고 생애 과정에 따라서 대단히 다른 양상을 보이며, 소득 양극화를 넘어서 사회 양극화의 보다 본질적인 부분이다.

향후 연구는 두 가지 차원에서 이루어질 예정이다. 하나는 소득 불평등을 중심으로 A → B와 C → D → E에 관한 연구가 필요하다. A → B에 관한 연구는 이미 일부 이루어졌지만, C → D → E에 관한 연구는 거의 이루어지지 못했다. 각종 복지제도와 조세제도가 실질적으로 얼마나 불평등과 빈곤을 해소하는 데 도움을 주는지는 경험적으로 연구가 되지 않았다는 점에서 시급한 연구 과제라고 볼 수 있다.

또 다른 연구 과제는 소득 불평등이 아니라 좀 더 심각한 불평등의 요인인 부나 자산 불평등이나 건강 불평등을 분석하는 것이다. 시장소득 불평등 이외에 금융소득이나 이전소득과 같은 다른 소득과 재산 혹은 부wealth 혹은 건강health과 같은 다른 차원의 불평등도 대단히 중요한 사회적 불평등의 차원들이다. 근로소득이 없거나 적은 노년기의 불평등은 주로 금융소득이나 재산의 규모에 따른 불평등이 주된 불평등의 요인이다. 그리고 그것은 곧 바로 건강 불평등으로 이어진다. 자산 축적이 별로 많이 이루어지지 못한 청년기에는 주로 근로소득 불평등이 중요한 불평등의 차원이지만, 장년기와 노년기에 이르면, 주택이나 토지와 같은 부동산이나 주식, 저축 등으로 이루어진 금융자산과 그에 따른 소득이 불평등의 핵심을 이루게 된다.

건강불평등은 전체 생애 과정에서 나타나지만, 나이가 많을수록 더욱 누적된 불평등의 효과가 건강 상태에 부정적인 영향을 미치기 때문에, 수명을 포함한 노인 건강 불평등이 심각한 문제가 된다(강영호 2005; 강혜원·

그림 8-2 | 자산 불평등의 분석 틀

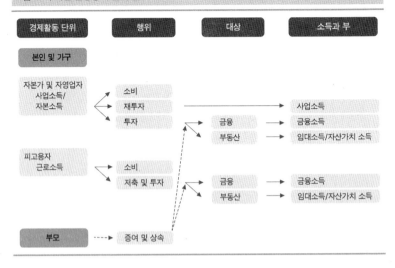

조영태 2007; 김명희·김유미 2007; 강영호 외 2007; 이창곤 편 2007). 질병이나 불건강은 장기간에 걸친 빈곤이나 직업 활동을 통해서 나타나는 것이기 때문에, 사회 불평등과 건강 불평등 간의 높은 상관관계뿐만 아니라 상관관계가 나타나게 되는 인과 기제를 밝히는 작업이 필요하다.

　그러므로 향후의 연구는 부wealth의 불평등이나 건강 불평등을 중심으로 이루어질 필요가 있다. 재산 혹은 부의 불평등은 재산에 관한 자료의 부족으로 연구가 제대로 이루어질 수 없는 한계가 있었다. 최근 각종 패널 조사 자료나 통계청에서 부에 관한 조사가 이루어지면서, 자료의 문제는 상당히 해결되었다. 지난 10여 년 동안 룩셈부르크소득연구Luxembroug Income Studies가 축적해 놓은 부의 불평등 자료를 바탕으로 한 비교 연구를 통해 한국 부의 불평등 정도와 부의 불평등이 만들어지는 인과적인 기제에 대한 연구가 가능해졌다(이에 대해서는 Fredriksen 2012를 참고). 이런 비교 연구를 통해서 한국의 불평등 현실에 대한 좀 더 심도 있는 이해가 이루어질 수 있을 것이다(〈그림 8-2〉를 참조).

　많은 학자들이 21세기 아시아의 세기가 될 것이라고 예측하고 있다. 특히 동아시아 국가들이 경제적인 차원에서 역동적인 성장을 거듭해 새로운 경제 강국으로 부상하면서, 동아시아의 세계화 시대의 새로운 주역으로 부상했다. 그러나 동아시아 국가들은 불평등 심화와 빈곤층 확대, 복지의 저발전과 취약한 민주주의를 공통적인 특징으로 하고 있다. 동아시아가 서구 사회 모델을 대체해 21세기 새로운 사회 모델이 되기 위해서는 저임금과 불평등, 억압적인 기업 문화, 낙후된 복지를 극복하고 새로운 대안을 제시할 필요가 있다. 비교 연구는 새로운 대안을 모색하는 데 중요한 기여를 할 수 있을 것이다.

강명세. 2002. 『현대 유럽정치』. 동성출판사.

_____. 2006. "한국 복지제도의 기원: 의료보험제도의 기원과 변화." 『사회과학연구』
  14-1호.

_____. 2007. 『세계화와 탈산업화 시대의 노동과 복지정치』. 한울.

강승복. 2005. "우리나라 임금소득 불평등의 중장기적 변화." 『노동리뷰』 11호.

강신욱 외. 2006. 『우리나라의 빈곤과 불평등 관련 지표 추이』. 보건사회연구원.

_____. 2007. 『분배구조 변화의 원인과 대응방안』. 보건사회연구원.

강영호. 2005. "사회경제적 건강 불평등에 대한 생애적 접근법." 『예방의학회지』 38-3호.

강영호 외. 2007. " 건강 불평등 연구에서 사회경제적 위치 지표의 개념과 활용."
  『예방의학회지』 40-6호.

강종구·박창귀·조윤제. 2012. 『한국의 경제성장과 사회지표의 변화』. 한국은행
  경제연구원.

강혜원·조영태. 2007. "서울시 남녀노인의 건강불평등." 『한국사회학』 41-4호.

건설교통부. 2004. 『건설교통통계연보』.

구인회. 2006. 『한국의 소득 불평등과 빈곤』. 서울대학교출판부.

국민은행. 2003. 『도시 주택가격 동향 조사』.

금재호. 2002. "여성노동시장의 현상과 과제." KLI 연구보고서.

_____. 2010. "여성의 경제적 지위는 향상되었는가?" 『노동리뷰』 9월호.

김경아. 2008. "국내 노인가구의 소득 불평등 현황 및 공적연금의 소득 불평등 개선효과의
  연구." 『사회복지정책』 32호.

김경희. 2006. "대인 서비스 노동의 특징에 관한 연구." 『경제와 사회』 72호.

김교성·노혜진. 2008. "결혼해체를 경험한 여성가구조의 빈곤과 사회적 배제에 관한
  종단연구." 『사회보장연구』 24-4호.

_____. 2011. 『한국의 빈곤』. 나눔의 집.

김대일·유경준. 2002. 『외환 위기 이후 소득분배구조의 변화와 재분배 정책의 효과』.
  한국개발연구원 연구보고서 8호.

김동배·김주섭·안주엽·전병유. 2004. 『경제 위기 전후 금융산업과 노동』.
  한국노동연구원 연구보고서.

김명희·김유미. 2007. "한국 건강불평등의 현황과 문제점."『예방의학회지』40-6호.

김수완·조유미. 2006. "우리나라 노인가구의 소득구성 및 빈곤율 분석: 가구유형별
　　　근로소득과 공적연금소득의 비중 및 빈곤제거효과를 중심으로."『사회복지연구』
　　　29호.

김연명 편. 2002.『한국복지국가논쟁 I』. 인간과 복지.

김영미. 2009. "분포적 접근으로 본 한국 성별임금격차 변화: 1982-2004년."『경제와
　　　사회』84호.

김영미·이성균. 2010. "한국의 서비스산업 확대는 남녀임금격차에 어떤 영향을 미치는가?"
　　　『한국사회학』44-1호.

김용하·김태완·석재은. 2003. "여성의 빈곤실태 분석과 탈빈곤 정책과제 개발."
　　　보건사회연구원 정책과제.

김유선. 2003. "비정규직의 규모와 실태: 통계청, 경제활동인구조사 부가조사(2003년
　　　8월)을 중심으로."『노동사회』82호.

_____. 2004.『노동시장 유연화와 비정규직 고용』. 노동사회연구소.

_____. 2006. "서비스 산업 노동시장 분석"『동향과 전망』68호.

_____. 2007. "자영업 노동시장 분석."『노동사회』2월호.

_____. 2010.『KLSI 고용지표』. 노동사회연구소.

김유선·이병훈. 2003. "노동생활 질의 양극화에 관한 연구-정규 비정규의 분절성을 중심으
　　　로."『경제와 사회』60호.

김정한. 2005. "기업별 노조의 실태와 구조적 한계."『노동 리뷰』3월호.

_____. 2005a. "기업별 노조의 실태와 구조적 한계."『노동리뷰』3월호.

_____. 2005b. "노동조합 조직률의 현황과 추세."『노동리뷰』2월호.

김주영. 2009. "성별 임금격차와 여성의 경력단절."『노동리뷰』7월호.

김진영. 2007. "사회경제적 지위와 건강의 관계."『한국사회학』41호.

남기곤·정건화. 1999. "경제 위기 이후 소득 및 소비구조의 변화."『산업노동연구』5-2호.

노동대신관방정책조사부. 2006.『日本的雇用制度の現狀と展望』. 東京: 大藏省 印刷局.

노동부. 1993.『노동통계연감』.

_____. 2006. "임금격차, 남녀간 줄고 학력간 늘었다." 보도자료 10월 31일자.

노동연구원. 2004.『2002년도 한국 가구와 경제활동-한국 노동패널기초 보고서』.

박권일·우석훈. 2007.『88만 원 세대: 절망의 시대에 쓰는 희망의 경제학』. 레디앙.

박능후·송미영. 2006. "노인가구 유형별 빈곤상태 변화에 관한 연구."『노인복지연구』
　　　31호.

박병현·최송식·황아람. 2007. "한국 사회복지정책의 변화과정: 사회진보의 결과인가
　　　사회통제의 결과인가?"『사회복지정책』29-4호.

박영란 외. 2003.『여성빈곤퇴치를 위한 정책개발 연구』. 한국여성개발원 연구보고서.

백승욱. 2006. "서비스 산업의 성장과 20세기 세계자본주의."『동향과 전망』68호.

보건복지부. 2006.『2005년 국민기초생활보장 수급자 현황』.

성재민·정성미. 2011.『KLI 비정규직 노동통계』.

송원근·이상호. 2005.『재벌의 사업구조와 경제력 집중』. 나남.

신경수. 2003. "성구성비에 따른 직종별 및 성별 임금격차 연구."『경영교육저널』3호.

_____. 2005. "의료진료 전문가 직종과 약사 직종내에서의 성별임금격차와 차별." 『보건사회연구』25-2.

신광영. 1999.『동아시아의 산업화와 민주화』. 문학과지성사.

_____. 2002. "경제 위기와 복지정책."『국가전략』8호.

_____. 2004.『한국의 계급과 불평등』. 을유문화사.

_____. 2006a. "서비스사회와 계급구성의 변화."『동향과 전망』68호.

_____. 2006b. "한국의 불평등 구조와 추이."『민주사회와 정책연구』9호.

_____. 2008. "세계화 시대 계급론과 계급분석."『경제와 사회』77호.

_____. 2009. "한국 공공부문 임금결정에 대한 연구."『한국사회학』43-5호.

_____. 2012. "현대 한국의 복지정치와 복지담론."『경제와 사회』95호.

신광영·이성균. 2000. "IMF 경제 위기하에서의 계급과 실업."『노동경제논집』특별호 23호.

신광영·이성균·조돈문. 2005. "계급 이동과 일자리 이동의 비교사회 연구: 자본주의 시장경제모델의 관점에서."『산업노동연구』11-1호.

_____. 2007.『세계화와 소득 불평등: 한국, 미국, 브라질의 사례연구』. 집문당.

신동균. 2003. "산업 간 임금격차의 경기변동상 변화 패턴과 노동시장 가설." 『노동경제논집』26-3.

신진욱. 2011. "국제비교 관점에서 본 한국 주거자본주의 체제의 특성."『동향과 전망』 81호.

안주엽. 2002.『비정규직 근로실태와 정책과제』I , II, III. 한국노동연구원.

양재진. 2004. "한국의 산업화 시기 숙련형성과 복지제도의 기원: 생산레짐 관점에서 본 1962-1986년의 재해석."『한국정치학회보』38-5.

_____. 2005. "한국의 대기업 중심 기업별 노조운동과 한국복지국가의 성격." 『한국정치학회회보』39-3호.

여유진 외. 2005. "빈곤과 불평등의 동향 및 요인분배." 보건사회연구원 연구보고서 11호.

유경준. 2001a. "성별 임금격차와 차별."『KDI 정책연구』23-I/II호.

_____. 2001b. "성별 임금격차의 차이와 차별."『한국개발연구』23-1/2호.

_____. 2003.『소득분배 국제비교와 빈곤연구』. 한국개발연구원.

_____. 2007.『소득 불평등도와 양극화』. KDI 정책연구 시리즈 1호.

_____. 2005. "고용보험 10년: 평가와 과제."『노동리뷰』7호.

유연규·최현수. 2003. "우리나라의 노인 빈곤 동향 및 빈곤구성에 관한 연구." 『한국노년학』23-3호.

윤진호·이시균. 2007. "비정규직은 정규직으로 이동할 수 있는가?"『경제 발전연구』13-2.

이광찬. 1989. "사회보장."『노동경제40년사』. 한국경영자총연합회.

이명진·최문경. 2005. "자영업, 선택인가? 한국과 미국"『한국사회학』39-1호.

이번송·장수명. 2001. "인적 자본의 지역별, 산업별 분포와 그 외부효과."『노동경제논집』 24-1호.

이병훈. 2006. "서비스산업의 노동체제와 노동자 태도."『한국사회학』40호.

이병훈·정이환. 2000. "경제 위기와 고용관계의 변화: 대기업 사례를 중심으로." 『산업노동연구』6-1호.

이병훈·정건화·정이환. 2003.『노동시장 유연화와 노동복지』. 인간과 복지.

이상곤. 1989. "노동정책."『노동경제40년사』. 한국경영자총연합회.

이상은·전병목. 2006. "우리 현실에 맞는 EITC제도 실시 방안." EITC정책 토론회 자료. 조세연구원.

이성균. 2006. "한국 자영업자의 사회적 자본과 소득 수준."『한국사회학』40-5호.

이신용. 2007. "권위주위 국가와 사회복지정책: 한국의 관료적 권위주의를 중심으로." 『사회복지정책』28호.

이정미. 2008.『대학의 교육비와 수익률 분석 연구』. 연구보고서 RR-15. 한국교육개발원.

이정우. 2010.『불평등의 경제학』. 후마니타스.

이종선. 2002. "한국의 신자유주의적 구조개혁과 노동시장 변화: 유연화의 패러독스." 『한국사회학』36-3호.

이창곤. 2007.『추적, 한국의 건강불평등』. 밈.

임정준. 2010. "여성의 교육 수준과 직종에 따른 임금차별에 대한 실증분석." 『한국어성학』26-4호.

장지연. 2003. "중·고령자의 경력이동 대안적 은퇴과정으로서의 근로시간단축과 자영업창업의 비중."『한국사회학』37-2호.

장지연·한준. 2003. "정규/비정규 전환을 중심으로 본 취업력(Work History)과 생애 과정(Life-Course)."『노동경제논집』23호.

정무권. 1996. "한국 사회복지제도의 초기 형성기에 관한 연구."『사회복지정책』3호.

정이환. 2002. "비정규 노동의 성격과 그 요인."『한국사회학』36-1호.

_____. 2006. "동아시아의 노사관계와 임금 불평등."『한국사회학』40-2호.

_____. 2007. "기업 규모인가, 고용 형태인가?"『경제와 사회』73호.

_____. 2011.『경제 위기와 고용체제』. 한울.

정준호. 2006. "한국 서비스산업의 구조와 발전방향."『동향과 전망』68호.

정진호. 2001. "최근의 소득 불평등도 변화와 소득원천별 분해."『노동정책연구』창간호.

_____. 2005. "임금수준 격차 및 그 변화." 황수경 외.『한국의 임금과 노동시장 연구』.

정진화. 2007. "한국노동시장에서의 성별 임금격차 변화: 혼인상태 및 직종별 특성 비교." 『노동경제논집』30-2호.

정형옥. 2010. "성별에 근거한 임금차별 기준과 쟁점." 『한국여성학』 26-1호.

조영훈. 2004. "사회변동, 복지정치, 복지국가의 변화." 『한국사회학』 38-1호.

최효미. 2005. "자영업자의 근로소득 분석." 『노동리뷰』 2호.

통계청. 2003. 『전국사업체기초통계조사』.

_____. 2004. 『한국의 사회지표』.

_____. 2007. 『한국의 사회지표』.

_____. 2008. 『한국의 사회지표』.

_____. 2011. "2011 고령자 통계" 보도자료(9월 29일자).

_____. 2012a. 『한국의 사회지표』.

_____. 2012b. "2012년 3/4분기 지역별고용조사 잠정결과." 사회통계국 고용통계과.
보도자료(12월 26일자).

_____. 2012c. "2012 가계금융 복지조사 결과." 12월 21일 보도자료.

한국경영자총협회. 1989. 『월간 경영계』 142호.

한국노동연구원. 2003. 『한국노동패널 기초분석보고서』 IV.

_____. 2004. 『2002년도 한국 가구와 개인 경제활동: 한국노동패널 기초보고서』 V.

_____. 2006. 『한국노동패널 1~7차년도 조사자료 Code Book』.

_____. 2008. "통계프리즘: 자영업자 비중 및 소득비중." 『노동 리뷰』 7호.

한국보건사회연구원. 2006. 『2006 빈곤통계 연보』.

한국사회학회 편. 2008. 『기로에 선 중산층: 현실 진단과 복원의 과제』. 인간사랑.

한국수출입은행. 각년도. 『해외투자』.

한국여성개발원. 2006. 『2006 여성통계연보』.

한국은행. 2002. 『국내 은행의 프라이빗뱅킹의 현황 및 시사점』.

_____. 2008. "우리나라의 고용구조 및 노동연관 효과." 『조사통계월보』 12월호.

_____. 2012. "총액한도대출을 통한 영세자영업자 금융지원방안." 9월 13일자
보도자료.

황수경. 2003a. "내부자(Insiders) 노동시장과 외부자(Outsiders) 노동시장의 구조
분석을 위한 탐색적 연구" 『노동정책연구』 3(2): 49-87.

_____. 2003b. 『여성의 직업선택과 고용구조』. KLI 연구보고서.

황수경 외. 2005. "한국의 임금과 노동시장 연구." 『노동정책연구』 4호.

황호영. 1996. "기업 규모별 임금격차요인에 관한 연구." 『산업관계연구』 6호.

Alderson, Arthur S. 1999. "Explaining Deindustrialization: Globalization, Failure,
or Success?" *American Sociological Review* 64.

Alderson, Arthur S. & Francois Nielson. 1997. "The Kuznetzs Curve and the Great
U Turn: Pattern if Income Inequality in United States: 1970-1990."

American Sociological Review 62.

_____. 2002. "Globalization and the Great U-Turn: Income Inequality Trends in 16 OECD Countries." *The American Journal of Sociology* 107-5.

Alesina, Alberto & Dani Rodrik. 1994. "Distributive Politics and Economic Growth." *Quarterly Journal of Economics* 109-2.

Alice, Sullivan. 2001. "Cultural Capital and Educational Attainment." *Sociology* 35-4.

Allen S, G. 1995. "Update Notes on the Inter-industry Wage Structure, 1890-1990." *Industrial and Labor Research* 48.

Amsden, Alice H. 1989. *Asia's Next Giant: South Korea and Late Industrialization.* New York: Oxford University Press.

Arbacche, Jorge Saba & Fransisco Galrao. 1999. "Unions and Interindustry Wage Differentials." *World Development* 27-10.

Archer, Margaret & Roy Bhaskar & Andrew Collier & Tony Lawson & Alan Norrie. 1998. *Critical Realism: Essential Writings.* London: Routledge(『비판적 자연주의와 사회과학』. 이기홍 옮김. 한울. 2008).

Ashenfelter, O. & R. Oaxaca. 1987. "The Economics of Discrimination: Economists Enter the Courtroom." *American Economic Review* 77-2.

Aslaksen, Iulie & Thom Wennemo & Rolf Aaberge. 2005. "Birds of a Feather Flock Together: The Impact of Choice of Spouse on Family Labor Income Inequality." *Labour* 19-3.

Atkinson, A. B. 2003. "Income Inequality in OECD Countries: Data and Explanations." *Economic Studies* 49-4.

Atkinson, A. B. 2005. "Top Incomes in the US over the 20th Century." *Journal of the Royal Statistical Society* 168.

Atkinson, A. B. & F. Bourguignon. 2000. "Introduction: income distributions and economics." Atkinson, A. B. & F. Bourguignon eds. *Handbook of Income Distribution.* Amsterdam: North-Holland-Elsevier Science.

Attewell, Paul & Katherine Newman ed. 2010. *Growing Gaps: Educational Inequality around the World.* Oxford: Oxford University Press.

Autor, David H. & Lawrence Katz & Alan B. Kreuger. 1998. "Computing Inequality: Have Computers Changed the Labor Market?" *Quarterly Journal of Economics* 113-4.

Baars, Jan & Dale Dannefer & Chris Phillipson & Alan Walker eds. 2006. *Aging, Globalization and Inequality: The New Critical Gerontology.* New York: Baywood.

Babones, Salvatore. 2002. "Population, Sample Selection Effects in Measuring International Income Inequality." *The Journal of World-System Research* WIII-1.

Bagchi, Amya Kumar. 2000. "The Past and Future of the Developmental State." *Journal of World System Research* XI-2.

Baldwin, Peter. 1990. *The Politics of Social Solidarity: Class Bases of the European Welfare State 1875-1975.* Cambridge: Cambridge University Press.

Barro, Robert & Sala-i-Martin Xavier. 1995. *Economic Growth.* New York: McGrow-Hill.

Becker, G. S. 1971. *The Economics of Discrimination.* Chicago: University of Chicago Press.

Beer, Linda & Terry Boswell. 2002. "The Resilience of Dependency Effects of Explaining Income Inequality in the Global Economy: A Cross-National Analysis 1975-1995." *The Journal of World-System Research* WIII-1.

Berger, P. L. & T. Luckmann. 1966. *The Social Construction of Reality: A Treatise in the Sociology of Knowledge.* Garden City, NY: Anchor Books.

Bergesen, Albert J. & Michelle Bata. 2002. "Global and National Inequality: Are They connected?" *The Journal of World-System Research* WIII-1.

Bergmann, B. A. 1974. "Occupational Segregation, Wage and Profits When Employers Discriminate by Race or Sex." *Eastern Economic Review* 1-2.

Beston, David & Jacqure Van Der Gagg. 1984. "Working Married Women and The Distribution of Income." *The Journal of Human Resources* XIX-4.

Beveridge, William Sir. 1944. *Full Employment in a Free Society.*

Bhaskar, Roy. 1975. *A Realist Philosophy of Science.* York: Leeds Book.

_____. 2008. *A Theory of Realist Science.* London: Routledge.

_____. 2012. *Critical Realism: A Brief Introduction.* London: Routledge.

Bielby, W. & J. Baron. 1986. "Men and Women at Work: Sex Segregation and Statistical Discrimination." *American Journal of Sociology* 95.

Björklund, Anders. 1992. "Rising Female Labour Force Participation and the Distribution of Family Income-the Swedish Experience." *Acta Sociologica* 35.

Blau, F. D. & L. M. Kahn. 1992. "The Gender Earnings Gap: Learning from International Comparisons." *American Economic Review* 82.

_____. 1994. "Rising Wage Inequality and the U.S. Gender Gap." *American Economic Review* 84-2.

_____. 1995. "The Gender Earnings Gap: Some International Evidence." Richard Freeman & Lawrence Katz eds. *Differences and Changes in Wage Structures*. Chicago: University of Chicago Press.

_____. 1996a. "International Difference in Male Wage Inequality: Institution Versus Market Forces." *Journal of Political Economy* 104.

_____. 1996b. "Wage Structures and Gender Wage Differentials: an International Comparison." *Economia* 63.

_____. 2006. "The U.S. Gender Pay Gap in the 1990s: Slowing Convergence." *Industrial and Labor Relations Review* 60-1.

Blinder, A. S. 1973. "Wage Discrimination: Reduced Form and Structural Estimates." *Journal of Human Resources* 8-4.

Blossfeld, Hans-Peter. 2009. "Educational Assortative Marriage in Comparative Perspective." *Annual Review of Sociology* 35.

Blossfeld, Hans-Peter & Sonja Drobnic eds. 2001. *Careers of Couples in Contemporary Societies: From Male Breadwinner to Dual-Earner Families.* Oxford: Oxford University Press.

Blossfeld, Hans-Peter & Mills Melinda Mills & Erik Klijzing & Karin Kurz eds. 2005. *Globalization, Uncertainty and Youth in Society*, London: Routledge.

Bluestone, Barry. 1984. "Is Deindustrialization a Myth? Capital Mobility Versus Absorptive Capacity in the U.S. Economy." *Annals of the American Academy of Political and Social Sciences* 475.

Boca, Daneila Del & Silvia Pasqua. 2003. "Employment Patterns of Husbands and Wives and Family Income Distribution in Italy (1977-98)." *Review of Income and Wealth* 49-2.

Boix, Charles. 1998. *Political Parties, Growth and Equality.* Cambridge: Cambridge University Press.

Bonoli, Giuliano & Vic George & Peter-Taylor Gooby et al. 2000. *European Welfare Futures: A Theory of Welfare Retrenchment.* Cambridge: Polity Press.

Bornshier, Volker. 2002. "International Income Inequality in the 2nd half of 20th Century: Preliminary Findings and Propositions for Explanations." *The Journal of World-System Research* WIII-1.

Bourdieu, Pierre. 1977. *Reproduction*, Beverly Hills: Sage Publications.

_____. 1984. *Distinction: A Social Critique of a Judgement of Taste.* Mass. Cambridge: Harvard University Press.

Bourguignon, François & Christian Morrisson. 2002. "Inequality among World

Citizens: 1820-1992." *The American Economic Review* 92-4.

Bowles, Samual & Herbert Gintis. 1976. *Schooling in America*. New York: Basic Books.

_____. 2002. "The Inheritance of Inequality." *Journal of Economic Perspectives* 16-3.

Brady, David & Ryan Denniston. 2006. "Economic Globalization, Industrialization and Denidustrialization in Affluent Democracies." *Social Forces* 85-1.

Brady, David & Martin Seeleib-Kaiser & Jason Beckfield. 2005. "Economic Globalization and the Welfare State in Affluent Democracies, 1975-2001." *American Sociological Review* Vol. 70, No. 6.

Briggs, Asa. 1961. "The Welfare State in Historical Perspective." *Archives Europeennes de Sociologie* 2.

Buchoholz, Sandra & Dirk Hofäcker & Melinda Mills & Hans-Peter Blossfeld & Karin Kurz & Heather Hofmeister. 2008. "Life Courses in the Globalization Process: The Development of Social Inequalities." *European Sociological Review* jcn033v1-jcn033.

Burawoy, Michael. 2004. "2004 American Sociological Association Presidential Address: For Public Sociology." *American Sociological Review* 70-1.

Cain, G. G. 1976. "The challenge of segmented labor market theories to orthodorxy theory." *Journal of Economic Literature* 14.

Cancian, Maria & Deborah Reed. 1998. "Assessing the effects of wives' earnings on family income inequality." *The Reviews of Economics and Statistics* 80-1.

Card, D. & J. E. Dinardo. 2002. "Skill Biased Technological Change and Rising Wage Inequality: Some Problems and Puzzles." *Journal of Labor Economics* 20-4.

Chang, M. 2000. "The Evolution of Sex Segregation Regimes." *American Journal of Sociology* 105.

Clark, Colin. 1950. "Economic life in the Twentieth Century." *Measure* 1-4.

Collier, Andrew. 1994. *Critical Realism: An Introduction to Roy Bhaskar's Philosophy*, London: Verso[『비판적 실재론』. 이기홍 옮김. 후마니타스. 2010].

Copeland, Craig. 2010. "Employees Tenure Trend Lines: 1983-2010." *Notes* 31-12.

Cowell, F. A. 1995. *Measuring Inequality*, London: Prentice Hall.

_____. 2000. "Measurement of Inequality." A. B. Atkinson & F. Bourguignon eds. *Handbook of Income Distribution*. Amsterdam: North Holland.

_____. 2009 *Measuring Inequality*. Oxford: Oxford University Press.

Cowell, F. A. & Stephen P. Jenkins. 1995. "How Much Inequality Can We Explain? A Methodology and Application to the United States." *The Economic Journal* 105.

Cox, Robert. 2004. "The Path-Dependancy of Idea: Why Scandinavian Welfare States Remain Distinct." *Social Policy and Administration* 38-2.

Cutright,Phillipe. 1965. "Political structure, economic development, and national social security programs." *American Journal of Sociology* 70.

Danziger, Sheldon. 1980. "Do Working Wives Increase Family Income Inequality?" *The Journal of Human Resources* XV-3.

Davies, Hugh & Heather Joshi. 1996. "Gender and Income Inequality in the UK 1968-1990: The Feminization of Earning or Of Poverty." *Journal of Royal Statistical Association* 161.

Deininger, Klaus & Lyn Squire. 1998. "New Ways Looking at Old Issues: Inequality and Economic Growth." *Journal of Development Economics* 57-2.

Delong, Bradford & Steve Dowrick. 2003. "Globalization and Convergence." *Globalization in Historical Perspectives*. M. Bordo & A. M. Taylor & J. Williamson eds. Chicago: Chicago University Press.

Diprete, Thomas A. 2002. "Life Course Risks, Mobility Regimes, and Mobility Consequences: A Comparison of Sweden, Germany, and the United States." *American Journal of Sociology* 108-2.

_____. 2006. "Cumulative Advantage as a Mechanism for Inequality." *Annual Review of Sociology* 32.

_____. 2007. "What has Sociology to Contribute to the Study of Inequality Trends? An Historical and Comparative Perspective." *American Behavioral Scientist* 50.

Diprete, Thomas A. & K. Lynn Nonnemaker. 1997. "Structural Change, Labor Market Turbulence, and Labor Market Outcomes." *American Sociological Review* 62.

DiPrete, Thomas A. & Dominique Goux & Eric Maurin & Michael Tåhlin. 2001. "Institutional Determinants of Employment Chances: The Structure of Unemployment in France and Sweden." *European Sociological Review* 17-3.

Dollar, David. 2005. "Globalization, Inequality and Poverty Since 1980." *World Bank Research Observer* 20-2.

Dollar, David & Aart Kraay. 2002. "Growth in Good for the Poor." *Journal of Economic Growth* 7.

Dowrick, Steve & Jane Golley. 2002. "Trade Openness of Economic Growth." *Oxford Review of Economic Policy* 20-1.

Duclos, Jean-Yves & Joan Esteban & Debraj Ray. 2004. "Polarization: Concepts, Measurement, Estimation." *Econometrica* 72-6.

Dulk, Laura den & Anneke van Doorne-Huiske & Joop Schippers. 1996. "Work-family Arrangements and Gender Equality in Europe." *Women in Management* 11-5.

Eckes, S. E. & R. K. Toutkoushian. 2006. "Legal Issues and Statistical Approaches to Reverse Pay Discrimination in Higher Education." *Research in Higher Education* 47-8.

Einhorn, Eric C. & John Logue. 1989. *Modern Welfare States: Politics and Policies in Social Democratic Scandinavia.* New York: Praeger.

Elfring, Tom. 1988. *Service Sector Employment in Advanced Economies: A Comparative Analysis of its Implications for Economic Growth.* London: Gower Publishing Company.

_____. 1989. "New Evidence of the Expansion of Service Sector in Advanced Economies." *Review of Income and Wealth* 35-4.

Elvira M. M. & I. Saporta. 2001. "How does the Collective Bargaining Affect the Gender Pay Gap?" *Work and Occupation* 28-4.

England, P. 1992. *Comparable Worth: Theories and Evidences.* New York: Walter de Gruyter.

_____. 2006. "Devaluation and the Pay of Comparable Male and Female Occupation." *The Inequality Reader: Contemporary and Foundational Readings in Race, Class and Gender.* Boulder, CO: The Westview Press.

England, P. & P. Allison & Y. Wu. 2007. "Does Bad Pay Cause Occupations to Feminize, Does Feminization Reduce Pay, and How Can We Tell With Longitudinal Data?" *Social Science Research* 36-3.

Esping-Anderson, Gosta. 1999. *Social Foundations of Postindustrial Economies.* Oxford: Oxford University Press.

_____. 2007. "Sociological Explanations of Changing Income Distribution." *American Behavioral Scientist* Vol. 50, No. 3.

Esping-Anderson, Gosta & Jon Eivind Kolberg. 1992. "Welfare States and Employment Regimes." Jon Eivind Kolberg ed. *The Study of Welfare State Regimes.* New York: M. E. Sharpe.

Evans, M. D. R. & Jonathan Kelly. 2007. "Trends in Women's Labor Force Participation." *Social Science Research.*

Fields, Gary. S. 2003. "Accounting for Income Inequality and Its Change: A New Method, with Application to the Distribution of Earnings in the United States." *Worker Well Being and Public Policy* 22.

Firebaugh, Glenn. 2003. *The New Geography of Global Income Inequality*. Mass. Cambridge: Harvard University Press.

Firebaugh, G. & B. Goesling. 2004. "Accounting for the Recent Decline in Global Income Inequality." *American Journal of Sociology* 110-2.

Forbes, Kristin. 2000. "A Reassessment of the Relationship between Inequality and Economic Growth." *American Economic Review* 90-4.

Franca, Lingua ed. 2000. *The Sokal Hoax: The Shame that shook the Academy*. Lincoln: The Nebraska University Press.

Fraser, Nancy & Axel Honneth. 2003. *Redistribution or Recognition: A Political-Philosophical Exchange*. London: Verso.

Fredriksen, Kaja Bonesmo. 2012. *Less Income Inequality and More Growth-Are They Compatible?* OECD Economic Department Working Paper No. 929.

Freeman, Richard. 1996. "Labour Market Institutions and Earnings Inequality." *New England Economic Review* May/June.

Fry, S. B. 1950. "Bismarck's Welfare State." *Current History* 18.

Galbraith, James. 2007. "Global Inequality and Global Macroeconomics." *Journal of Policy Modelling* 29.

Gallie, Duncan. 2007. "Production Regimes and the Quality of Employment in Europe." *Annual Review of Sociology* 33.

Garrett, Goeffrey & Deborah Mitchell. 2001. "Globalization, the government spending and taxation in the OECD." *European Journal of Political Research* 39.

Gary, Bridge. 2006. "Perspectives on Cultural Capital and the Neighborhood." *Urban Studies* 43-4.

Giddens, Anthony & Partick Diamond ed. 2002. *The New Egalitarianism*. London: Polity Press.

Gittleman, Murray & Edward N. Wolff. 1993. "International Comparisons of Inter-industry Wage Differentials." *Review of Income and Wealth* 39-3.

Goodman, R. & Ito Peng. 1996. "The East Asian Welfare Sates: Peripatetic Learning, Adapative Change, and Nation-Building." G. Esping-Anderson ed. *elfare States in Transition*. London: Sage.

Gottshalk, Peter & Sheldon Danziger. 1993. "Family Structure, Family Size and Family Income: Accounting for Changes in Economic Well-being of

Children 1968-1986." Sheldon Danziger & Peter Gottshalk eds. *Uneven Tides: Rising Inequality in America*. New York: Russel Sage Foundation.

Gradin, C. & Coral del Rio & O. Canto. 2010. "Gender Wage Discrimination and Poverty in the EU." *Feminist Economics* 16-2.

Grusky, D. 2008. "The Past, Present and Future of Social Inequality." David B. Grusky ed. *Social Stratification: Class, Race, and Gender in Sociological Perspective* (Second Edition). Boulder: Westview Press.

Grusky, D. & J. Sørensen. 1998. "Can Class Analysis Be Salvaged?" *American Sociological Review* 74.

Gunderson, M. 1989. "Male-Female Wage Differentials and Policy Responses." *Journal of Economic Literature* XXVII.

Hakim, Chatherine. 1995. "Five Feminist Myths about Women's Employment." *The British Journal of Sociology* Vol. 46, No. 3.429-455.

Hall, Peter & David Sockice ed. 2001. *The Varieties of Capitalism: Institutional Foundation of Comparative Advantages*. Oxford: Oxford University Press.

Hamilton, Clive. 1983. "Capitalist industrialization in East Asia's four little tigers." *Journal of Contemporary Asia* 13.

Harrison, Bennett & Barry Bluestone. 1988. *The Great U-Turn*, New York: Basic Books.

Hartog, J. P. T. Preira & J. A. C. Vieira. 1997. "Inter-Industry Wage Differentials and Tenure Effects in the Inequality Trends: Decomposition Analysis for the UK, 19: 71-1986." *Economica* 62.

Hempel, Carl. 1952. *Fundamentals of Concept Formation in Empirical Science*. Chicago: University of Chicago Press.

Hennock. 2007. The Origin of the Welfare State in England and Germany, 1850-1914, *Social Policy Compared*. Cambridge: Cambridge University Press.

Hicks, Alexander M. & Richard E. Swank. 1992. "Politics, Institutions and Welfare Spending in Industrialized Democracies." *American Political Science Review* 86-3.

Hout, Michael. 1982. "The Association of Husband's and Wife's Occupation in Two-earner families." *American Journal of Sociology* 88-2.

Huber, Evelyn & John Stephens. 2001. *Development and Crisis of the Welfare State: Parties and Policies in Global Markets*. Chicago: University of Chicago Press.

_____. 2003. "Welfare states and production regimes in the era of retrenchment."

Paul Pierson ed. *The New Politics of Welfare States.* Oxford: Oxford University Press.

Huber, Evelyn & Charles Ragin & John Stephens. 1993. "Social Democracy, Christian Democracy, Constitutional Structure, and the Welfare State." *American Journal of Sociology* 99.

Hungford, Thomas L. 2008. "The Persistence of Hardship over the Life Course." *Research on Aging* 29-6.

Iceland, John. 2003. "Why Poverty Remains High: The Role of Income Growth, Economic Inequality, and Changes in Family Structure, 1949-1999." *Demography* Vol. 40, No.3.

IMF. 2007. *World Economic Outlook: Globalization and Inequality.* New York: IMF.

Israeli, Osnat. 2007. "A Sharpley-based Decomposition of the R-square of a Linear Regression." *Journal of Economic Inequality* 5.

Jacobs, Lawrence R. & Theda Skocpol. 2005. *Inequality and American Democracy: What We Know and What We Need to Learn.* New York: Russell Sage Foundation.

Jacobsen, J. P. 2007. *The Economics of Gender.* London: Blackwell.

Jenkins, Stephen P. 1995. "Accounting for Inequality Trends: Decomposition Analyses for the UK, 1971-86." *Economica* Vol. 62, No. 245.

Jens, Alberm. 1986. "Germany: Historical Synopsis." Peter Flora ed. *Growth to Limits: The Western European Welfare States Since World War II* Vol. 2. Germany, United Kingdom, Ireland, Italy, Berlin and New York: Walter de Gruyer.

Johnson, George E. 1997. "Changes in Earnings Inequality: The Role of Demand Shift." *The Journal of Economic Perspectives* 11-2.

Jones, Catherine. 1990. "Hong Kong, Singapore, South Korea and Taiwan: Oikonomic Welfare States." *Government and Opposition* 25-4.

Kahn, Lawrence M. 1998. "Collective Bargaining and the Inter-industry Wage Structure: International Evidence." *Economica*, New Series Vol. 65, No. 260.

Kaldor, Nicolas. 1960. *Essays on Income and Distribution.* Glencoe, Ill: Free Press.

Kalecki, Michael. 1971. *Selected Essays on the Dynamics of Capitalist Economy.* Cambridge: Cambridge University Press.

Kalleberg Arne L. & Aage B. Sorenson. 1979. "The Sociology of Labor Markets."

Annual Review of Sociology 5.

Katsillis, John & John Rubinson. 1990. "Cultural Capital, Student Achievement and Educational Reproduction: The Case of Greek." *American Sociological Review* 55-2.

Katz Lawrence. 2000. "Technological Change, Computerization, and the Wage Structure." Brynjolfsson E, Kahin B ed. *Understanding the Digital Economy.* MIT Press.

Katz, L. A. & L. H. Summers. 1989. "Industry Rents: Evidence and Implications." *Brookings Papers on Economic Activity, Macroeconomics.*

Katz, Lawrence & Kevin M. Murphy. 1992. "Changes in Relative Wage, 1963-1987: Supply and Demand Factors." *Quarterly Jounral of Economics* 107.

Kelly, E. & F. Dobbin. 1998. "How Affirmative Action Became Diversity Management: Employer Responses to Antidiscrimination Law, 1961-1996." *American Behavioral Scientist* 41.

Kelly, Jonathan. 2001. "Changing Educational Attainment of Women and Men in Twentieth Australia." *Australian Social Monitor* 4.

_____. 2004. *Egalitarian Capitalism, New* York: Russel Sage Foundation.

Kenworthy, Lane. 2006. "Institutional Coherence and Macroeconomic Performance." *Socio-Economic Review* 4.

_____. 2007. "Inequality and Sociology." *American Behavioral Scientist* 50-5.

_____. 2008. "Tax and Inequality: Lessons from Abroad." *Consider the Evidence.*

Kenworthy, Lane & Jonas Pontusson. 2005. "Rising Inequality and the Politics ofRedistribution in Affluent Countries." *Perspectives on Politics* 3.

Kerckhoff, A. C. 2001. "Education and Social Stratification Processes in Comparative Perspective." *Sociology of Education* 74.

King, Desmond.1992. "The establishment of Work-Welfare Programs in the United States and Britain: Politics, Ideas and Institutions." S. Stinmo & K. Thelen & F. Longstreth ed. *Structuring Politics: Historical Institutionalism in Comparative Analysis.* Cambridge: Cambridge University Press.

Korpi, Walter. 1980. "Social Policy and Distributional Conflict in the Capitalist Democracies: A Preliminary Comparative Framework." *West European Politics* 3-3.

_____. 1983. *The Democratic Class Struggle.* London: Routledge & Kegan Paul.

_____. 1989. "Power, Politics, and State Autonomy in the Development of Social Citizenship: Social Rights during Sickness in Eighteen OECD Countries since 1930." *American Sociological Review* 54.

_____. 2000a. "The Power Resource Model." Paul Pierson & Paul Christoper & Francis Castles. *The Welfare State: Readers.* Cambridge: The Polity Press.

_____. 2000b. "Faces of Inequality: Gender, Class, and Patterns of Inequalities in Different Types of Welfare States." *Social Politics* 7-2.

Korpi, Walter & Joakim Palme. 1998. "The Paradox of Redistribution and Strategies of Eaquality: Welfare State Institutions, Inequality, and Poverty in the Western Countries." *American Sociological Review* 63-5.

Kremer, Michael & Eric Maskin 1996. "Wage inequality and segregarion by skill." Working Paper 5718, National Bureau of Economic Research.

Kreuger, Ann & L. Summers. 1988. "Efficiency Wage and Inter-industry Wage Differentials." *Econometrica* 56.

Kuhn, Thomas. S. 1962. *The Structure of Scientific Revolutions.* Chicago, IL: University of Chicago Press.

Kuhnle, Stein. 1981. "The Growth of Social Insurance Programs in Scandinavia: Outside Influences and Internal Forces." Peter Flora and Arnold J. Heidenheimer ed. *The Development of Wefare States.* New Brunswick, NJ.: Transaction.

Kuznetz, Simon. 1955. "Economic Growth and Income Inequality." *American Economic Review* 45.

Lallemand, Thierry & Robert Plasman & Francois Rycx. 2007. "The Establishment Size Wage Premium-Evidence from European Countries." *Empirica* 34.

Lane, Julia I. & Laurie Salmon & James Speltzer. 2007. *Establishment Wage Differentials.* BLS Working Paper 403.

Lehrer, E. & M. Nerlove. 1984. "A life-cycle analysis of family income distribution." *Economic Inquiry* Vol. 22.

Lerman, Robert. 1996. "The Impact of the Changing US Family Structure on Child Poverty and Income Inequality." *Economica* Vol. 63, No. 250.

Lindbeck, Assar & Dennis J. Snower. 1989. *The Insider-Outsider Theory of Employment and Unemployment.* Mass.: MIT Press.

_____. 2001. "Insiders versus Outsiders." *The Journal of Economic Perspectives* 15-1.

Litchfield, Julie Anne. 1999. "Inequality: Methods and Tools." Text for World Bank's Website on Inequality, Poverty and Economic Performance. http://worldbank.org/poverty/inequality/index.htm.

Maddison, Angus. 1995. *Monitoring the World Economy, 1820-1992.* OECD.

Mann, Michael & Dylan Riley. 2007. "Explaining macro-regional trends of globalinequalities: 1950-2000." *Socio-Economic Review* 51-1.

Manow, Phillip & Eric Seils. 2000. "The Employment Crisis of the German Welfare State." *Western European Politics* 23-2.

Mare, Robert. 1991. "Five decades of Educational Assortive Mating." *American Sociological Review* 56-1.

Martin, Molly A. 2006. "Family Structure and Income Inequality in Families with Children." *Demography* 43-3.

Mattes, Robert. 2002. "South Africa: Democracy without the People?" *Journal of Democracy* 13-1.

Maxwell, Nan L. 1990. "Changing Female Labor Participation: Influences on Income Inequality and Distribution." *Social Forces* 68-4.

Miech, Richard A. & William W. Eaton & Kung-Yee Liang. 2003. "Occupational Stratification Over the Life Course: A Comparison of Occupational Trajectories." *Work and Occupations* 30.

Milanovic, Branko. 1999. "True world income distribution, 1988 and 1993: First calculation based on household surveys alone." World Bank.

_____. 2005. *Worlds Apart: Measuring Global and Interantional Inequality*. New Jersey: Princeton University Press.

_____. 2006. "Global Income Inequality: What It is and Why It Matters?" *World Economics* 7-1.

Miller, H. P. 1966. *Income Distribution in the United States*. Washington. D. C.: US Bureau of the Census,

Mincer, Jacob. 1974. *Schooling, Experience, and United States*. New York: National Bureau of Economic Research.

Mincer, Jacob. & S. Polachek. 1974. "Family Investment in Human Capital: Earnings of Women." *Journal of Political Economy* 82-2.

Morduch, Jonathan & Terry Sicular. 2002. "Rethinking Inequality Decomposition, with Evidence from Rural China." *Economic journal* Vol. 112.

Morgan, Kimberly. 2006. *Working Mothers and the Welfare State: Religion and the Politics of Work-Family Policies in Western Europe and the United States*. Stanford: Standford University Press.

Morris, Martina & Bluce Wesern. 1999. "Inequality in earnings at the close of twentieth century." *Annual Review of Sociology* 23.

Myles, John. 2003. "Where have all the sociologists gone? Explaining income inequality." *Canadian Journal of Sociology* 28.

Nel, Philip. 2005. "Global income inequality revisited." *Global Society* 19-3.

Nolan, Brian & Timothy M. Smeeding. 2004. "Ireland's Income Distribution in Comparative Perspective." Luxembourg Income Study Working Paper, No. 395

Oaxaca, R. L. 1973. "Male-Female Wage Differentials in Urban Labor Markets." *International Economic Review* 14-3.

OECD. 2003. *OECD Employment Outlook.*

_____. 2005. *Pensions at a Glance: Public Policies across OECD Countries 2005.* Paris: OECD.

_____. 2006. *OECD Health Data 2006.*

_____. 2007. *Labor Market Policies and the Public Employment Service.* Paris: OECD.

_____. 2010a. *OECD Employment Outlook 2009.* Paris: OECD.

_____. 2010b. *LMF1.5: Gender pay gaps for full-time workers and earnings differentials by educational attainment.* OECD Social Policy Division-Directorate of Employment, Labour and Social Affairs.

_____. 2011a. *Divided We Stand: Why Inequality Keeps Rising?.* OECD.

_____. 2011b. *Pension at a Glance 2011: Retirement-income systems in OECD and G20 Countries.* Paris: OECD.

_____. 2011c. *Health at a Glance: OECD Social Indicators.* Paris: OECD.

_____. 2011d. *Society at a Glance: OECD Social Indicators.* Paris: OECD.

_____. 2012. "Income inequality and growth: The role of taxes and transfers." *OECD Economics Department Policy Notes* No. 9.

Oi, W. Y. & T. L. Idson. 1999. "Firm size and wage." O. C. Ashenfelter & Card David eds. *Handbook of Labor Economics* Vol. 3. Amsterdam: North Holland.

Olsson, Seven E. 1990. *Social Policy and Welfare State in Sweden.* Lund: Arkiv.

Orloff, Ann Shola. 1988. "The Political Origins of America's Belated Welfare State." Margaret Weir & Ann Shola Orloff & Theda Skocpol eds. *The Politics of Social Policy in the United States,* New Jersey: Princeton University Press.

Osburn, Jane. 2000. "Inter-industry Wage Differentials: Patterns and Possible Sources." *Monthly Labor Review* 123-2.

Park, Hyunjoon & Jeroen Smits. 2005. "Educational Assortative Mating in South Korea: Trends 1930-1998." *Research in Social Stratification and Mobility* 23.

Passerson, Jean-Claude. 1986. "Theories of Socio-Cultural Reproduction."

International Social Science Journal 38-4.

Peluso, Eugenio & Alain Trannoy. 2007. "Does less inequality among households mean less inequality among individuals?" *Journal of Economic Theory* Vol. 133.

Perez, Sofia A. 2000. *Collective Bargaining under EMU: Lessons from the Italian and Spanish Experiences.* Harvard Center for European Studies Working Paper Series 72.

Persson, Torsten & Tabellini Guido. 1994. "Is Inequality Harmful for Growth?" *American Economic Review* 84.

Peterson, T. & L. A. Morgan. 1995. "Separate and Unequal: Occupation-Establishment Sex Segregation and the Gender Wage Gap." *American Journal of Sociology* 101-2.

Pierson, Paul. 1996. "The new politics of the welfare state." *World Politics* 48-2.

_____. 2000. "Increasing Returns, Path Dependence, and the Study of Politics." *American Political Science Review* 94.

_____. 2001. *The New Politics of Welfare State.* Cambridge: Cambridge University Press.

Pieterse, Jan Nederveen. 2002. "Bring politics back in." *Third World Quarterly* 23-6.

Pijl, Kees van der. 1998. *Transnational Classes and International Relations.* London: Routledge.

Plasman, Robert & Francois Rycx. 2001. "Collective Bargaining and Poverty: A Cross-National Perspective." *European Journal of Industrial Relations* 7-2.

Polachek, S. W. 1985. "Occupational Segregation: A Defense of Human Capital Predictions." *The Journal of Human Resources* 20-3.

_____. 1987. "Occupational segregation and the gender pay gap." *Population Research and Policy Review* 6-1.

_____. 2004. "How the Human Capital Model Explains Why the Gender Wage Gap Narrowed." IZA Discussion Paper No. 1102.

_____. 2006. "How the Life-Cycle Human Capital Model Explains Why the Gender Wage Gap Narrowed." Francine D. Blau & Mary C. Brinton & David B. Grusky eds. *The Declining Significance of Gender?.* New York: Russell Sage Foundation.

Quine, W. V. O. 1953. "Two Dogmas of Empiricism." *From a Logical Point of View.* Cambridge, MA: Harvard University Press.

Quinn, Dennis P. 1997. "The Correlates of Change in International Financial

Regulation." *American Political Science Review* 91.

Rawls, John. 1971. *A Theory of Justice*, Mass. Cambridge: Harvard University Press.

Reuda, David & Jonas Pontusson. 2000. "Wage Inequality and Varieties of Capitalism." *World Politics* 52-3.

Robinson, William I. & Jerry Harris. 2000. "Towards A Global Ruling Class? Globalization and the Transnational Capitalist Class." *Science and Society* 64-1.

Rodrik, Dani. 1994. "King Kong Meets Godzilla: The World Bank and the East Asian Miracle." Albert Fishlow ed. *Miracle or Design? Lessons From the East Experience.* Washington: Overseas Development Council.

Rosenfeld, Rachel A. 1996. "Women's work history." *Population and Development Review* 22.

Rubery, J. 1995. "Performance-related Pay and the Prospects for Gender Pay Equity." *Journal of Management Studies* 32-5.

Rubery, J. & C. Fagan. 1993. "Occupational Segregation and Women and Men in European Community." *Social Europe Supplement 3.* Luxemburg: Office for Official Publications of the European Community.

Rubinfeld, D. 1985. "Symposium on law and economics: Econometrics in the courtroom." *Columbia Law Review* 85-5.

Rycx, Francois. 2002. "Inter-industry wage differentials: Evidence from Belgium in a cross-national perspective." *De Economist* 155-5.

Sachs, Jeffrey D. & Andrew M. Warner. 1995. *Globalization, growth, and poverty : building an inclusive world economy.* NBER Working Paper 5398.

Sandel, Michael. 2010. *Justice: What's the Right Thing to Do?.* New York: Farrar, Straus & Giroux.

Schwartz, Christine & Robert Mare. 2005. "Trends in Educational Assortative Marriage From 1940-2003." *Demography* Vol. 42, No. 4.

Sen, Amartya. 1992. *Inequality Reexamined.* Oxford University Press.

_____. 2009. *The Idea of Justice.* Cambridge. Mass.: Harvard University Press.

Shin, Kwang-Yeong. 2010. "The Effect of Women's Labor Force Participation on Family Income Inequality in Korea, Japan and Taiwan." *Korea Social Science Journal* XXXVII-1.

_____. 2011. "Globalization and Social Inequality in South Korea." *New Millenium South Korea: Neoliberal Capitalism and Transnational Movements.* Jesook Song ed. London: Routledge.

Shorrocks, Anthony F. 1982. "Inequality decomposition by factor components."
    Econometrica 50.

Shorrocks, Anthony F. 1984. "Inequality Decomposition by Population
    Subgroups." *Econometrica* 52-6.

Sklair, Leslie. 2001. *The Transnational Capitalist Class*. Oxford: Blackwell.

Slichter, Summers. 1950. "Note on the Structure of Wages." *Review of Economics
    and Statistics* 32.

Smith, James P. 1979. "The Distribution of Family Earnings." *Journal of Political
    Economy* 87-5.

Smits, Jeroen & Woult Ultee & Jan Lammers. 1998. "Educational Homogamy in 65
    Countries: An Explanation of Differences in Openness Using
    Country-Level Explanatory Variables." *American Sociological Review* Vol.
    63, No. 2.

Spilerman, Seymour. 2000. "Wealth and Stratification Processes." *Annual Review
    of Sociology* 26.

Stanley, T. D. & S. B. Jarrell. 1998. "Gender Wage Discrimination Bias? A Meta-
    Regression Analysis." *Journal of Human Resources* 33-4.

Steinmo, Sven. 1993. *Taxation and democracy: Swedish, British, and American
    approaches to financing the modern state*. New Heaven: Yale University
    Press.

Stiglitz, Joseph E. 2002. *Globalization and Its Discontents*. New York: Norton.
    _____. 2006. *Making Globalization Work*. New York: Norton.

Stopford John & Luis Turner. 1985. *Britain and the Multinationals*. London: John
    Wiley & Sons.

Suppe, Frederick. 2000. "Understanding scientific theories: An assessment of
    developments, 1969-1998." *Philosophy of Science* 67-3.

Sutcliffe, Bob. 2004 "World Inequality and Globalization." *Oxford Review of
    Economic Policy* Vol 20, No. 1.

Swank, Duane. 1998. "Funding the Welafe State: Globalization and the Taxation
    of Business in Advanced Market Economies." *Political Studies* XLVI.

The Japan Institute for Labor Policy and Training. 2012. *Labor Situation in Japan
    and Its Analysis*. http://www.jil.go.jp/english/lsj.html(검색일: 2012/12/25).

Theil, Henri. 1967. *Economics and Information Theory*. Amsterdam: North Holland.

Therborn, Goran ed. 2006. *Inequalities of the World*. Lonon: Verso.

Toulmin, S. 1953. *The Philosophy of Science: An Introduction*. London: Hutchinson.

Traxler, F. 1996. "Collective Bargaining and Industrial Change: A Case of

Disorganization? A Comparative Study of 18 Oecd Countries." *European Sociological Review* 12.

Treas, Judith. 1978. "Family Structure and the Distribution of Family Income." *Social Forces* 56-3.

_____. 1983. "Trickle down or tranfer? Postwar determinants of family income inequality." *American Sociological Review* 48.

_____. 1987. "The Effect of Women's Labor Force Participation on the Distribution of Income in the United States." *Annual Review of Sociology*. Vol. 13.

UNDP(United Nations Development Program). 1999. *Human Development Report 1999*. New York: Oxford University Press.

United Nations. 2005. *The World Social Situation: The Inequality Predicament*. New York: UN.

Visser, J. 2003. "Unions and unionism around the world." J. Addison & C. Schnabel eds. *The International Handbook of Trade Unions*. Chelteham: Edward Elgar.

Wade, Robert. 1990. *Governing the Market: Economic Theory and the Role of the Government in East Asian Industrialization*. New Jersey: Princeton University Press.

_____. 2001. "The rising inequality of world income distribution." *Finance & development* 38.

_____. 2004a. "Accounting for the Recent Decline in Global Income Inequality." *American Journal of Sociology* 110-2.

_____. 2004b. "Is Globalization Reducing Inequality and Poverty?" *World Development*.

Wilensky, Herold. 1975. *The Welfare State and Equality*. Berkeley: University of California Press.

Wilkinson, Richard. 2001. *Mind the Gap*. New Heaven: Yale University Press.

_____. 2005. *The Impact of Inequality: How to Make Sick Societies Healthier*. London: Routledge[『평등해야 건강하다』. 김홍수영 옮김. 후마니타스. 2008].

Williamson, Jeffrey W. 1991. *Inequality, Poverty and History*. London: Basil Blackwell.

Williamson, Jeffrey W. & Peter H. Lindert. 1980. *American Inequality: A Macroeconomic History*. New York: Acadmic Press.

Williamson, John B. & Tay K. McNamara. 2003. "Interrupted Trajectories and Labor Force Participation: The Effect of Unplanned Changes in Marital and Disability Status." *Research on Aging* Vol. 25.

Winegarden, C. R. 1986. "Women's Labour Force Participation and the
Distribution of Household Incomes: Evidence from Cross-National Data."
Economica 54.

Wolf, Edard N. & Maury Gittleman. 1993. "International Comparisons of
Inter-industry wage differentials." *Review of Income and Wealth* 39-3.

Wolfson, M. C. 1986. "Stasis amid change in income ineqaulity in Canada
1965-1983." *Review of Income and Wealth* 32-4.

_____. 1994. "When Inequality Diverges?" *American Economic Review* 84.

_____. 1997. "Divergent inequalities: theory and empirical results." *Review of
Income and Wealth* 43.

World Bank. 1998. *The Structural Adjustment Loan Agreement.* Loan No. 4399-Ko.

_____. 1999. *The World Bank Annual Report 1999.* Washington: World Bank.

_____. 2001. *World Development Report 2000-2001: Attacking Poverty.*
Washington: World Bank.

_____. 2002. *Globalization, Growth, and Poverty: Building an Inclusive World
Economy* Vol. 1. Washington: World Bank.

Wright, Erik Olin. 1982. *Class Structure and Income Inequality.* New York:
Academic Press.

_____. 1985. *Classes.* London: Verso.

_____. 1997. *Class Counts.* Cambridge: Cambridge University Press.

Yun, Myeong-Su. 2006. "Earnings Inequality in USA, 1969-99: Comparing
Inequality Using Earnings Equations." *Review of Income and Wealth* 52-1.

| 찾아보기 |

ㄱ

가격경쟁 시장 41

가계소득 67, 195

가구소득 불평등 12, 27, 28, 34, 44, 60, 67, 189,
192, 194, 195, 205, 210~213, 224,
225, 231, 232

가부장제 33, 161, 164, 166, 169, 181, 184,
219, 224

가상적 방법 195

가족소득 불평등 188~194, 196~199, 205~208,
210, 211

가처분소득 24, 27, 33, 42, 43, 67, 230

감정 노동 228

개발독재 41

개인 서비스업 100, 103, 116, 119, 125, 181

건강 불평등 22, 35, 233, 234

결정 계수 176

경력 단절 169, 177, 197

경제 위기 11, 12, 48, 52~55, 58, 59, 63, 66,
68, 69, 72, 76, 86, 88, 89, 96, 97,
115, 125, 126, 133, 135~137, 139,
145, 154, 189, 190, 198, 199, 202,
204, 205, 210

경제협력개발기구(OECD) 11, 12, 17, 21, 24, 28,
33, 54~56, 61, 69, 79~82, 106, 135,
136, 160, 173, 220, 222, 226, 227,
229, 230

경제활동 참가율 162, 187, 192, 200, 201, 224

경제활동인구 56, 73, 75, 77, 99, 147, 157, 158,
199, 200

〈경제활동인구조사〉 76, 77, 97, 99~102, 105,
113, 114, 118, 119, 122, 124, 125,
160, 166, 167, 171, 183, 185

경험주의 34, 217

계급 간 양극화 72

계급 내 양극화 72

계급론 24, 29, 30

계층론 24, 29, 30

고령화 32, 34, 58~61, 221, 227

고용보험 53, 78

고학력화 33, 231

공공노동자연맹 82

공공 사회학 35

관료적 권위주의 52

구성주의 216~218

구제금융 52, 63, 136, 137

구조조정 33, 48, 56, 59, 89, 139, 220

구조주의 217

국민기초생활보장제도 53

국제통화기금(IMF) 17, 45, 47, 48, 50, 52, 53,
60, 63, 64, 89, 135, 136, 137, 220

권력자원 157

근로 빈곤 20, 51, 52, 60, 91, 173, 221, 222,
228, 229

근로 장려 세제 228

근로소득 13, 31, 56, 57, 140, 141, 145,
147~149, 155, 205, 216, 228, 233,
233

근속연수 103, 110, 114, 118, 120, 125, 126,

144, 165, 169, 173, 175, 177, 178, 180, 181, 184, 185, 223, 229

금융소득 216, 233

기술 편향적 테크놀로지 변화 165

기업별노조 65, 84, 85, 90, 222, 226

기업자유예금 74

김대중 17, 48, 49, 52, 53, 89, 137

ㄴ

낙수효과 37, 49

내부자 138, 139, 142, 155

냉전 체제 39, 41

노동계급 32, 51, 52, 64, 65, 72, 76, 78, 79, 82, 83, 88, 90, 142, 150, 153, 155, 157, 192

노동분배율 32, 43, 85~88

노동시장 유연화 9, 29, 32, 46, 50, 59, 60, 63, 65, 133, 137, 140, 198, 202

노령연금 134

노사관계 29, 79, 81, 83, 99, 140, 161, 162, 164, 170, 173, 184, 218, 219

노인 빈곤율 11, 12, 56, 223

노조 조직률 65, 79~82, 84, 90, 99, 123, 164, 226

노조 효과 113, 178

ㄷ

단체교섭 32, 81, 83, 90, 222, 226

단체교섭 적용 범위 32, 81, 90

돌봄 노동 228

동질혼 27, 192, 193, 196, 211, 225, 231, 232

ㅁ

마르크스, 칼(Karl Marx) 38

맞벌이 가구 200

명예퇴직 9, 33, 133, 134, 150, 229, 230

무역자유화 46

무자산계급 72, 75~77

민영화 63, 89

민주노총 49, 82, 85, 90, 222

ㅂ

바스카, 로이(Roy Bhaskar) 34

보상 격차 166, 179

복지 재정 54, 55, 60

부부소득 합산 과세 232

부유층 64, 70, 72, 89, 133, 215, 216

부의 불평등 35, 83, 234

부트스트래핑(bootstrapping) 171

분산계수 97, 105, 106, 124, 129, 194, 195, 205, 207, 209

분절 노동시장 163

불안전 고용 133, 229

불평등 분해 100, 104, 106, 124, 125, 128~131, 148, 205

뷰라보이, 마이클(Michael Burawoy) 35

비정규직 11, 12, 25, 32, 33, 46, 50~52, 59~61, 64, 65, 76~78, 84~86, 89~91, 101, 109~117, 119, 121~123, 125, 126, 133~138, 140, 142, 150~153, 155~158, 198, 201, 202, 204, 211, 219~224, 226, 229

비판적 실재론 34, 216

빈곤율 12, 33, 56~59, 191, 220, 223

빈곤층 9, 11, 12, 23, 30, 33, 40, 41, 49, 50, 52~60, 64, 78, 83, 89, 90, 133, 134,

141, 157, 216, 221, 223

ㅅ

사회 서비스업 100, 103, 108, 110, 115,
     117~119, 125, 126

사회 양극화 9, 11, 15, 17, 20, 32, 60, 61,
     64~66, 72, 88~91, 95, 133, 134,
     167, 216, 222

사회 위기 12, 64

사회복지 31, 83, 140

사회적 안전망 48, 49, 52, 53, 60

사회적 임금 227

산업 간 임금 불평등 96, 104, 107, 122

새로운 위험 55, 58

생산성 격차 166

생산자 서비스업 222

생산적 복지 49, 53

생애 과정 23, 56, 58, 135, 136, 155~157

샤룩스, 앤터니(Anthony Shorrocks) 205, 206

서비스 사회화 228

서비스업 32, 42, 59, 100~103, 108, 110,
     115~120, 125~127, 139, 163, 164,
     181, 222, 228

성 편향적 기술 변화 164

성별 임금격차 117, 159~166, 173, 178~180,
     183~186, 203, 223, 224, 231

성적 직무 분리 162, 163, 164, 224

성차별주의 33, 161, 181, 184, 224

세계무역기구 47

세계은행 47, 48, 50, 52, 53, 60, 136

세계화 9, 10, 12, 17, 25, 26, 28, 29, 31, 32, 35,
     38, 39, 45~48, 55, 59, 60, 63, 65,
     87~89, 91, 136~138, 220, 221

세대 문제 134, 135, 140, 156, 223

센, 아마르티아(Amartya Sen) 22

소득분배 39, 47, 60, 69, 86, 87, 220, 221, 226

소칼 논쟁 217

소칼, 앨런(Alan Sokal) 218

숙련 형성 제도 163

시민권 53, 60

시민운동 48, 88~91, 222

신자유주의 9, 11, 17, 29, 32, 40, 45, 47~50,
     52, 55, 59~61, 63~65, 83, 89, 90,
     91, 137, 138, 167, 220, 229

실업 9, 38, 50, 52, 64, 65, 76~78, 86, 89, 133,
     134, 141, 150~154, 157, 158, 220,
     223, 229

실증주의 34, 216, 217

ㅇ

양성 평등 127, 188, 192, 197

연령차별주의 33, 161, 181, 184, 219, 224

연령 코호트 139, 140, 142, 145, 147~155, 157

오하카-블린더 불평등 분해 방법 160, 161, 168,
     170, 171, 178~180, 182, 184

외부자 138~140, 142, 155~157

외환 위기 9, 17, 23, 29, 33, 40, 43, 44, 48, 52,
     56, 57, 60, 61, 63, 64, 68, 69, 76,
     87, 89, 96, 97, 133, 134, 136~139,
     150, 152, 156, 157, 160, 166, 167,
     211, 220, 221, 229

유자산계급 72

의료보험제도 53

이명박 86

이전소득 13, 28, 58, 199, 205, 216, 233

이전의 원칙 104, 128

이중 구조화 197, 204

이혼 32, 56~59, 221, 227, 228

인식론 215, 217

인적 자본 19, 75, 95, 98, 99, 103, 109, 110, 114, 118~120, 122, 124, 126, 161~166, 169, 175, 179, 185

인적 자본론 161, 162, 166, 175

일반화된 엔트로피 97, 104, 105, 107, 108, 124, 128~130, 143

임금 교섭 83, 226

임금격차 26, 33, 42, 52, 77, 78, 96, 98, 99, 111, 113, 114, 117~119, 122, 123, 139, 144, 159~166, 168~170, 172, 173, 175~187, 203, 223, 224, 230, 231, 236~238

〈임금구조기본조사〉 105

임금함수 131

잉글랜드, 폴라(Paula England) 163, 164

ㅈ

자본가계급 29, 47, 72, 73, 142, 151, 157

자산 양극화 72

자영업자 9, 13, 96, 100, 144, 151, 152, 229, 230

재분배 27, 28, 31, 44

재산소득 205

저출산 139

전문직 23, 27, 50, 51, 74, 103, 104, 111, 119, 142, 153, 163, 174, 177, 182, 183, 185, 202, 210, 211, 214, 222, 224, 231, 232

정규직 51, 52, 64, 65, 77, 78, 80, 81, 84~86, 90, 110, 111, 113~115, 119, 125, 134, 138, 142, 150~153, 155, 174, 175, 177, 180, 182, 201, 214, 219, 226

정리해고 56, 64, 139

제3세계 25, 39

젠더 32~34, 115, 119, 162~164, 186, 212, 213, 219, 228, 230, 232

조기퇴직 33, 56, 59, 61, 91, 133, 134, 150, 151, 229, 230

중간계급 20, 41, 50~52, 72, 75, 142, 150~153, 155, 157, 192

중산층 20, 21, 64, 133

중위 임금 173

지니계수 12, 21, 28, 44, 58, 67~69, 97, 104~106, 124, 129

집단 간 불평등 128~130, 143, 144

집단 내 불평등 128~130, 143

ㅊ

초국적 기업 10, 47, 220

최저임금제도 163, 165

측정 척도 무관성 104, 128

ㅋ

커넬 밀도 분포 171, 172

케인스주의 11, 31

쿠즈네츠, 사이먼(Simon Kuznetz) 37~39, 59, 60

ㅌ

타일 지수 107, 108, 136, 143, 148, 156

탈산업화 25, 26, 228

ㅍ

페미니즘 161, 166, 186, 225

프라이빗 뱅킹 75

프티부르주아지 72, 142, 150~153, 157, 158,
    223, 229

ㅎ

〈한국노동소득패널조사〉 136, 140~142,
    146~149, 151, 152, 156, 189, 190,
    198, 201, 211

한국노총 49, 82, 85

헴펠, 칼(Carl Hempel) 217

회귀분석 45, 104, 109~114, 116, 117,
    121~123, 125, 131, 174, 175, 177,
    179, 184, 206

기타

88만 원 세대 135, 136, 140, 149, 153, 156,
    223

97년 체제 48